中等职业教育改革创新示范教材
中等职业教育会计专业课程教材

企业会计综合实训

（第二版）

黄　莉　主　编
张茂燕　副主编
朱桂清　主　审

科学出版社
北　京

内 容 简 介

本书讲述了手工记账和会计电算化两部分内容，共分 7 章。第 1 章为手工记账部分，第 2 章～第 7 章讲述会计电算化主要内容，包括系统初始化、总账系统、存货核算系统、固定资产、工资、报表。全书内容尽量体现中专中职的特点，理论上以必需、够用为度，注意实践能力的培养。

本书可作为中职中专会计类专业的教材，还可作为相关专业从业人员的培训教材和自学辅导书。

图书在版编目（CIP）数据

企业会计综合实训/黄莉主编. —2 版. —北京：科学出版社，2014
（中等职业教育改革创新示范教材·中等职业教育会计专业课程教材）

ISBN 978-7-03-039562-7

Ⅰ. ①企… Ⅱ. ①黄… Ⅲ. ①企业管理-会计-中等专业学校-教材 Ⅳ. ①F 275.2

中国版本图书馆 CIP 数据核字（2014）第 009932 号

责任编辑：王纯刚 王 琳／责任校对：王万红
责任印制：吕春珉／封面设计：耕者设计工作室

科学出版社出版
北京东黄城根北街 16 号
邮政编码：100717
http://www.sciencep.com
新科印刷有限公司 印刷
科学出版社发行 各地新华书店经销
*
2007年8月第 一 版 开本：787×1092 1/16
2014年2月第 二 版 印张：23 插页：3
2021年1月第八次印刷 字数：379 000

定价：65.00元

（如有印装质量问题，我社负责调换〈新科〉）
销售部电话 010-62136131 编辑部电话 010-62138978-8005（SF02）

中等职业教育会计专业课程教材
编委会

序

随着我国社会主义市场经济的发展，生产标准向个性化转变，要求劳动者具有综合职业能力；企业人事组织岗位的变化，更看重人的综合素质；生产岗位的变化也使得职业的流动性越来越强，要求人们注重终身教育。而从中等职业学校毕业生的社会需求来看：用人单位更注重学生的综合素质以及其从事生产、技术、服务、管理第一线或其辅助性工作的操作技能，不过分强调专业理论；从业人员需要有更大的发展弹性，以适应继续学习和转岗的需要。

基于以上认识，中等职业技术教育改革必须打破传统的教育观念，树立新的职业教育理念。职业教育具有典型的应用性、突出的技能性、较强的实践性等特征。财经类中等职业技术学校的培养目标应定位在"培养既具有可持续发展能力，又具有初步执业技能的财经文员"上。为此，中等职业技术教育应以"依据职业能力需求，围绕岗位业务流程，遵循职业生涯发展规律"为基本思路，构建"通用能力模块、专业技能模块、能力拓展模块"的模块课程体系。

多年来，我国有关会计职业教育方面的教材仅以学科体系为依据编写，仅注重知识的传授，不注重能力培养，与中等职业技术教育会计专业的培养目标相去甚远，因此教材改革势在必行。通过社会调研论证，我们确立了以培养学生综合素质为核心、以加强就业上岗能力为重点、以强化技能训练为特色的编写原则，构建了如下会计专业模块课程体系：

1. "通用能力模块"课程

包括会计基本技能、会计基础及实训。

2. "专业技能模块"课程

包括出纳实务、企业财务会计实务、成本核算实务、涉税会计实务、商品流通企业购销实务、会计综合实训。

3. "能力拓展模块"课程

包括审计实务、银行会计实务、财务管理、财经法规与会计职业道德。

以上课程均编写了相应的教材，所有教学内容可在两年（四个学期）内完成。本系列教材具有以下两个突出的特点：

1. 突出实训

本系列教材在编写上以会计实训、会计案例为主导，每本教材均配置相应的实训练习，彻底改变了以往以会计理论为主导的会计教材模式。本系列教材始终把学生掌握技能作为重中之重，围绕技能核心，让学生在实训中掌握理论知识，真正提高学生的动手能力。

2. 便于操作

按常用的财务软件模块，本系列教材将传统的《财务会计》教材划分为出纳实务、企业财务会计实务、成本核算实务、涉税会计实务、商品流通企业购销实务、会计综合实训六部分内容，每个内容均可相对独立，学生每学完一部分内容，即可取得一定的学分。这六部分内容实为化整为零、化繁为简，注重与实践相结合，增加企业核算实例，且在保留原财务会计主要内容的基础上，减少深奥难懂的理论内容，丰富了操作性强的实训内容，同时使会计手工记账与电脑记账相结合。学生完成以上六部分内容的学习，就可胜任企业的出纳、会计、统计工作。此外，通过电脑记账教学的加强，还能灵活运用不同的财务软件。

本系列教材主要适用于中等职业技术学校财经类专业学生学习。在学习过程中同步配以实训练习，条件较好的学校还可直接在计算机上采用不同的财务软件，按会计岗位进行教学，使学生在学习期间提高手工记账和电脑记账的技能。

本系列教材的作者来自全国多所财经类中等职业学校一线教学经验丰富的会计教师，每本教材都是作者多年教学经验的总结，南北方的会计教学经验在此得到了完美的融合。我们相信，本套会计系列教材一定能使我国中等职业技术学校从事会计教育的老师得到启发和帮助。

前言

随着科学技术的进步，计算机技术与信息技术飞速发展，会计电算化应用范围越来越广，电脑记账成为了众多企事业单位的必然选择。因此，培养一大批既懂会计基本理论，又懂会计业务，会利用各种财务软件进行电脑记账的新型财务人员，既是市场的需求，又是会计职业教育的当务之急。

本书从中等职业教育的培养目标出发，注重对知识应用和实践能力的培养，加强了学生的会计实践和专业技能训练。在编写中以企业会计准则为蓝本，遵循内部会计控制规范，本着循序渐进、形象直观、通俗易懂的原则，在内容、结构的设计和安排上，采用与会计课程紧密配合方式。

本书依据“企业会计准则”、“营改增”新税制、新的企业所得税、个人所得税，以小型制造企业的业务为原型，运用“真账实操”的方法，根据某企业 2013 年 12 月份的 80 笔日常会计业务资料，同步进行手工记账（本书配备了手工记账所需的原始凭证、支票、各种明细账、科目汇总表、总账、试算平衡表、资产负债表、利润表、纳税申报表、记账凭证封面等，学习者还需另外配备一本约 90 页的通用记账凭证）和电脑记账实习，完成全套手工和电算化会计核算过程。在编写方法上，本着以手工记账和会计电算化核算基本程序为彰显点，通过典型的会计业务，进行企业财务核算“人机并行”实践，希望有助于学习者在短期内显著提高手工记账和电脑记账技能，以适应现代会计工作的需要。

需要说明的是，本书第 1 章为手工记账内容，第 2~7 章为会计电算化内容。由于篇幅所限，会计电算化部分以典型业务为例，分模块进行会计处理，这样做的好处是条理清晰，逻辑性强，有助于初学者掌握会计电算化处理的流程。在实际做账中，既可以把经济业务按模块进行归类，分模块进行会计处理，也可以按照经济业务发生的先后顺序到相应的模块去做账。本书的会计电算化操作仅以“用友财务软件”为例，但其数据为通用型数据，同样适用于其他各种财务软件上机操作。

通过对本书的学习，可以使学生在课堂理论学习和对会计岗位初步认识的基础上，对制造业整个会计核算过程和具体操作方法有一个全面的认识和理解，进一步培养其动手能力，缩短理论到实践的距离，提高综合运用会计基本技能，对所学专业知识进行综合测试，最终达到培养综合能力、提高综合素质的目的，完成理论到实践的飞跃。

本书由黄莉、张茂燕、邱蕾、朱伟生、邓礼琴共同编写完成；由广州长佳进口有限公司的高级会计师朱桂清主审。由于作者水平有限，错误和疏漏之处在所难免，恳请读者批评指正。

目 录

第1章 手工记账

1.1 企业基本情况

1.1.1 企业概况

1）名称：广州明芝乳业有限公司。

2）地址：广州市白云区白云大道18号。

3）法定代表人：陈明。

4）注册资本：398万（广州市东华股份有限公司占股份为66%，李华34%）。

5）企业类型：有限责任公司。

6）经营范围及产品：主营雪糕食品生产。

7）生产组织：基本生产车间一个——生产雪糕；辅助车间一个——机修车间，为基本生产车间及管理部门提供修理服务。

8）工艺流程见图1.1。

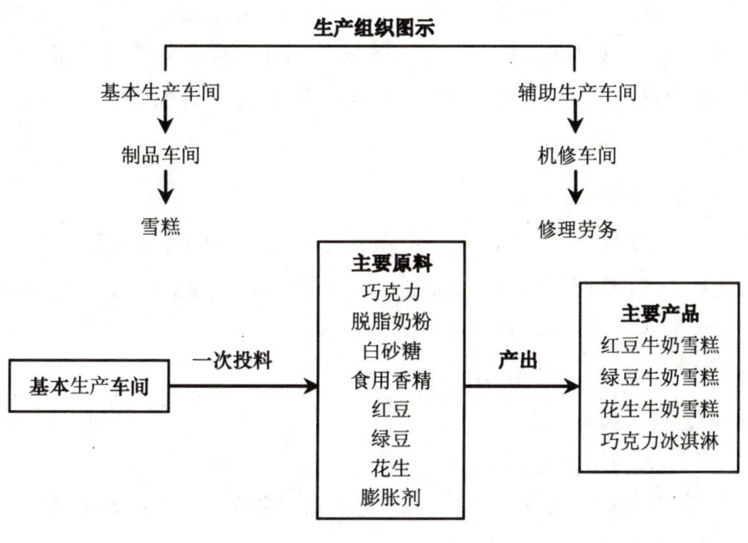

图1.1

工艺流程：雪糕生产通过基本生产车间的生产线完成。首先，基本生产车间将主要原材料加温至 70℃融化变为混合料，除去杂质，加入膨胀剂使之软化，再通过凝冻机装入雪糕容器，进入－35℃低温进行冻结、包装，即为产成品——雪糕。

9）其他。

① 开户银行及账号：（基本户）工商银行白云支行 0012-0015-8693。

② 银行预备印签：

广州明芝乳业有限公司财务专用章	金华出纳章	陈明法人章

③ 税务登记号：440122312560611。

④ 企业代码：625987704。

⑤ 印花税票：剪下印花贴于账簿首页，并划双线注销。

⑥ 会计人员：公司会计主管（复核）——胡珍；会计——李立；出纳——金华；记账——苏洋。

1.1.2 主要会计政策及核算方法

1. 企业会计准则

执行《企业会计准则》。

2. 存货收发核算

注 意

手工做账时为了与电脑记账答案一致，可以计算各项发出存货的实际成本时，可以先计算出期末加权平均单价（小数四舍五入，保留两位），再计算各项发出存货的实际成本（存货发出的数量×加权平均单价）。电脑记账是先计算发出存货成本，小数点尾差会保留在期末存货成本中。

（1）材料收发采用实际成本核算

1）根据材料验收入库凭证，逐笔编制记账凭证，进行材料的购入核算。

2）月末根据平时材料发出凭证汇总编制“发出材料汇总表”，再据此编制记账凭证，集中进行材料发出的核算（月末一次加权平均法）。

（2）周转材料收发按实际成本核算

周转材料发出采用一次摊销法。

（3）库存商品收发采用实际成本核算

1）月末根据平时“产品完工进仓单”记录，汇总编制“库存商品入库汇总表”，并根据产品成本核算要求计算结转完工产品成本。

2）月末根据平时商品销售出库的记录，汇总编制“主营业务成本计算表”，采用加权平均法计算并结转产品销售成本。

（4）存货明细账（原材料、周转材料、库存商品）

平时应根据存货的收发凭证，逐笔进行材料、周转材料、库存商品的收发存数量核算。

3. 成本费用核算

（1）基本生产成本

1）产品成本核算采用品种法，按产品品种设置成本明细账，即按红豆牛奶雪糕、绿豆牛奶雪糕、花生牛奶雪糕、巧克力冰淇淋设置。

2）成本项目共设“直接材料”、“直接人工”、“制造费用”三项专栏，外购生产用动力费用（生产产品耗用水、电）并入“直接材料”项目。

（2）辅助生产成本

1）辅助生产车间发生的各种直接费用和间接费用，直接在“生产成本——辅助生产成本”科目中归集，其间接费用不通过“制造费用”科目归集。

2）按辅助生产车间设多栏式明细账。

3）辅助生产费用的分配采用直接分配法，月末将辅助生产车间的费用直接分配给辅助生产车间以外的各受益部门。

4）辅助生产费用分配标准：修理工时。

（3）制造费用

1）按基本生产车间设多栏式明细账。

2）分配标准：生产工时。

（4）其他有关费用

1）职工福利费：按应付工资总额14%计提。

2）工会经费：按应付工资总额的2%计提。

3）职工教育经费：按应付工资总额的2%计提。

4）养老保险：企业负担部分按规定的计提基数（本单位共27名职工，假设2014年广州市月社保缴费平均工资为2 857.78元，则企业的计提基数为77 160元）的12%计提，个人按单位规定的个人计提基数的8%比例计提。

5）失业保险：企业负担部分按规定的计提基数77 160元的1%计提，个人按单位规定的个人计提基数的1%比例计提。

6）医疗保险：企业负担部分按规定的计提基数77 160元的2%计提，个人按单位规定的个人计提基数的2%比例计提。

7）工伤保险：企业负担部分按规定的计提基数77 160元的1.5%计提。

8）生育保险：企业负担部分按规定的计提基数77 160元的1.5%计提。

9）住房公积金：假设个人与企业分别按计提基数的12%提取。

4. 固定资产核算

固定资产分为房屋及建筑物、机器设备、运输设备、其他设备四类，均采用平均年限法（综合）计算折旧。

5. 长期股权投资核算

被投资企业单位名称为佛山金华乳业有限公司，注册资本为500万元，所得税率为25%，投资额为100万元，占被投资企业注册资本的18%，采用成本法核算。

6. 资产减值核算

1）坏账损失核算：设置“坏账准备”账户，采用应收账款余额百分比法，计提比例10%。
2）存货减值核算：设置“存货跌价准备”账户，采用成本与可变现净值孰低方法核算。

7. 税负核算

1）增值税率17%（一般纳税人）。外购材料运费中可凭运输发票抵扣7%的进项税额。
2）营业税5%。
3）城市维护建设税率7%。
4）教育费附加率3%。
5）所得税税率25%。

8. 利润分配核算

1）按税后利润的10%提取法定盈余公积。
2）按税后利润的5%提取法定公益金。
3）向投资人分配利润（按年末可供分配利润的60%向投资者分配利润）。

9. 其他

1）利润总额的计算与结转采用“账结法”（每月结转）。

2）账务处理程序，采用记账凭证核算形式[注：手工操作需采用科目汇总表核算形式，每月按上旬（1～10日）、中旬（11～20日）、下旬（21～31日）定期汇总，据以登记总分类账]。

3）记账凭证采用通用记账凭证格式，按顺序编号。

1.2 手工操作程序及要求

1. 建账

根据期初资料，开设账户（总账及明细账）并登记账户期初余额。

2. 分析并处理原始凭证

1）经济业务全部以原始凭证来描述。

2）准备 a、b、c、d 四个信封，练习原始凭证的处理和传递。

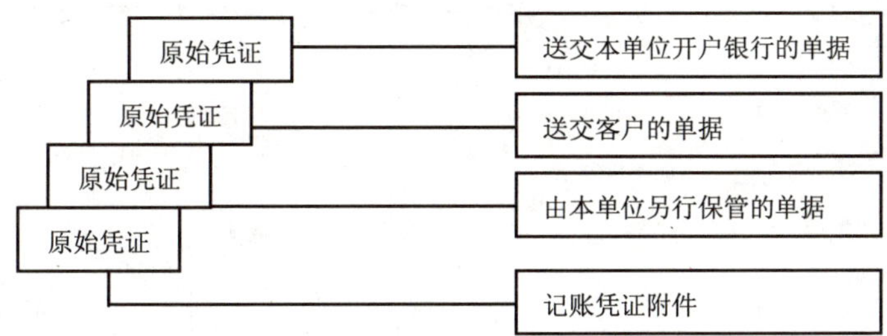

3. 填制自制原始凭证（部分或全部内容）

依照经济业务，填制原始凭证。

4. 编制记账凭证

根据原始凭证及其附件，编制记账凭证（通用记账凭证）。

5. 登账

1）根据记账凭证及其附件，逐日逐笔登记现金日记账和银行存款日记账。

2）根据记账凭证及其附件，逐笔登记明细分类账 A（三栏式）、B（数量金额式）、C（多栏式）。

3）按上旬、中旬、下旬编制科目汇总表，根据科目汇总表登记总账。

6. 结账

期末结出有关账户的发生额及余额，并进行总账余额试算平衡。

7. 编制会计报表

1）资产负债表。

2）利润表。

8. 纳税申报（网上电子报税）

1）增值税纳税申报表。
2）地方税收纳税申报表。
3）企业所得税纳税申报表等。

9. 装订记账凭证

按上旬、中旬、下旬分三本装订。

1.3 账户余额及有关发生额情况

账户余额表

2014 年 11 月 30 日

编号	总账	明细账格式		借或贷	余额 总账	余额 明细账	备注
1001	库存现金		R	借	5 800	5 800	
1002	银行存款	基户账户 001200158693	R	借	42 712.4	42 712.4	
1012	其他货币资金			借	110 500		
101201		银行汇票存款	A	借		4 000	
101202		存出投资款	A	借		100 000	
101203		信用卡存款 0012-2451-9111	A	借		6 500	
110101	交易性金融资产	股票投资	A	借	100 000	100 000	深发展 10 000 股
1121	应收票据	01 湛江万佳商场	A	借	10 000	10 000	
		02 深圳万佳商场	A	借			
1122	应收账款			借	95 700		
112201		深圳沃玛公司	A	借		35 000	
112202		广州好多多商场	A	借		60 700	
1131	坏账准备	坏账准备	A	贷	2 000	2 000	
122101	其他应收款	01 陈明	A	借	1 000	1 000	借支差旅费
122102	其他应收款	医疗保险	A				
122103		养老保险	A				
122104		失业保险	A				
122105		住房保险	A				
1402	在途物资	01 原材料（白砂糖）	C	借	19 000	4 000	@5 元，数量 800 千克
		02 原材料（纸盒）	C	借		15 000	@1.45 元，数量 10 000 个，运费 500 元
1403	原材料			借	12 700		
140301		巧克力	B	借		4 800	@80 元，数量 60 千克

续表

编号	总账	明细账格式		借或贷	余额		备注
					总账	明细账	
140302		脱脂奶粉	B	借		3 000	@30 元，数量 100 千克
140303		白砂糖	B	借		450	@5 元，数量 90 千克
140304		食用香精	B	借		800	@40 元，数量 20 千克
140305		红豆	B	借		500	@5 元，数量 100 千克
140306		绿豆		借		500	@5 元，数量 100 千克
140307		花生	B	借		600	@6 元，数量 100 千克
140308		膨胀剂	B	借		750	@15 元，数量 50 千克
140309		纸盒	B	借		1 300	@1.3 元，数量 1 000 个
1411	周转材料			借	2 500		
141101		雪糕模型盒	B	借		1 500	@5 元，数量 300 个
141102		管理用具	B	借		1 000	@20 元，数量 50 件
1405	库存商品			借	12 820		
140501		红豆牛奶雪糕	B	借		2 640	@22 元，数量 120 盒
140502		绿豆牛奶雪糕	B	借		4 400	@20 元，数量 220 盒
140503		花生牛奶雪糕	B	借		3 780	@ 21 元，数量 180 盒
140504		巧克力冰淇淋	B	借		2 000	@25 元，数量 80 盒
5001	生产成本	基本生产成本					
500101	01	—红豆牛奶雪糕	C				
	02	—绿豆牛奶雪糕	C				
	03	—花生牛奶雪糕	C				
	04	—巧克力冰淇淋	C				
	05	—共耗					电脑记账设置
	06	—生产成本转出					电脑记账设置
500102		辅助生产成本					
		—机修车间	C				
5101	制造费用	基本生产车间	C				
1123	预付账款	01 财产保险费	A	借	2 000	2 000	
		02 车船使用税费	A				
1511	长期股权投资	其他股权投资	A		1 000 000		
15110101		——佛山金华乳业有限公司	A			1 000 000	
1601	固定资产			借	3 673 000		
160101		房屋建筑物	A	借		2 600 000	
160102		机器设备	A	借		778 000	
160103		运输设备	A	借		250 000	
160104		其他设备	A	借		45 000	
1602	累计折旧	累计折旧	A	贷	535 440	535 440	
1606	固定资产清理	其他设备	A				
1701	无形资产	非专利技术	A	借	120 000	120 000	

续表

编号	总账	明细账格式		借或贷	余额		备注
					总账	明细账	
1702	累计摊销			贷	23 000	23 000	
2001	短期借款	流动资金借款	A	贷	100 000	100 000	
2201	应付票据	01 广州天天食品有限公司	A				
2202	应付账款		贷		40 000		
220201		广州燕塘乳业有限公司	A	贷		40 000	
220202		广州自来水公司	A				
220203		广州供电局	A				
220204		广州天天食品有限公司	A				
2211	应付职工薪酬		A	贷	16 192.4		
221101		工资					
221102		职工福利	A	贷		7 192.4	
221103		社会保险费	A	贷			
221104		住房公积金	A				
221105		工会经费	A	贷		5 000	
221106		职工教育经费	A	贷		4 000	
2232	应付股利	应付股利	A				
2221	应交税费			贷	55 100		
222101		应交增值税	C	贷			
222102		未交增值税	A	贷		40 000	
222103		应交营业税	A	贷		1 000	
222104		个人所得税	A	贷			
222105		应交所得税	A	贷		10 000	
222106		应交教育费附加	A	贷		1 230	
222107		应交城建税	A	贷		2 870	
2231	应付利息	借款利息	A	贷	1 000	1 000	
4001	实收资本			贷	3 980 000		
400101		广州东华股份公司	A	贷		2 680 000	
400102		李华	A	贷		1 300 000	
4101	盈余公积			贷	82 250		
410101		法定盈余公积	A	贷		32 250	
410102		法定公益金	A	贷		50 000	
4103	本年利润			贷	87 750		
4104	利润分配			贷	285 000		
410404		提取法定盈余公积	A				
410402		提取法定公益金	A				
410403		应付股利	A				

续表

编号	总账	明细账格式		借或贷	余额		备　注
					总　账	明细账	
410404		未分配利润	A	贷		285 000	
6001	主营业务收入			贷			
600101		红豆牛奶雪糕	A	贷			
600102		绿豆牛奶雪糕	A	贷			
600103		花生牛奶雪糕	A	贷			
600104		巧克力冰淇淋	A	贷			
6401	主营业务成本			借			
640101		红豆牛奶雪糕	A	借			
640102		绿豆牛奶雪糕	A	借			
640103		花生牛奶雪糕	A	借			
640104		巧克力冰淇淋	A	借			
6403	营业税金及附加	营业税金及附加	A	借			
6051	其他业务收入	其他业务收入	A	贷			
6402	其他业务支出	其他业务支出	A	借			
6601	销售费用	多栏式	C	借			
6602	管理费用	多栏式	C	借			
6603	财务费用	多栏式	C	借			
6111	投资收益	投资收益	A	贷			
6301	营业外收入	营业外收入	A	贷			
6701	资产减值损失		A	借			
6711	营业外支出	营业外支出	A	借			
6801	所得税费用	所得税费用	A	借			

借方余额合计：5 207 732.4　　　　贷方余额合计：5 207 732.4

注：R 表示日记账、A 表示三栏式明细账、B 表示数量余额明细账、C 表示多栏式明细账、@表示单位成本。

2014 年 1～11 月有关损益类总账及明细账的发生额如下：

1）主营业务收入　　　1 600 500

——红豆牛奶雪糕 385 000

——绿豆牛奶雪糕 346 500

——花生牛奶雪糕 385 000

——巧克力冰淇淋 484 000

2）主营业务成本　　　973 500

——红豆牛奶雪糕 242 000

——绿豆牛奶雪糕 198 000

——花生牛奶雪糕 231 000

——巧克力冰淇淋 302 500

3）营业税金及附加　　25 000

4）其他业务收入　　150 000

5）其他业务支出　　40 000

6）销售费用　　71 000（其中：办公费 430.9 元、交通费 400 元、折旧费 4 400 元、工资及福利费 64 769.1 元、水电费 1 000 元）

7）管理费用　　546 000（印花税 1 000 元、差旅费 8 439.2 元、社会保障费 152 776.8 元、业务招待费 25 000 元、汽油费 15 782.8 元、电话费 5 000 元、折旧费 38 500 元、住房公积金 101 851.2 元、工资及福利费 171 000 元、工会经费 3 000 元、职工教育经费 2 250 元、水电费 2 000 元、保险费 4 400 元、无形资产摊销 11 000 元）

8）财务费用　10 000（其中：利息 8 000 元、结算手续费 2 000 元）

9）营业外收入　　33 000（违约金收入）

10）营业外支出　　1 000（罚款支出）

11）所得税　　29 250

1.4　2014 年 12 月业务

【业务 1】 2014 年 12 月 1 日，向广州大新公司销售红豆牛奶雪糕 120 盒，单价 35 元，价款 4 200 元，增值税 714 元；绿豆牛奶雪糕 160 盒，单价 35 元，价款 5 600 元，增值税 952 元；花生牛奶雪糕 160 盒，单价 35，价款 5 600 元，增值税 952 元；巧克力冰淇淋 80 盒，单价 40 元，价款共 3 200 元，增值税 544 元。价款共计 18 600 元，增值税 3 162 元，收支票。具体见图 1.2～图 1.4。

4400054120 **广东增值税专用发票** № 02447646

票日期：2014 年 12 月 01 日

记账联

购货单位	名　　　称：广州大新公司 纳税人识别号：440102708345671 地 址 电 话：广州北京路 112 号 开户行及账号：工行北京路支行 0015-1188-8233	密码区	3<>20-3+8+7<+5-2+487< 加密版本号： 4>+6059/3499626-/-+/8> 14 1<12/5<1++/28220*49/0 3240023220 6>5<24->>3*05/>>92 07881134

货物或应税劳务名称	规格型号	单位	数量	单价	金额	税率	税额
红豆牛奶雪糕		盒	120	35	4 200.00	17%	714.00
绿豆牛奶雪糕		盒	160	35	5 600.00	17%	952.00
花生牛奶雪糕		盒	160	35	5 600.00	17%	952.00
巧克力冰淇淋		盒	80	40	3 200.00	17%	544.00
合计					￥18 600.00		￥3 162.00
价税合计（大写）	⊗贰万壹仟柒佰陆拾贰圆整				（小写）￥21 762.00		

销售单位	名　　　称：广州明芝乳业有限公司 纳税人识别号：440122312560611 地 址 电 话：广州白云区白云大道 18 号 开户行及账号：0012-0015-8693	备注	

收款人　金华　　复核　胡珍　　开票人　苏洋　　销货单位（章）

第一联　记账联　销货方记账凭证

图 1.2

出　库　单

提货部门：　　　　年　月　日　　　　No. 0067147

产品			单位	数量	单价	成本总额							产品明细账		说明
编号	名称	规格				万	千	百	十	元	角	分	页	号	

部门主管　　会计　　记账　　保管　　　提货人　　　制单

第三联　记账

图 1.3

中国工商银行 网上银行电子回单

电子回单号码：0005-7785-3459-1000

付款人	户　名	广州大新公司	收款人	户　名	广州明芝乳业有限公司
	账　号	0015-1188-8233		账　号	0012-0015-8693
	开户银行	工行北京路支行		开户银行	工行白云支行
金　额		人民币（大写）：贰万壹仟柒佰陆拾贰圆整 ￥21762.00 元			
摘　要		贷款	业务（产品）种类		转账
用　途					
交易流水号		55107159	时间戳		2014-12-01-17.51.50.839733
中国工商银行 电子回单专用章		备注：			
		验证码：pkctW5Uzemq/TeMFo4jxpCBjHRs=			
记账网点		0220	记账柜员	00010	记账日期 2014 年 12 月 01 日

打印日期：2014 年 12 月 01 日

重要提示：
1. 如果您是收款方，请到工行网站 www.icbc.com.cn 电子回单验证处进行回单验证。
2. 本回单不作为收款方发货依据，并请勿重复记账。
3. 您可以选择发送邮件，将此电子回单发送给指定的接收人。

图 1.4

【业务 2】 12 月 1 日，上月向东莞华发纸业公司购入纸盒 10 000 个入库（每个 1.45 元，价款 14 500 元，增值税 2 465 元），见图 1.5。

收　料　单

年　　月　　日　　　　　　　　字第　1　号

来料单位			发票	号			年　月　日收到							
编号	材　料　名　称	规　格	送验数量	实收数量	单位	单价	金　额							
							十	万	千	百	十	元	角	分
备注		验收人盖章				合计￥								

会计　　出纳　　复核　　记账　　制单

③会计

图 1.5

【业务 3】 12 月 1 日，基本生产车间生产产品领用巧克力 60 千克、脱脂奶粉 60 千克、白砂糖 80 千克、食用香精 10 千克、红豆 60 千克、绿豆 60 千克、花生 60 千克、膨胀剂 30 千克；辅助生产车间领用管理用具 30 件；行政管理部门领用管理用具 10 件，见图 1.6～图 1.9（注：领用存货时，在有关存货明细账上登记发出数量，不登记金额，月末计算出加权平均单价后，再登记金额。以下类似业务处理方法相同）。

____字第______________号

领料部门______________

生产通知单号别__________

领 料 单

年 月 日

No. 0007114

制品名称：				制造数量：				领料用途：							
编 号	品 名	规 格	单位	请领数量	实发数量	单价	金 额								备 注
							十	万	千	百	十	元	角	分	
附件：				张	合 计										

第二联 交会计部门

主管 会计 记账 发料 领料 制单

图 1.6

____字第______________号

领料部门______________

生产通知单号别__________

领 料 单

年 月 日

No. 0007115

制品名称：				制造数量：				领料用途：							
编 号	品 名	规 格	单位	请领数量	实发数量	单价	金 额								备 注
							十	万	千	百	十	元	角	分	
附件：				张	合 计										

第二联 交会计部门

主管 会计 记账 发料 领料 制单

图 1.7

____字第______________号

领料部门______________

生产通知单号别__________

领 料 单

年 月 日

No. 0007116

制品名称：				制造数量：							领料用途：				
编 号	品 名	规 格	单位	请领数量	实发数量	单价	金 额								备 注
							十	万	千	百	十	元	角	分	
附件：			张		合 计										

第二联 交会计部门

主管　会计　记账　发料　领料　制单

图 1.8

____字第______________号

领料部门______________

生产通知单号别__________

领 料 单

年 月 日

No. 0007117

制品名称：				制造数量：							领料用途：				
编 号	品 名	规 格	单位	请领数量	实发数量	单价	金 额								备 注
							十	万	千	百	十	元	角	分	
附件：			张		合 计										

第二联 交会计部门

主管　会计　记账　发料　领料　制单

图 1.9

【业务 4】 12 月 1 日，取得短期借款 200 000 元，利率 6%，见图 1.10 和图 1.11。

质押　　00007496

工商银行（　　贷款）借款凭证（回　　单） ④

单位编号：　　日期：2014年12月1日　　银行编号：604006

此联系核定放款回单代借款单位往来户款收通知

<table>
<tr><td rowspan="3">收款单位</td><td>名　称</td><td colspan="3">广州明芝乳业有限公司</td><td rowspan="3">借款单位</td><td>名　称</td><td colspan="12">广州明芝乳业有限公司</td></tr>
<tr><td>往来户账号</td><td colspan="3">0012-0015-8693</td><td>放款户账号</td><td colspan="12">1643-1877-1189</td></tr>
<tr><td>开户银行</td><td colspan="3">工行</td><td>开户银行</td><td colspan="12">工行</td></tr>
<tr><td colspan="2">贷款种类</td><td>流动资金借款</td><td>利率</td><td>6%</td><td>起息日期</td><td>2014.12.1</td><td colspan="5">还款日期</td><td colspan="7">2014.6.1</td></tr>
<tr><td colspan="2" rowspan="2">借款申请金额</td><td colspan="5" rowspan="2">货币及金额(大写)：人民币贰拾万元整</td><td>千</td><td>百</td><td>十</td><td>万</td><td>千</td><td>百</td><td>十</td><td>元</td><td>角</td><td>分</td></tr>
<tr><td></td><td>¥</td><td>2</td><td>0</td><td>0</td><td>0</td><td>0</td><td>0</td><td>0</td><td>0</td></tr>
<tr><td colspan="2" rowspan="2">借款原因及用途</td><td colspan="5" rowspan="2">周转</td><td>千</td><td>百</td><td>十</td><td>万</td><td>千</td><td>百</td><td>十</td><td>元</td><td>角</td><td>分</td></tr>
<tr><td></td><td></td><td></td><td></td><td></td><td></td><td></td><td></td><td></td><td></td></tr>
<tr><td colspan="5" rowspan="5">备注：
中国工商银行股份有限公司广州白云支行
2014.12.01
核算用章(04)
李凤</td><td colspan="2">期　限</td><td colspan="5">计划还款日期</td><td colspan="7">计划还款金额</td></tr>
<tr><td colspan="2"></td><td colspan="5"></td><td colspan="7"></td></tr>
<tr><td colspan="2"></td><td colspan="5"></td><td colspan="7"></td></tr>
<tr><td colspan="2"></td><td colspan="5"></td><td colspan="7"></td></tr>
<tr><td colspan="14">上述借款业已同意贷给并转入你单位往来户账借款到期时按期归还　　此致
借款单位：
（银行盖章）　　年　　月　　日</td></tr>
</table>

图 1.10

请借款人认真阅读本合同，尤其是带有＊＊＊符号的条款，在确认无异议后签署本合同。

工商银行借款合同

（中/短期流动资金贷款）

穗工银2014年流贷字604017号

借　款　人：广州明芝乳业有限公司
住　　　所：广州市白云区白云大道18号
法定代表人：陈明
贷　款　人：工商银行广州分行白云（支）行
地　　　址：广州市白云路10号

鉴于借款人向贷款人申请流动资金贷款，根据中华人民共和国有关法律、法规及其他有关规定，借款人与贷款人双方协商一致，特订立本合同。

第一条　贷　款

1.1 币种人民币。
1.2 金额（大写金额）贰拾万元整，借款人所欠本金的实际金额以贷款人出具的会计凭证为准。
1.3 期限：陆个月（年/月），自2014年12月1日至2015年6月1日。
1.4 本合同项下的贷款仅限用于资金周转。借款人不得将本合同项下的贷款挪作他用。
（略）

图 1.11

【业务 5】 12 月 2 日，购职工工会活动物品 3 500 元（支票），见图 1.12。

广州王府井百货有限责任公司

广东省广州市国家税务局通用机打发票

发 票 联

发票代码 144012203317

发票号码 00089502

开票日期：2014-12-02　行业分类：　商业　　00089502

顾客名称：广州明芝乳业有限公司

地址：—

项目	单位	数量	单价	金额
日用品	份	30	3500.00	3500.00

合计金额大写(人民币)：⊗ 叁仟伍佰元整　　合计金额小写：￥3 500.00

备注：

开票人：姜红　　收款人：姜红　　开票单位（盖章）：广州王府井百货有限责任公司

第一联 发票联（购货单位付款凭证）（手写无效）

本发票限于二〇一五年六月底前开具　　本发票开具合计金额超过拾万元无效

（印章：广州王府井百货有限责任公司 440102231256060 发票专用章）

图 1.12

【业务 6】 12 月 2 日，以现金 200 元购买印花税票，见图 1.13 与图 1.14。

现 金 支 出 凭 单　　　　第　　号

附件 1 张　　2014 年 12 月 2 日　　对方科目编号

用款事项：印花税票

人民币(大写)：贰佰元整　　￥200.00

现金付讫

收款人 胡蝶（签章）　主管人员 胡珍（签章）　会计人员 李立（签章）　出纳员付讫 金华（签章）

图 1.13

银行名称：广州白云办事处　　　　网点号：440583302

广州电子缴税系统回单

付款人名称：广州明芝乳业有限公司　　　　扣款日期：20141208
付款人账号：0012-0015-8693　　　　清算日期：20141202
付款人开户银行：

收款人名称：广州市地税白云区征收分局
收款人账号：3602001011001521040
收款人开户银行：国家金库白云区支库

款项内容：代扣（地税　　）税款　　　　电子税票号：3200403046105669
小写金额：￥200.00
大写金额：贰佰元整
纳税人编码：708258082
纳税人名称：广州明芝乳业有限公司

税种	所属期	纳税金额	备注
印花税	201412	￥200.00	地税

中国工商银行股份有限公司广州白云支行 2014.12.02 核算用章(31) 李凤

经办：　　复核：　　打印次数：1　　打印日期：20141202

图 1.14

【业务 7】 12 月 2 日，厂长陈明出差借支差旅费 5 000 元，见图 1.15 与图 1.16。

借　据

部门：厂部管理部门　　　　2014 年 12 月 2 日　　　　第　1 号

今借到

人民币（大写）伍仟元整　　　　￥5000.00　此据

借款用途说明　出差

主管人批准　胡蝶	财务负责人意见　同意　胡珍	部门负责人意见　同意　胡蝶	借款人签章　陈明

③会计记账

会计　李立　　复核　胡珍　　出纳　金华　　经手　陈明

图 1.15

现金支出凭单　　第 1 号

附件 1 张　　2014年12月2日

对方科目编号	

用款事项：陈明借支差旅费

人民币(大写)：伍仟元整　　¥5000.00

现金付讫

收款人	主管	会计	出纳员
陈明	人员胡珍	人员李立	付讫 金华
(签章)	(签章)	(签章)	(签章)

图 1.16

【业务 8】 12 月 3 日，向深圳红光公司购白砂糖 200 千克，每千克 6 元，购食用香精 50 千克，每千克 44 元，价款共计 3 400 元，增值税 578 元；脱脂奶粉 90 千克，每千克 32 元，价款共计 2 880 元，增值税 489.6 元，合计 7 347.6 元，款汇出，材料未入库，见图 1.17～图 1.20（结算手续费 80 元）。

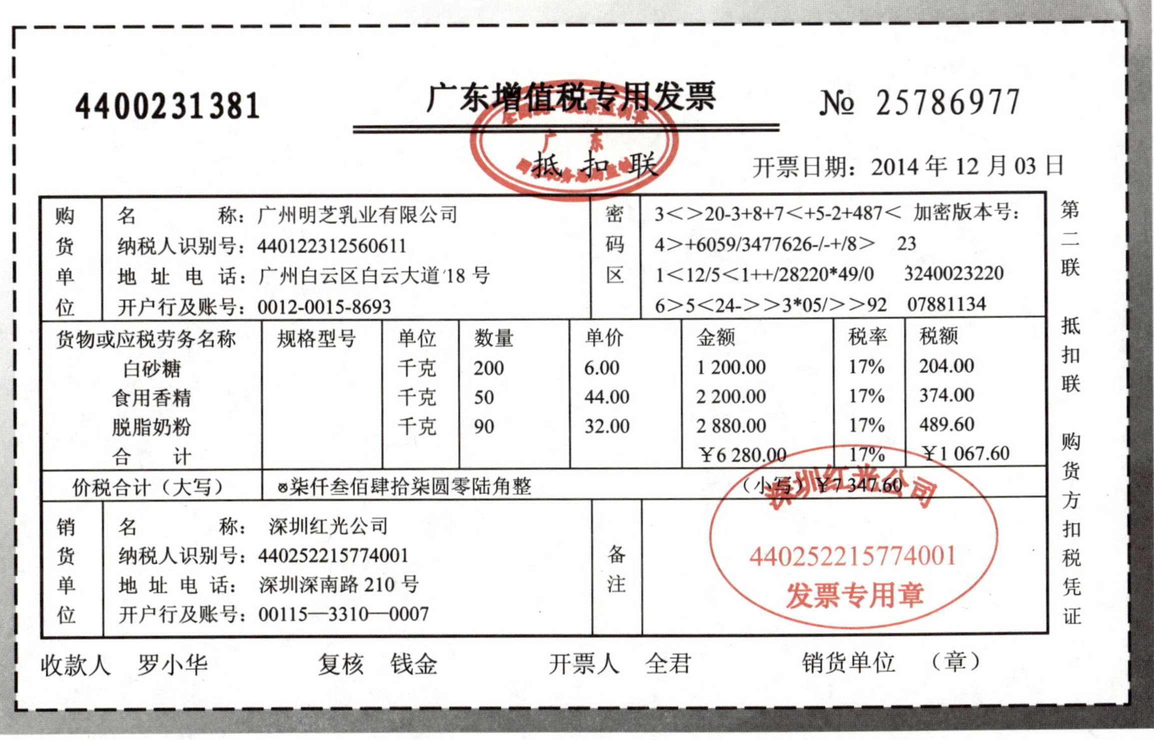

4400231381　　广东增值税专用发票　　№ 25786977

抵扣联　　开票日期：2014 年 12 月 03 日

购货单位	名称：广州明芝乳业有限公司 纳税人识别号：440122312560611 地址电话：广州白云区白云大道18号 开户行及账号：0012-0015-8693	密码区	3<>20-3+8+7<+5-2+487< 加密版本号： 4>+6059/3477626-/-+/8> 23 1<12/5<1++/28220*49/0 3240023220 6>5<24->>3*05/>>92 07881134

货物或应税劳务名称	规格型号	单位	数量	单价	金额	税率	税额
白砂糖		千克	200	6.00	1 200.00	17%	204.00
食用香精		千克	50	44.00	2 200.00	17%	374.00
脱脂奶粉		千克	90	32.00	2 880.00	17%	489.60
合计					¥6 280.00	17%	¥1 067.60

价税合计（大写）⊗柒仟叁佰肆拾柒圆零陆角整　（小写）¥7 347.60

销货单位	名称：深圳红光公司 纳税人识别号：440252215774001 地址电话：深圳深南路 210 号 开户行及账号：00115—3310—0007	备注	深圳红光公司 440252215774001 发票专用章

第二联 抵扣联 购货方扣税凭证

收款人 罗小华　　复核 钱金　　开票人 全君　　销货单位（章）

图 1.17

4400231381 **广东增值税专用发票** № 25786977

发 票 联

开票日期：2014年12月03日

购货单位	名称：广州明芝乳业有限公司 纳税人识别号：440122312560611 地址电话：广州白云区白云大道18号 开户行及账号：0012-0015-8693	密码区	3<>20-3+8+7<+5-2+487< 加密版本号： 4>+6059/3477626-/-+/8> 23 1<12/5<1++/28220*49/0 3240023220 6>5<24->>3*05/>>92 07881134

货物或应税劳务名称	规格型号	单位	数量	单价	金额	税率	税额
白砂糖		千克	200	6.00	1 200.00	17%	204.00
食用香精		千克	50	44.00	2 200.00	17%	374.00
脱脂奶粉		千克	90	32.00	2880.00	17%	489.60
合计					￥6 280.00	17%	￥1 067.60
价税合计（大写）	⊗柒仟叁佰肆拾柒圆零陆角整				（小写）￥7 347.60		

销货单位	名称：深圳红光公司 纳税人识别号：440252215774001 地址电话：深圳深南路210号 开户行及账号：00115—3310—0007	备注	深圳红光公司 440252215774001 发票专用章

收款人 罗小华 复核 钱金 开票人 全君 销货单位（章）

第三联 发票联 购货方记账凭证

图1.18

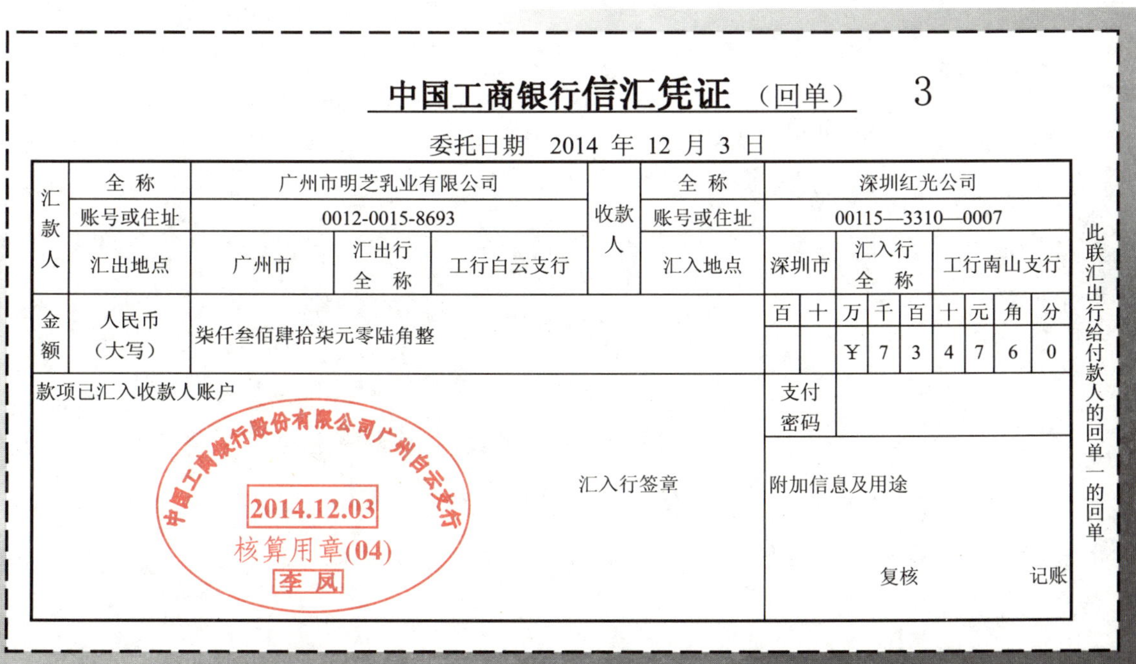
中国工商银行信汇凭证（回单） 3

委托日期 2014年12月3日

汇款人	全称	广州市明芝乳业有限公司			收款人	全称	深圳红光公司		
	账号或住址	0012-0015-8693				账号或住址	00115—3310—0007		
	汇出地点	广州市	汇出行全称	工行白云支行		汇入地点	深圳市	汇入行全称	工行南山支行

金额	人民币（大写）	柒仟叁佰肆拾柒元零陆角整	百	十	万	千	百	十	元	角	分
					￥	7	3	4	7	6	0

款项已汇入收款人账户

中国工商银行股份有限公司广州白云支行 2014.12.03 核算用章(04) 李凤

汇入行签章

支付密码

附加信息及用途

复核 记账

此联汇出行给付款人的回单

图1.19

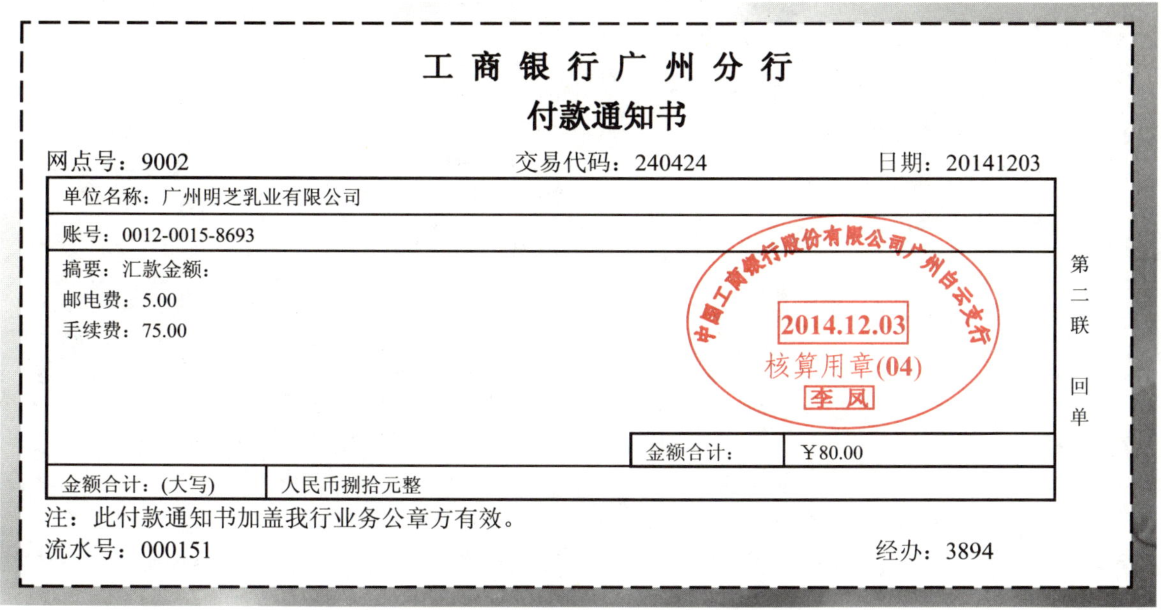

工 商 银 行 广 州 分 行

付款通知书

网点号：9002　　交易代码：240424　　日期：20141203

单位名称：广州明芝乳业有限公司	
账号：0012-0015-8693	
摘要：汇款金额： 邮电费：5.00 手续费：75.00	
金额合计：	￥80.00
金额合计：(大写)	人民币捌拾元整

第二联　回单

中国工商银行股份有限公司广州白云支行　2014.12.03　核算用章(04)　李凤

注：此付款通知书加盖我行业务公章方有效。

流水号：000151　　经办：3894

图 1.20

【业务 9】 12 月 3 日，向东莞大华食品公司购买红豆 100 千克，每千克 4.5 元；绿豆 80 千克，每千克 4.8 元；花生 90 千克，每千克 5.8 元；膨胀剂 100 千克，每千克 17.2 元。价款共 3 076 元，增值税 522.92 元，计 3598.92 元，用银行汇票付款，材料入库。具体见图 1.21～图 1.24（原银行汇票 4 000 元，余款 401.08 元退回）。

付款期限　壹 个 月

银行

银 行 汇 票（多余款收账通知）4

No.0112912

出票日期　　　第　　号

（大写）贰零壹肆年壹拾壹月零叁日　　代理付款行：建行东莞分行民主路办　行号：

收款人：东莞大华食品公司		账号：00015-3310-0007
出票金额	人民币(大写) 肆仟元整	
实际结算金额	人民币(大写) 叁仟伍佰玖拾捌元玖角贰分	

千	百	十	万	千	百	十	元	角	分
			￥	3	5	9	8	9	2

申 请 人：

出 票 行：　　行号：

备　　注：

出票行盖章

2014 年 12 月 3 日

账号或住址：0012-0015-8693

多余金额

千	百	十	万	千	百	十	元	角	分
				￥	4	0	1		8

左列退回多余金额已收入你账户内。

中国工商银行股份有限公司广州白云支行　2014.12.03　核算用章(04)　李凤

财务主管　复核　经办人

此联出票行结清多余款后交申请人

图 1.21

4400028145 **广东增值税专用发票** № 03567782

发 票 联

开票日期：2014 年 12 月 03 日

购货单位	名称：广州明芝乳业有限公司 纳税人识别号：440122312560611 地址电话：广州白云区白云大道 18 号 开户行及账号：0012-0015-8693	密码区	3＜＞20-3+8+7＜+5-2+487＜ 加密版本号： 4＞+6059/3455411-/-+/8＞ 56 1＜12/5＜1++/28220*49/0 3240023990 6＞5＜24-＞＞3*05/＞＞92 07881134

货物或应税劳务名称	规格型号	单位	数量	单价	金额	税率	税额
红豆		千克	100	4.50	450.00	17%	76.50
绿豆		千克	80	4.80	384.00	17%	65.28
花生		千克	90	5.80	522.00	17%	88.74
膨胀剂		千克	100	17.20	1 720.00	17%	292.40
合计					￥3 076.00		￥522.92
价税合计（大写）	⊗叁仟伍佰玖拾捌圆玖角贰分				（小写）￥3 598.92		

销货单位	名称：东莞大华食品公司 纳税人识别号：440501284511145 地址电话：东莞市民主路 25 号 开户行及账号：建行东莞市民主路支行	备注	东莞大华食品公司 440501284511145 发票专用章

收款人 王宏 复核 徐就 开票人 林枫 销货单位（章）

第三联：发票联 购货方记账凭证

图 1.22

4400028145 **广东增值税专用发票** № 03567782

抵 扣 联

开票日期：2014 年 12 月 03 日

购货单位	名称：广州明芝乳业有限公司 纳税人识别号：440122312560611 地址电话：广州白云区白云大道 18 号 开户行及账号：0012-0015-8693	密码区	3＜＞20-3+8+7＜+5-2+487＜ 加密版本号： 4＞+6059/3455411-/-+/8＞ 56 1＜12/5＜1++/28220*49/0 3240023990 6＞5＜24-＞＞3*05/＞＞92 078811

货物或应税劳务名称	规格型号	单位	数量	单价	金额	税率	税额
红豆		千克	100	4.50	450.00	17%	76.50
绿豆		千克	80	4.80	384.00	17%	65.28
花生		千克	90	5.80	522.00	17%	88.74
膨胀剂		千克	100	17.20	1 720.00	17%	292.40
合计					￥3 076.00		￥522.92
价税合计（大写）	⊗叁仟伍佰玖拾捌圆玖角贰分				（小写）￥3 598.92		

销货单位	名称：东莞大华食品公司 纳税人识别号：440501284511145 地址电话：东莞市民主路 25 号 开户行及账号：建行东莞市民主路支行	备注	东莞大华食品公司 440501284511145 发票专用章

收款人 王宏 复核 徐就 开票人 林枫 销货单位（章）

第二联：抵扣联 购货方扣税凭证

图 1.23

收 料 单

年 月 日 字第 号

来料单位		发票 号	年 月 日收到											
编号	材 料 名 称	规 格	送验数量	实收数量	单位	单价	金 额							
							十	万	千	百	十	元	角	分
备注		验收人盖章				合计￥								

③会计

会计 出纳 复核 记账 制单

图 1.24

【业务 10】 12 月 4 日，12 月 3 日向深圳红光公司购入的白砂糖、食用香精、脱脂奶粉入库，见图 1.25。

收 料 单

年 月 日 字第 号

来料单位		发票 号	年 月 日收到											
编号	材 料 名 称	规 格	送验数量	实收数量	单位	单价	金 额							
							十	万	千	百	十	元	角	分
备注		验收人盖章				合计￥								

③会计

会计 出纳 复核 记账 制单

图 1.25

【业务 11】 12 月 5 日，上月向东莞大华食品公司购入的白砂糖 800 千克入库，每千克 5 元，见图 1.26。

收　料　单

年　月　日　　　　字第　号

来料单位　　发票　　号　　年　月　日收到															
编号	材料名称	规格	送验数量	实收数量	单位	单价	金额								③会计
							十	万	千	百	十	元	角	分	
备注		验收人盖章				合计￥									

会计　　出纳　　复核　　记账　　制单

图 1.26

【业务 12】 12 月 5 日，基本生产车间生产产品领用脱脂奶粉 100 千克、白砂糖 200 千克、食用香精 20 千克、红豆 80 千克、绿豆 80 千克、花生 80 千克、膨胀剂 25 千克、纸盒 3 000 个，见图 1.27 与图 1.28。

领　料　单

____字第____________号

领料部门____________

生产通知单号别________

年　月　日

No.　0007118

制品名称：			制造数量：			领料用途：										第二联　交会计部门
编号	品名	规格	单位	请领数量	实发数量	单价	金额								备注	
							十	万	千	百	十	元	角	分		
附件：　　张					合计											

主管　　会计　　记账　　发料　　领料　　制单

图 1.27

____字第______________号

领料部门______________

生产通知单号别__________

领 料 单

No. 0007119

年 月 日

制品名称：				制造数量：			领料用途：								
编 号	品 名	规 格	单位	请领数量	实发数量	单价	金 额								备 注
							十	万	千	百	十	元	角	分	
附件：				张	合 计										

第二联 交会计部门

主管 会计 记账 发料 领料 制单

图 1.28

【业务 13】 12 月 7 日红豆牛奶雪糕 300 盒、绿豆牛奶雪糕 300 盒、花生牛奶雪糕 300 盒、巧克力冰淇淋 300 盒入库（填进仓单），见图 1.29。

进 仓 单

No. 0010928

完成部门____________________ 年 月 日

产 品			单位	数量	单价	成 本 总 额							产品明细账		说 明
编 号	名 称	规 格				万	千	百	十	元	角	分	号	页	

② 财 务

会计 记账 保管 验收 部门主管 缴仓 制单

图 1.29

【业务 14】　12 月 7 日，陈明出差回来，报销差旅费 4 800 元，余款 1 200 元退回，见图 1.30 与图 1.31。

单位

差 旅 费 报 销 单

名称　　　　填报日期：2014 年 12 月 7 日

姓　名	陈明	出差地点	北京	出差日期	自 2014 年 12 月 1 日 至 2014 年 12 月 7 日
事由	公差				

日期			起讫地点		车船费			在途补助				住勤补助				杂（宿）费		备注
年	月	日	起	讫	类别	金额		行程时间	标准	金额		日数	标准	金额				
2014	12	2	广州	北京		1 500	00	小时				7	40	280	00	1 000	00	
	12	7	北京	广州		1 500	00	小时								800	00	
								小时										
								小时										

以上单据共 10 张　总计金额人民币（大写）零 万 肆 仟 捌 佰 零 拾 零 元 零 角 零 分	经领人盖章	陈明
预支旅费人民币￥6 000 元，缴回现将人民币￥1 200 元		

主管　　　　审核　胡珍　　　　出纳　金华　　　　填报人　陈明

图 1.30

现 金 收 入 凭 单　　　　第　　号

附件 10 张　　　　2014 年 12 月 7 日　　　　对方科目编号

用款事项：交回多余差旅费

人民币（大写）：壹仟贰佰拾元整　　　　￥1 200.00

现金收讫

交款人 陈明（签章）	主管人员 胡珍（签章）	会计人员 李立（签章）	出纳员收讫 金华（签章）

图 1.31

【业务 15】12 月 8 日，向深圳沃玛商场销售红豆牛奶雪糕 200 盒，每盒 35 元，价款 7 000 元，增值税 1 190 元；绿豆牛奶雪糕 200 盒，每盒 35 元，价款 7 000 元，增值税 1 190 元；花生牛奶雪糕 250 盒，每盒 35 元，价款 8 750 元，增值税 1 487.5 元；巧克力冰淇淋 250 盒，每盒 40 元，价款 10 000 元，增值税 1 700 元。价款共计 32 750 元，增值税 5 567.5 元，代垫运费 555 元（现金），办妥委托收款手续（结算手续费 100 元）。具体见图 1.32～图 1.36。

4400054120 **广东增值税专用发票** № 02447647

开票日期：2014 年 12 月 08 日

此联不作报销，扣税凭证使用

购货单位	名 称：深圳沃玛商场 纳税人识别号：440401527419217 地 址 电 话：深圳市中华路 205 号 开户行及账号：工行中华路支行 0492-9837-4271				密码区	3<>20-3+8+7<+5-2+487< 加密版本号： 4>+6059/3477626-/-+/8> 23 1<12/5<1++/28220*49/0 3240023220 6>5<24->>3*05/>>92 07881134		
货物或应税劳务名称	规格型号	单位	数量	单价	金额	税率	税额	
红豆牛奶雪糕		盒	200	35.00	7 000.00	17%	1 190.00	
绿豆牛奶雪糕		盒	200	35.00	7 000.00	17%	1 190.00	
花生牛奶雪糕		盒	250	35.00	8 750.00	17%	1 487.50	
巧克力冰淇淋		盒	250	40.00	10 000.00	17%	1 700.00	
合计					￥32 750.00		￥5 567.50	
价税合计（大写）	⊗叁万捌仟叁佰壹拾柒圆伍角整				（小写）￥ 38 317.50			
销货单位	名 称：广州明芝乳业有限公司 纳税人识别号：440122312560611 地 址 电 话：广州白云区白云大道 18 号 开户行及账号：0012-0015-8693				备注			

第三联 记账联 销货方记账凭证

收款人 金华　　复核 胡珍　　开票人 苏洋　　销货单位（章）

图 1.32

出 库 单

提货部门：　　　　年　　月　　日　　　　No.0067148

产品			单位	数量	单价	成本总额							产品明细账		说明
编号	名称	规格				万	千	百	十	元	角	分	页	号	

第三联 记账

部门主管　　会计　　记账　　保管　　提货人　　制单

图 1.33

现 金 支 出 凭 单　　第 1 号

附件 1 张　　2014 年 12 月 8 日

对方科目编号	

用款事项：代垫运费

人民币（大写）：伍佰伍拾伍元整　　¥555.00

现金付讫

收款人：胡雨（签章）	主管人员：胡珍（签章）	会计人员：李立（签章）	出纳员付讫：金华（签章）

图 1.34

托收凭证（受理回单）　1

委托日期　年　月　日

业务类型	委托收款（ □邮划 □ 电划） 托收承付（□邮划 □电划）														
付款人	全 称			收款人	全 称										
	账 号				账 号										
	开户银行				开户银行										
托收金额	人民币（大写）				千	百	十	万	千	百	十	元	角	分	
款项内容	货款	托收凭据名称		托收承付	附寄单证张数	3 张									
商品发运情况	已发运			合同名称号码	7491										
备注： 复核 记账		款项收妥日期 年 月 日			收款单位开户银行盖章 年 月 日										

图 1.35

工 商 银 行 广 州 分 行

付款通知书

网点号：1902　　交易代码：230474　　日期：2014/12/08

单位名称：广州明芝乳业有限公司	
账号：0012-0015-8693	
摘要：结算金额 邮电费：5.00 手续费：95.00	金额合计：100.00
金额合计：(大写)	人民币壹佰元整

第二联 回单

中国工商银行股份有限公司广州白云支行 2014.12.01 核算用章(04) 李凤

注：此付款通知书加盖我行业务公章方有效。

流水号 001037　　经办 2681

图 1.36

【业务 16】　12 月 8 日，支付职工培训费 2 000 元（支票），见图 1.37。

广东省地方税收通用发票（电子）　　电子发票　手写无效

发 票 联

发票代码　244011205010

开票日期：2014-12-08 15：20：30　　行业类别：文化业　　发票号码　06754258

付款方名称：广州明芝乳业有限公司
付款方识别号：
收款方名称：广东省财政职业技术学院
收款方识别号：440111455860099
主管税务机关：广州市白云区地方税务局太和税务所　　防伪码：09882112439214462573083

序号	开票项目说明	金额（元）	备注
1	培训费	2000.00	

合计（大写）：人民币贰仟圆整　　合计（小写）：¥2000.00

附注：

本发票可在开票后 30 天内通过网站、手机、短信等 6 种补录登记方式，参与“南粤金税”发票抽奖。详情请登录广东地税网站。（广东地税）

No. 1104001-47642304　　开票人：薛辉　　开票单位盖章：

发票联　付款方付款凭证

图 1.37

【业务 17】　12 月 8 日，交纳增值税 40 000 元，城建税 2 870 元，营业税 1 000 元，所得税 10 000 元，教育费附加 1 230 元，合计 55 100 元，见图 1.38 与图 1.39。

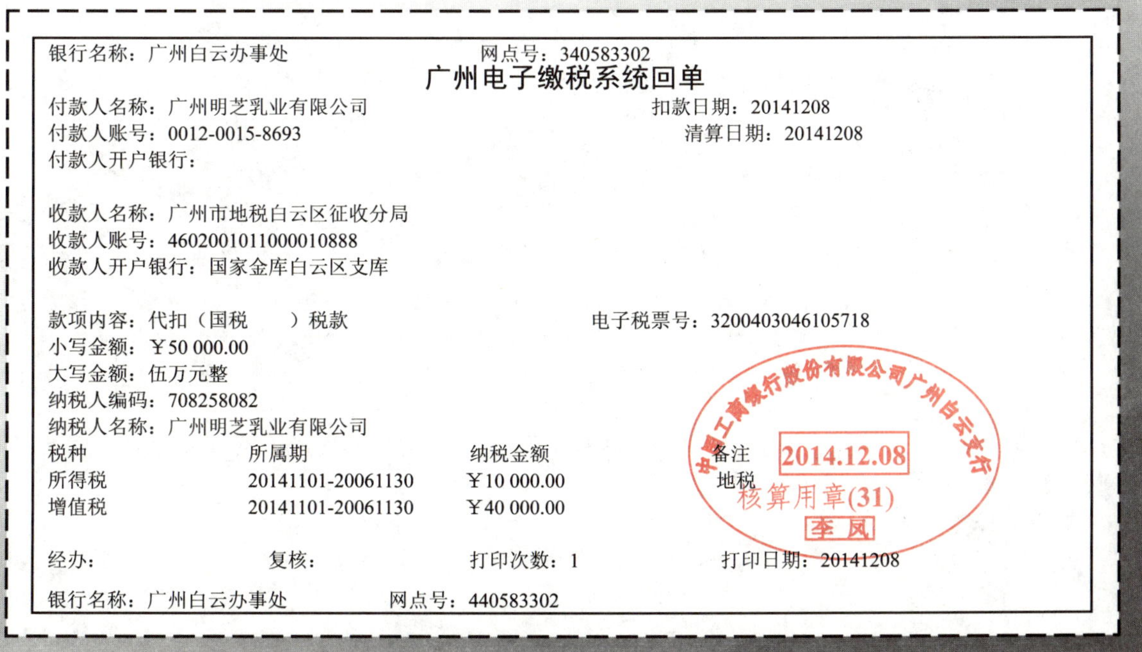
银行名称：广州白云办事处　　网点号：340583302

广州电子缴税系统回单

付款人名称：广州明芝乳业有限公司　　扣款日期：20141208
付款人账号：0012-0015-8693　　清算日期：20141208
付款人开户银行：

收款人名称：广州市地税白云区征收分局
收款人账号：4602001011000010888
收款人开户银行：国家金库白云区支库

款项内容：代扣（国税　　）税款　　电子税票号：3200403046105718
小写金额：¥50 000.00
大写金额：伍万元整
纳税人编码：708258082
纳税人名称：广州明芝乳业有限公司

税种	所属期	纳税金额
所得税	20141101-20061130	¥10 000.00
增值税	20141101-20061130	¥40 000.00

备注　地税

经办：　　复核：　　打印次数：1　　打印日期：20141208

银行名称：广州白云办事处　　网点号：440583302

图 1.38

银行名称：广州白云办事处　　　　网点号：440583302

广州电子缴税系统回单

付款人名称：广州明芝乳业有限公司　　　　扣款日期：20141208
付款人账号：0012-0015-8693　　　　清算日期：20141208
付款人开户银行：

收款人名称：广州市地税白云区征收分局
收款人账号：3602001011001521040
收款人开户银行：国家金库白云区支库

款项内容：代扣（地税　　）税款　　　　电子税票号：3200403046105669
小写金额：￥5 100.00
大写金额：柒仟壹佰元整
纳税人编码：708258082
纳税人名称：广州明芝乳业有限公司

税种	所属期	纳税金额	备注
营业税	20141101-20141130	￥1 000.00	地税
城市维护建设税	20141101-20141130	￥2 870.00	地税
教育费附加	20141101-20141130	￥1 230.00	地税

经办：　　复核：　　打印次数：1　　打印日期：20141208

图 1.39

【业务 18】 12 月 8 日，向广州永安食品有限公司提供一项专有技术，协商价 100 000 元，收款，见图 1.40～图 1.42。

4401054531　　广东增值税专用发票　　№ 01237124

此联不做报销、扣税凭证使用　　开票日期：2014 年 12 月 21 日

购货单位	名　称：广州明芝乳业有限公司 纳税人识别号：440122312560611 地 址 电 话：广州白云区白云大道 18 号 开户行及账号：0012-0015-8693			密码区	5＜＞20-3+8+7＜+5-2+127＜ 加密版本号： 3＞+4059/3472611-/-+/9＞ 57 1＜12/5＜1++/28220*49/0 8791223191 7＞5＜14-＞＞3*05/＞＞92 23757893		
货物或应税劳务名称	规格型号	单位	数量	单价	金额	税率	税额
技术转让		项	1	100000.00	100000.00	6%	6000.00
合　计					￥100000.00		￥6000.00
价税合计（大写）	⊗壹拾万零陆仟圆整				（小写）￥106000.00		
销货单位	名　称：广州永安食品有限公司 纳税人识别号：440100259012459 地 址 电 话：广州市解放路 201 号 开户行及账号：工行广州市解放路支行			备注			

收款人　金华　　复核　胡珍　　开票人　苏洋　　销货单位（章）

第一联　记账联　销货方记账凭证

图 1.40

中国工商银行转账支票

No 2152395

出票日期（大写）贰零壹肆年壹拾贰月零捌日　　付款行名称：广州市工行东山路办

收款人：广州明芝乳业有限公司　　出票人账号：0411-2313-5612

本支票付款期限十天

人民币（大写）	壹拾万零陆仟元整	千	百	十	万	千	百	十	元	角	分
			¥	1	0	6	0	0	0	0	0

用途专有技术　　科目（借）

上列款项请从　　对方科目（贷）

我账户内支付

出票人签章　　复核　　记账

广州永安食品有限公司财务专用章　出纳 江山　法人章 柯兰

图 1.41

银 行 进账单（回单或收账通知）　3

年　月　日

收款人	全　称	
	账　号	
	开户银行	
人民币	千 百 十 万 千 百 十 元 角 分	
付款人	全　称	
	账　号	
	开户银行	
款项来源		
收款人开户行盖章		

银 行 进账单（贷方凭证）　2

年　月　日

收款人	全称			
	开户银行		账号	
款项来源				
合计金额	人民币（大写）：	千 百 十 万 千 百 十 元 角 分		

付款人名称或账号	金额（百 十 万 千 百 十 元 角 分）	付款人名称或账号	金额（百 十 万 千 百 十 元 角 分）	对方科目：
				复核　记账

图 1.42

【业务 19】 12 月 9 日，税收罚款 1 800 元（支票），见图 1.43。

中华人民共和国
税收通用完税证

纳税人编码 78481236　　（2014）穗国完电 № 4036472

注册类型：国内企业　填发日期：2014年12月09日　征收机关：白云区国税局管理一科

纳税人代码	440122312560611			地址	广州白云区白云大道18号	
纳税人名称	广州明芝乳业有限公司			税款所属时期	2014年10月31日至2014年11月30日	
税种	品目名称	课税数量	计税金额或销售收入	税率或单位税额	已缴或扣除额	实缴金额
税务部门其他罚没收入	罚没收入		0.00	0%		￥1800.00
金额合计	（大写）⊗壹仟捌佰元整			￥1800.00		
税务机关（盖章）	委托代征单位（盖章）	填票人（章）戴娟	备注	其他部门查补罚没　行为罚款 4036398 442804000003137558 穗国税计征局白云征收科		

第一联（收据）收款盖章后退纳税单位

图 1.43

【业务 20】 12月9日，销售部门报销办公费200元（现金），见图1.44与图1.45。

国税　广州市好多多（广源）百货有限公司销售发票
发票联

发票代码 144011020021
发票号码 00117991
交易序号：0084
收银员/机：2063/0891
日期/时间：2014/12/09 13:00

客户编号：
客户名称：广州明芝乳业有限公司

品名规格	单位	数量	含税单价	含税总价	备注
纸、笔				200.00	
合计人民币(大写)(超佰万元无效)	⊗贰佰元整			￥200.00	
制票：9002	记账：	复核：	收款人：	发票专用章：	
商场地址及电话：广州市广源新村景泰直街83号		邮编：510405		Tel：86381111	

第二联发票联

（印章：广州市好多多股份有限公司 440174678419138 发票专用章）

图 1.44

现金支出凭单　　第　号

附件 1 张　　2014年12月9日　　对方科目编号：

用款事项：购买办公用品（销售部门用）

人民币（大写）：贰佰元整　　￥200.00

收款人 江小红（签章）　主管人员 胡珍（签章）　会计人员 李立（签章）　出纳员付讫 金华（签章）

现金付讫

图 1.45

【业务 21】　12 月 9 日，缴纳单位及个人负担的各项社会保险共 22 376.4 元（个人按工资总额的一定比例计提，见第 57 笔业务，单位负担部分计入“应付职工薪酬——社会保障费 13 888.8”，个人负担部分冲减“其他应收款——医疗保险 1 543.2、养老保险 6 172.8、失业保险 771.6”，见账户余额表），见图 1.46 与图 1.47。

单位负担的社会保险计提表

2014 年 12 月

项目	计提基数	计提比例（%）	金额（元）
医疗保险	77 160	2	1 543.2
养老保险	77 100	12	9 259.2
失业保险	77 160	1	771.6
工伤保险	77 160	1.5	1 157.4
生育保险	77 160	1.5	1 157.4
合计			13 888.8

制表　苏洋　　　　审核　胡珍

注：单位负担的各项社会保险，本单位共 27 人，假设 2012 年广州市月社保缴费平均工资为 2 857.78 元，则企业的计提基数为 77 160 元。

图 1.46

ICBC 中国工商银行　广东省分行营业部　　电子缴税（回单）

No. 121214001700002360

业务日期:2014 年 12 月 09 日

付款人			收款人		
	全称	广州芝乳业有限公司		全　称	广州地方税务局白云区征收分局
	账号	0012-0015-8693		账号	3602000911920040367
	归属网点	广州支行白云支行		开户银行	中华人民共和国国家金库广州市白云区支库

金额	人民币（大写）	千	百	十	亿	千	百	十	万	千	百	十	元	角	分
	贰万贰仟叁佰柒拾陆元肆角整							¥	2	2	3	7	6	4	0

内容	扣缴地税款	电子税票号	3201212895502635	纳税人编码	H625987704	纳税人名称	广州明芝乳业有限公司

税种	所属期	纳税金额	备注	税种	所属期	纳税金额	备注	税种	所属期	纳税金额	备注
2 份保险	20141201	1157.40	单位	基本医疗保险	20141201-20141231	1543.20	个人				
失业保险	20141201-20141231	771.60	单位	养老保险	20141201-20141231	6172.80	个人				
养老保险（农业）	20141201-20141231	9259.20	单位	失业保险		771.60	个人				
基本医疗保险	20141201-20141231	1543.20	单位	生育保险		1157.40	单位				
附言											

2014.12.09

核算用章(30)

工行网站：　www.icbc.com.cn　　　打印日期：2014 年 12 月 09 日

服务热线电说：95588

图 1.47

【业务 22】 12 月 10 日，向广州燕塘乳业有限公司购脱脂奶粉 180 千克，每千克 33 元；巧克力 100 千克，每千克 75 元；食用香精 50 千克，每千克 44 元。货款共 15 640 元，增值税 2 658.8 元，合计 18 298.8 元，材料入库（支票付款），见图 1.48～图 1.50。

收 料 单

年 月 日 字第 号

来料单位		发票 号		年 月 日收到										
编号	材 料 名 称	规 格	送验数量	实收数量	单位	单价	金 额							
							十	万	千	百	十	元	角	分
备		验收人				合计￥								

会计 出纳 复核 记账 制单

③会计

图 1.48

4400053127 广东增值税专用发票 № 02593811

发票联 开票日期：2014 年 12 月 10 日

购货单位	名 称：广州明芝乳业有限公司 纳税人识别号：440122312560611 地 址 电 话：广州白云区白云大道 18 号 开户行及账号：0012-0015-8693				密码区	5＜＞40-3+8+7＜+5-2+127＜ 加密版本号： 3＞+6059/3477611-/-+/9＞ 57 1＜12/5＜1++/28220*49/0 3240023191 6＞5＜24-＞＞3*05/＞＞92 07881121		
货物或应税劳务名称	规格型号	单位	数量	单价	金额	税率	税额	
脱脂奶粉		千克	180	33.00	5 940.00	17%	1 009.80	
巧克力		千克	100	75.00	7 500.00	17%	1 275.00	
食用香精		千克	50	44.00	2 200.00	17%	374.00	
合 计					￥15 640.00		￥2 658.80	
价税合计（大写）	⊗壹万捌仟贰佰玖拾捌圆捌角整				（小写）￥18 298.80			
销货单位	名 称：广州燕塘乳业有限公司 纳税人识别号：440104256780980 地 址 电 话：广州市燕岭路 87 号 开户行及账号：建行广州市燕岭路支行				备注			

收款人 潘伟 复核 刘山 开票人 李妮 销货单位（章）

第三联 发票联 购货方记账凭证

广州燕塘乳业有限公司 440104256780980 发票专用章

图 1.49

4400053127　　**广东增值税专用发票**　　№ 02593811

抵　扣　联

开票日期：2014 年 12 月 10 日

购货单位	名　　称：广州明芝乳业有限公司 纳税人识别号：440122312560611 地址 电话：广州白云区白云大道 18 号 开户行及账号：0012-0015-8693	密码区	5<>40-3+8+7<+5-2+127< 加密版本号： 3>+6059/3477611-/-+/9> 57 1<12/5<1++/28220*49/0 3240023191 6>5<24->>3*05/>>92 07881121

货物或应税劳务名称	规格型号	单位	数量	单价	金额	税率	税额
脱脂奶粉		千克	180	33.00	5 940.00	17%	1 009.80
巧克力		千克	100	75.00	7 500.00	17%	1 275.00
食用香精		千克	50	44.00	2 200.00	17%	374.00
合　计					￥15 640.00		￥2658.80
价税合计（大写）	⊗壹万捌仟贰佰玖拾捌圆捌角整				（小写）￥18 298.80		

销货单位	名　　称：广州燕塘乳业有限公司 纳税人识别号：440104256780980 地址 电话：广州市燕岭路 87 号 开户行及账号：建行广州市燕岭路支行	备注	广州燕塘乳业有限公司 440104256780980 发票专用章

收款人　潘伟　　复核　刘山　　开票人　李妮　　销货单位（章）

第二联　抵扣联　购货方扣税凭证

图 1.50

【业务 23】 12 月 11 日，收到深圳沃玛公司货款 3 8872.5 元，见图 1.51。

托收凭证（汇款依据或收款通知）　　4

委托日期 2014 年 12 月 8 日　　付款期限 2014 年 12 月 11 日

业务类型	委托收款（□邮划 □电划）　托收承付（□邮划 □电划）		
付款人 全称	深圳沃玛公司	收款人 全称	广州明芝乳业有限公司
付款人 账号	0492-9837-4271	收款人 账号	0012-0015-8693
付款人 开户银行	深圳工行中华路办	收款人 开户银行	广州工行白云办

托收金额	千	百	十	万	千	百	十	元	角	分
人民币（大写）叁万捌仟捌佰柒拾贰元伍角整			￥	3	8	8	7	2	5	0

款项内容	货款	托收凭据名称	发票、运单	附寄单证张数	3 张
商品发运情况	已发运	合同名称号码	7491		
备注： 复核　记账		上列款项已划回收入你方账户内 收款人开户银行签章 年　月　日			

中国工商银行深圳分行中华路办 2014.12.10 核算用章(21)

图 1.51

【业务 24】 12 月 11 日，销售部江小红报销出租汽车费 200 元（其余发票略），见图 1.52 与图 1.53。

现 金 支 出 凭 单　　　　第　　号

附件 18 张　　　　2014 年 12 月 11 日　　　　对方科目编号：

用款事项：报销出租车票			
人民币（大写）：贰佰元整			¥200.00
收款人 江小红（签章）	主管人员 胡珍（签章）	会计人员 李立（签章）	出纳员付讫 金华（签章）

现金付讫

图 1.52

广东省广州市出租汽车统一车票
GD. GUANGZHOU TAXI RECEIPT
发 票 联
440122053
E 交 2— 1079324 9
监督电话：83600000
广州出租汽车公司 440252215774001 发票专用章
此 发 票 手 写 无 效

电话	89008277
车号粤	A-A3171
证号	111111
日期	2014 年 12 月 08 日
上车	11:53
下车	12:01
单价	2.60 元
里程	2.80km
候时	00:02:28
金额	10.00 元
卡号	- - -

广州市人民印刷厂印制 电话：83383163

广东省广州市出租汽车统一车票
GD. GUANGZHOU TAXI RECEIPT
发 票 联
48988078
越金轮 01—2914547
监督电话：83600000
广州出租汽车公司 440252215774001 发票专用章
此 发 票 手 写 无 效

电话	83600000
车号粤	AEX316
证号	0008
日期	2014-12-10
上车	13:47
下车	13:55
单价	2.60 元
里程	2.74km
候时	00:02:20
金额	10.00 元
卡号	- - -

广州市人民印刷厂印制 电话：73383163

其余发票略

图 1.53

【业务 25】 12 月 11 日，支付广告费 3 180 元（支票），见图 1.54 和图 1.55。

4401054531　　**广东增值税专用发票**　　№ 00036789

发　票　联　　开票日期：2014 年 12 月 11 日

购货单位	名　　称：广州明芝乳业有限公司 纳税人识别号：440122312560611 地 址 电 话：广州白云区白云大道 18 号 开户行及账号：0012-0015-8693			密码区	5<>20-3+8+7<+5-2+127< 加密版本号： 3>+4059/3472611-/-+/9>　57 1<12/5<1++/28220*49/0　8791223191 7>5<14->>3*05/>>92　23756901		
货物或应税劳务名称	规格型号	单位	数量	单价	金额	税率	税额
广告费				3000.00	3000.00	6%	180.00
合　计					¥3000.00		¥180.00
价税合计（大写）	⊗叁仟壹佰捌拾圆整				（小写）¥3180.00		
销货单位	名　　称：广州日报社报业经营有限公司 纳税人识别号：440100687667300 地 址 电 话：广州市环市路 230 号 开户行及账号：工行广州市环市路支行			备注			

收款人　李琳　　复核　夏天　　开票人　张军　　销货单位（章）

第三联　发票联　购货方记账凭证

图 1.54

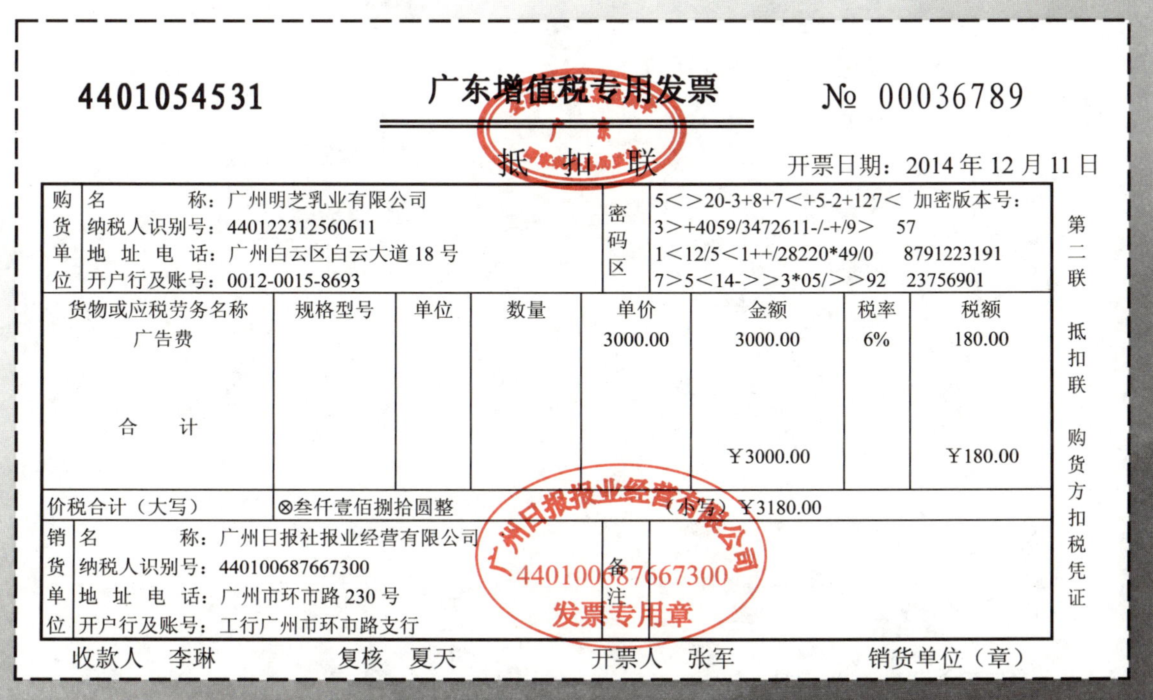

4401054531　　**广东增值税专用发票**　　№ 00036789

抵　扣　联　　开票日期：2014 年 12 月 11 日

购货单位	名　　称：广州明芝乳业有限公司 纳税人识别号：440122312560611 地 址 电 话：广州白云区白云大道 18 号 开户行及账号：0012-0015-8693			密码区	5<>20-3+8+7<+5-2+127< 加密版本号： 3>+4059/3472611-/-+/9>　57 1<12/5<1++/28220*49/0　8791223191 7>5<14->>3*05/>>92　23756901		
货物或应税劳务名称	规格型号	单位	数量	单价	金额	税率	税额
广告费				3000.00	3000.00	6%	180.00
合　计					¥3000.00		¥180.00
价税合计（大写）	⊗叁仟壹佰捌拾圆整				（小写）¥3180.00		
销货单位	名　　称：广州日报社报业经营有限公司 纳税人识别号：440100687667300 地 址 电 话：广州市环市路 230 号 开户行及账号：工行广州市环市路支行			备注			

收款人　李琳　　复核　夏天　　开票人　张军　　销货单位（章）

第二联　抵扣联　购货方扣税凭证

图 1.55

【业务 26】 12 月 11 日，向广州天天食品有限公司购红豆 100 千克，每千克 5 元；绿豆 100 千克，每千克 5 元；花生 100 千克，每千克 6 元；价款 1 600 元，增值税 272 元，共计 1 872 元（款未付），见图 1.56～图 1.58。

收料单

年 月 日 字第 号

来料单位			发票 号		年 月 日收到										
编号	材料名称	规格	送验数量	实收数量	单位	单价	金额							
							十	万	千	百	十	元	角	分
备注		验收人盖章				合计￥								

③会计

会计　　出纳　　复核　　记账　　制单

图 1.56

4400052416　　**广东增值税专用发票**　　№ 03696255

发票联　　开票日期：2014 年 12 月 11 日

购货单位	名称：广州明芝乳业有限公司 纳税人识别号：440122312560611 地址电话：广州白支区白云大道 18 号 开户行及账号：0012-0015-8693				密码区	3<>20-3+8+7<+5-2+487< 加密版本号： 4>+6059/3499626-/-+/8> 14 1<12/5<1++/28220*49/0 3240023220 6>5<24->>3*05/>>92 07881134		
货物或应税劳务名称	规格型号	单位	数量	单价	金额	税率	税额	
红豆		千克	100	5.00	500.00	17%	85.00	
绿豆		千克	100	5.00	500.00		85.00	
花生		千克	100	6.00	600.00		102.00	
		千克						
合计					￥1 600.00		￥272.00	
价税合计（大写）	⊗壹仟捌佰柒拾贰元整				（小写）￥1 872.00			
销售单位	名称：广州天天食品有限公司 纳税人识别号：440102708258082 地址电话：广州市金泉路 187 号 开户行及账号：建行广州市金泉支行				备注			

收款人 关山　　复核 许清　　开票人 刘艳　　销货单位（章）

第三联 发票联 销货方记账凭证

（印章：广州天天食品有限公司 440102708258082 发票专用章）

图 1.57

4400052416 **广东增值税专用发票** № 03696255

抵 扣 联

开票日期：2014 年 12 月 11 日

购货单位	名　　称：广州明芝乳业有限公司 纳税人识别号：440122312560611 地 址 电 话：广州白云区白云大道 18 号 开户行及账号：0012-0015-8693	密码区	3＜＞20-3+8+7＜+5-2+487＜ 加密版本号： 4＞+6059/3499626-/-+/8＞ 14 1＜12/5＜1++/28220*49/0 3240023220 6＞5＜24-＞＞3*05/＞＞92 07881134

货物或应税劳务名称	规格型号	单位	数量	单价	金额	税率	税额
红豆		千克	100	5.00	500.00	17%	85.00
绿豆		千克	100	5.00	500.00		85.00
花生		千克	100	6.00	600.00		102.00
合　计					¥1 600.00		¥272.00
价税合计（大写）	⊗壹仟捌佰柒拾贰圆整				（小写）¥1 872.00		

销货单位	名　　称：广州天天食品有限公司 纳税人识别号：440102708258082 地 址 电 话：广州市金泉路 187 号 开户行及账号：建行广州市金泉支行	备注	广州天天食品有限公司 440102708258082 发票专用章

收款人 关伟　　复核 许山　　开票人 李艳　　销货单位 （章）

第二联：抵扣联 购货方扣税凭证

图 1.58

【业务 27】 12 月 13 日，医疗费报销 6 000 元(支票)，见图 1.59。

收取省直办证单位公费医疗超支分担款通知单

（2014 年 11 月—2014 年 12 月）

统管经费	医疗费开支(记账部分)	结余额	单位结余分成	超支额	单位分担超支金额	单位以往欠款金额	抵扣单位“医疗金”金额	单位以往结余	抵扣分担款后尚结余或累计结余	单位应缴交金额合计
37 960	73 197	0	0	25 237	6 000	0	0	0	0	¥6 000

打印日期：2014.12.13

广东省人民医院 财务专用

图 1.59

【业务 28】 12 月 14 日，收到深圳沃玛公司上月欠款 35 000 元，见图 1.60。

中国工商银行 网上银行电子回单（补打）

电子回单号码：0005-7637-2327-1700 第 1 次补打

付款人	户名	深圳沃码公司	收款人	户名	广州明芝乳业有限公司
	账号	0492-9837-4271		账号	0012-0015-8693
	开户银行	中国银行股份有限公司深圳中华路支行		开户银行	工行广州白云支行
金额		人民币（大写）参万伍仟元整 ¥35 000.00 元			
摘要		货款	业务（产品）种类		跨行收据
用途					
交易流水号		61180902	时间戳		2014-12-14-15.09.15.470969
中国工商银行 电子回单 专用章		备注： 附言：货款 支付交易序号：13004998 报文种类：00100 汇况报文 委托日期：2014-02-14 业务种类：普通汇况 收款人地址： 付款人地址：			
		验证码：hbLOjVtFKf6Bs5yctBF3Zudn1NU=			
记账网点	0220	记账柜员	00010	记账日期	2014 年 12 月 14 日

打印日期：2014 年 12 月 14 日

重要提示：
1. 如果您是收款方，请到工行网站 www.icbc.com.cn 电子回单验证处进行回单验证。
2. 本回单不作为收款方发货依据，并请勿重复记账。
3. 您可以选择发送邮件，将此电子回单发送给指定的接收人。

图 1.60

【业务 29】 12 月 14 日，向希望工程捐款 15 000 元（支票），见图 1.61。

广东省行政事业单位非经营收入发票

发 票 联

粤地（99122）

No. 6196758

顾客名称

及地址：广州明芝乳业有限公司 2014 年 12 月 20 日填发

项目	单位	数量	收费标准		金额 万	千	百	十	元	角	分	备注
捐款				超过拾万元无效	1	5	0	0	0	0	0	
合计人民币（大写）	壹万伍仟零佰零拾零元零角零分				1	5	0	0	0	0	0	

（印章：广州市民政局 发票专用章）

图 1.61

【业务 30】 12 月 15 日，基本生产车间生产产品领用巧克力 50 千克、脱脂奶粉 90 千克、白砂糖 200 千克、食用香精 15 千克、红豆 60 千克、绿豆 60 千克、花生 60 千克、膨胀剂 20 千克，见图 1.62 与图 1.63。

____字第______________号

领料部门______________

生产通知单号别__________

领 料 单

年 月 日

No. 0007120

制品名称：			制造数量：				领料用途：								
编 号	品 名	规 格	单位	请领数量	实发数量	单价	金 额								备 注
							十	万	千	百	十	元	角	分	
附件：				张	合 计										

第二联 交会计部门

主管 会计 记账 发料 领料 制单

图 1.62

____字第______________号

领料部门______________

生产通知单号别__________

领 料 单

年 月 日

No. 0007121

制品名称：			制造数量：				领料用途：								
编 号	品 名	规 格	单位	请领数量	实发数量	单价	金 额								备 注
							十	万	千	百	十	元	角	分	
附件：				张	合 计										

第二联 交会计部门

主管 会计 记账 发料 领料 制单

图 1.63

【业务31】 12月16日入库红豆牛奶雪糕300盒、绿豆牛奶雪糕300盒、花生牛奶雪糕400盒、巧克力冰淇淋400盒（填进仓单），见图1.64。

进 仓 单

No. 0010929

完成部门____________　　年　月　日

产品			单位	数量	单价	成本总额							产品明细账		说明
编号	名称	规格				万	千	百	十	元	角	分	号	页	

②财务

会计　记账　保管　验收　部门主管　缴仓　制单

图1.64

【业务32】 12月16日，基本生产车间生产产品领用纸盒1 400个，见图1.65。

领 料 单

____字第____________号
领料部门____________
生产通知单号别____________

年　月　日

No.　0007122

制口名称：			制造数量：				领料用途：								
编号	品名	规格	单位	请领数量	实发数量	单价	金额								备注
							十	万	千	百	十	元	角	分	
附件：				张	合计										

第二联　交会计部门

主管　会计　记账　发料　领料　制单

图1.65

【业务33】 12月17日出售深发展股票10 000股，每股12元，税费540元，收款119 460元（成本100 000元）。注：交易所系统自动成交转账，单据略（出售股票收入转出“其他货币资金——存出投资款”）。

【业务34】 12月17日，向湛江万佳商场销售红豆牛奶雪糕180盒，每盒35元，价款6 300元，增值税1 071元；绿豆牛奶雪糕180盒，每盒35元，价款6 300元，增值税1 071元；花生牛奶雪糕200盒，每盒35元，价款7 000元，增值税1 190元；巧克力冰淇淋200盒，每盒40元，价款8 000元，增值税1 360元。价款共计27 600元，增值税4 692元，收商业承兑汇票（期限3个月，面值32 292元）。具体见图1.66～图1.68。

4400054120 **广东增值税专用发票** № 02447648

此联不作报销、扣税凭证使用 开票日期：2014年12月17日

购货单位	名　称：湛江万佳商场 纳税人识别号：440503764898341 地址电话：湛江市三华路135号 开户行及账号：工行三华路支行 5012-5361-2517				密码区	3<>20-3+8+7<+5-2+487< 加密版本号： 4>+6059/3477626-/-+/8> 23 1<12/5<1++/28220*49/0 3240023220 6>5<24->>3*05/>>92 07881134		
货物或应税劳务名称	规格型号	单位	数量	单价	金额	税率	税额	
红豆牛奶雪糕		盒	180	35.00	6 300.00	17%	1 071.00	
绿豆牛奶雪糕		盒	180	35.00	6 300.00	17%	1 071.00	
花生牛奶雪糕		盒	200	35.00	7 000.00	17%	1 190.00	
巧克力冰淇淋		盒	200	40.00	8 000.00	17%	1 360.00	
合计					¥27 600.00		¥4 692.00	
价税合计（大写）	⊗叁万贰仟贰佰玖拾贰圆整				（小写）¥32 292.00			
销货单位	名　称：广州明芝乳业有限公司 纳税人识别号：440122312560611 地址电话：广州白云区白云大道18号 开户行及账号：0012-0015-8693				备注			

第一联 记账联 销货方记账凭证

收款人 金华　　复核 胡珍　　开票人 苏洋　　销货单位（章）

图 1.66

出 库 单

提货部门：　　　　年　月　日　　　　No. 0067149

产品			单位	数量	单价	成本总额							产品明细账		说明
编号	名称	规格				万	千	百	十	元	角	分	页	号	

第三联 记账

部门主管　　会计　　记账　　保管　　提货人　　制单

图 1.67

商业承兑汇票（存根） 3

出票日期 贰零壹肆年 壹拾贰月壹拾柒日 汇票号码：3229
（大写）

付款人	全称	湛江万佳商场	收款人	全称	广州明芝乳业有限公司
	账号	5012-5361-2517		账号	0012-0015-8693
	开户银行	湛江市工行三华路支行		开户银行	广州工行白云支行

出票金额	人民币 （大写）叁万贰仟贰佰玖拾贰元整	千	百	十	万	千	百	十	元	角	分
				¥	3	2	2	9	2	0	0

汇票到期日（大写）	贰零壹肆年壹拾贰月贰拾壹日	付款人开户行	账号 / 地址
交易合同号：03115	中国工商银行股份有限公司湛江分行 2014.12.17 汇票专用章	备注：	
	出票人签章		

图 1.68

【业务 35】 12 月 18 日将基本账户款 12 000 元划入信用卡（支票）。

【业务 36】 12 月 18 日，偿还上月欠广州燕塘乳业公司货款 40 000 元（支票）。

【业务 37】 12 月 19 日，购货车支出 81 900 元（支票），见图 1.69～图 1.73。

4401053127 **广东增值税专用发票** № 07422989

发票联 开票日期：2014 年 12 月 19 日

购货单位	名称：广州明芝乳业有限公司 纳税人识别号：440122312560611 地址电话：广州白云区白云大道 18 号 开户行及账号：0012-0015-8693			密码区	5<>40-3+8+7<+5-2+127< 加密版本号： 3>+6059/3477611-/-+/9> 57 1<12/5<1++/28220*49/0 3240023191 6>5<24->>3*05/>>92 07881121		
货物或应税劳务名称	规格型号	单位	数量	单价	金额	税率	税额
货车		辆	1	70000.00	70000.00	17%	11009.00
合计					¥70000.00		¥11900.00
价税合计（大写）	⊗捌万壹仟玖佰圆整				（小写）¥81900.00		
销货单位	名称：广东省物资进出口公司 纳税人识别号：440102190336311 地址电话：广州市机场路 100 号 开户行及账号：建行广州市机场路支行			备注	广东省物资进出口公司 440402190336311 发票专用章		

第三联 发票联 购货方记账凭证

收款人 谢娜　　复核 刘民　　开票人 余静　　销货单位（章）

图 1.69

4401053127 **广东增值税专用发票** № 07422989

抵 扣 联 开票日期：2014 年 12 月 19 日

购货单位	名　　称：广州明芝乳业有限公司 纳税人识别号：440122312560611 地 址 电 话：广州白云区白云大道 18 号 开户行及账号：0012-0015-8693	密码区	5<>40-3+8+7<+5-2+127< 加密版本号： 3>+6059/3477611-/-+/9> 57 1<12/5<1++/28220*49/0 3240023191 6>5<24->>3*05/>>92 07881121

货物或应税劳务名称	规格型号	单位	数量	单价	金额	税率	税额
货车		辆	1	70000.00	70000.00	17%	11009.00
合　计					￥70000.00		￥11900.00
价税合计（大写）	⊗捌万壹仟玖佰圆整				（小写）￥81900.00		

销货单位	名　　称：广东省物资进出口公司 纳税人识别号：440102190336311 地 址 电 话：广州市机场路 100 号 开户行及账号：建行广州市机场路支行	备注	广东省物资进出口公司 440402190336311 发票专用章

收款人 谢娜　　复核 刘民　　开票人 余静　　销货单位（章）

第二联 抵扣联 购货方记账凭证

图 1.70

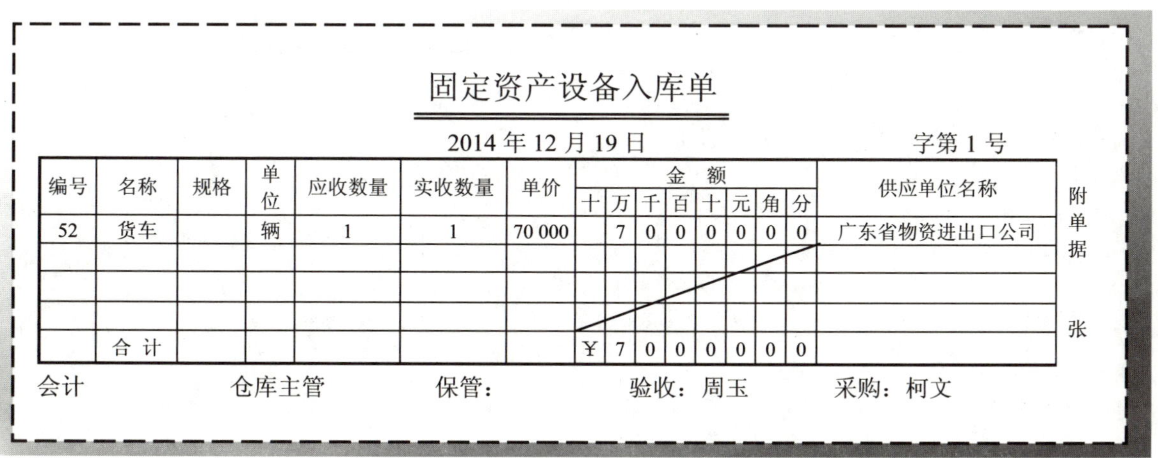

固定资产设备入库单

2014 年 12 月 19 日　　字第 1 号

编号	名称	规格	单位	应收数量	实收数量	单价	十	万	千	百	十	元	角	分	供应单位名称
52	货车		辆	1	1	70 000		7	0	0	0	0	0	0	广东省物资进出口公司
	合 计						￥	7	0	0	0	0	0	0	

（金额栏：十、万、千、百、十、元、角、分）

附单据　张

会计　　仓库主管　　保管：　　验收：周玉　　采购：柯文

图 1.71

固定资产卡片（正面）

固定资产类别：　　　　　　　　　　　　　　　　　　卡片编号：

固定资产项目编号：

固定资产项目名称			型号规格或技术特点				建设单位或制造工厂名称					
原值		其中安装费			预计净残值							
建造日期	年 月		验收日期		年 月		开始使用日期		年 月			
年折旧额		年折旧率			月折旧额							
拨入日期		拨入时已使用年限			尚能使用年限			拨入时已使用年限				
使用或保管部门变动情况			原价变动记录					附属设备记录				
日 期	凭证	使用或保管部门	日期	凭证	增加	减少		名称	规格	单位	数量	金额
年 月												

图 1.72

固定资产卡片（反面）

计提基本折旧				大修理完工记录				停用复记录		
年度	本期提取	累计提取	净值	日期	凭证	摘要	金额	停用日期	停用原因	复用日期
调出记录	调出日期： 批准文号： 调往单位： 原 值： 安装费： 已使用年限：					报废清理记录	清理原因： 清理日期：批准文号： 实际使用： 年 限： 清理费用： 变价收入：			
备注								建、销卡	日期	经办人
								建卡	年 月	
								销卡		

图 1.73

【业务 38】 12 月 19 日，提取现金 6 000 元备用（现金支票）。

【业务 39】 12 月 20 日，预付下年度财产保险费 3 400 元，报刊杂志费 1 526.4 元（支票 2 张），见图 1.74～图 1.76。

中华人民共和国保险公司

保险费收据

№ 0865444

2014 年 12 月 20 日

收到　　广州明芝乳业有限公司

交来　　财产保险费￥3 400 元

人民币（大写）　叁仟肆佰元整

保险费双方协议
使用无承付结算

广州太平洋保险公司
440501284510005
发票专用章

保险公司盖章

第三联 保户报销

复核 刘卫　　　　制单 王光

图 1.74

4401054531　　**广东增值税专用发票**　　№ 01237926

发票联

开票日期：2014年12月20日

购货单位	名　　称：广州明芝乳业有限公司 纳税人识别号：440122312560611 地 址 电 话：广州白云区白云大道18号 开户行及账号：0012-0015-8693	密码区	5＜＞20-3+8+7＜+5-2+127＜ 加密版本号： 3＞+4059/3472611-/-+/9＞ 57 1＜12/5＜1++/28220*49/0 8791223514 7＞5＜14-＞＞3*05/＞＞92 23756991

货物或应税劳务名称	规格型号	单位	数量	单价	金额	税率	税额
广州日报		份	4	360.00	1440.00	6%	86.40
合　计					￥1440.00		￥86.40
价税合计（大写）	⊗壹仟伍佰贰拾陆圆肆角整				（小写）￥1526.40		

销货单位	名　　称：广州日报社报业经营有限公司 纳税人识别号：440100687667300 地 址 电 话：广州市环市路230号 开户行及账号：工行广州市环市路支行	备注	

收款人　李琳　　复核　夏天　　开票人　张军　　销货单位（章）

第三联 发票联 购货方记账凭证

图 1.75

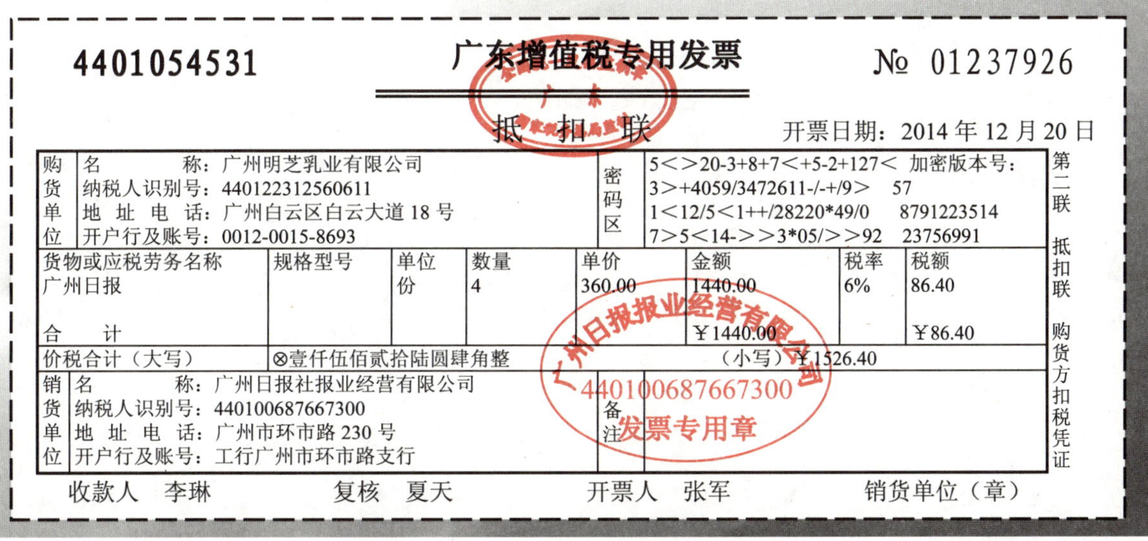

4401054531　　**广东增值税专用发票**　　№ 01237926

抵扣联

开票日期：2014年12月20日

购货单位	名　　称：广州明芝乳业有限公司 纳税人识别号：440122312560611 地 址 电 话：广州白云区白云大道18号 开户行及账号：0012-0015-8693	密码区	5＜＞20-3+8+7＜+5-2+127＜ 加密版本号： 3＞+4059/3472611-/-+/9＞ 57 1＜12/5＜1++/28220*49/0 8791223514 7＞5＜14-＞＞3*05/＞＞92 23756991

货物或应税劳务名称	规格型号	单位	数量	单价	金额	税率	税额
广州日报		份	4	360.00	1440.00	6%	86.40
合　计					￥1440.00		￥86.40
价税合计（大写）	⊗壹仟伍佰贰拾陆圆肆角整				（小写）￥1526.40		

销货单位	名　　称：广州日报社报业经营有限公司 纳税人识别号：440100687667300 地 址 电 话：广州市环市路230号 开户行及账号：工行广州市环市路支行	备注	

收款人　李琳　　复核　夏天　　开票人　张军　　销货单位（章）

第二联 抵扣联 购货方扣税凭证

图 1.76

【业务 40】 12月20日，销售机修车间其他设备储藏柜一台，原价5 000元，已提折旧2 400元，作价3 200元，见图1.77与图1.78。

固定资产交接单

2014年12月20日

固定资产名称	单位	数量	建造日期	购入日期	原始价值	已提折旧	使用年限	备　注
储藏柜B	台	1		2012年12月1日	5 000	2 400	10	协议价格3 200元

调出单位　广州明芝乳业有限公司　　调入单位　广州明光食品有限公司

图 1.77

中国工商银行　网上银行电子回单

电子回单号码：0005-7785-3459-2800

付款人	户　名	广州明光食品有限公司	收款人	户　名	广州明芝乳业有限公司
	账　号	0052-1164-9998		账　号	0012-0015-8693
	开户银行	广州白云支行		开户银行	广州白云支行
金　额		人民币（大写）：叁仟贰佰元整　　￥3 200.00 元			
摘　要		设备款	业务（产品）种类		转账
用　途					
交易流水号		55107159	时间戳		2014-12-22-17.51.50.839733
中国工商银行 电子回单 专用章		备注：			
		验证码：pkctW5Uzemq/TeMFo4jxpCBjHRs=			
记账网点	0220	记账柜员	00010	记账日期	2014 年 12 月 22 日

打印日期：2014 年 12 月 22 日

重要提示：
1. 如果您是收款方，请到工行网站 www.icbc.com.cn 电子回单验证处进行回单验证。
2. 本回单不作为收款方发货依据，并请勿重复记账。
3. 您可以选择发送邮件，将此电子回单发送给指定的接收人。

图 1.78

【业务 41】 12 月 20 日，报销餐费 2 500 元（信用卡），见图 1.79 和图 1.80。

广 东 省 地 方 税 收 通 用 发 票（电 子）　电子发票　手写无效

发　票　联

发票代码　244011107030
发票代码　00337452

开票日期：2014-12-20

付款方名称：（单位）广州明芝乳业有限公司
付款方识别号：
收款方名称：广州市荔湾区新茶香居酒家
收款方识别号：44010370834831X
主管税务机关：广州市荔湾区地方税务局

防伪码：11972381656215560684049

序号	开票项目说明	金额
1	餐费	2500.00

合计（大写）：人民币贰仟伍佰圆整　　合计（小写）：￥2500.00
附注：
开票单位盖章：　　开票人：杨茜

（印章：广州市荔湾区新茶香居酒家 44010370834831X 发票专用章）

发票联　付款方付款凭证

图 1.79

银联（广东） 持卡人存根
CARD HOLDER COPY

商户名称及编号 MERCHANT NAME &ID 102440153114003	清算日期 SETT. DATE 04/23
终端编号 TERMINAL ID 01003069	操作员编号 OPERATOR ID (01)
发卡行 ISSUER BANK	收单行 ACQUIRER BANK 工商银行

卡号 CARD NO. 5800-007-58	
交易类型 TRANS TYPE 消费	授权号 AUTH NO.
批次号 BATCH NO. 000675	凭证号 VOUCHER NO. 025438
日期/时间 DATE/TME 14/12/19 21:22	有效期 EXP DATE 12/31
系统参考号 SYS. REP. NO. 00000054891	重打标志 PRINT PLAG
金额 AMOUNT RMB 2500.00	原凭证号 ORIG VOUCHER NO.
备注 REMARKS RMB 2500.00	

本人确认以上交易，同意将其记入本卡账户
I ACKNDWLEDGE SATISFATCORY RECEIPT OF RELATIVE GOODS/SERVICES

持卡人签名
CARDHOLDER SIGNATURE 陈 明

持卡人已收受这单据金额的有关商品及或服务，并愿意遵守与发卡银行签定的持卡人合约内的一切条款。THE ISUER OF THE CARD IDENTIFIED ON THI ITEM IS AUTHORIZED TO PAY THE AMOUNT SHOWN A TOTAL UPON PROPER PRESNTATION。IPRONISE TO AY SUCH TOTAL TOGETHER WITH ANY OTHER CHARGES DUE THEREON) SUBJECT TO AND ACCORDAICE WITH THE AGREEMENT GOVERNING THE OF SUCH CARO。

图 1.80

【业务 42】 12 月 23 日，向广州天天食品有限公司购入红豆 50 千克，每千克 5 元；绿豆 50 千克，每千克 5.2 元；花生 50 千克，每千克 5.6 元，见图 1.81～图 1.84。价款 790 元，增值税 134.3 元，共计 924.3 元（承兑商业承兑汇票，期限 2 个月），材料入库。

收 料 单

年 月 日 字第 号

来料单位	发票 号 年 月 日收到														
编号	材 料 名 称	规 格	送验数量	实收数量	单位	单价	金 额								
							十	万	千	百	十	元	角	分	
															③
															会
															计
备注		验收人盖章				合计¥									

会计 出纳 复核 记账 制单

图 1.81

4400052416 **广东增值税专用发票** № 03257886

抵扣联

开票日期：2014年12月23日

购货单位	名称：广州明芝乳业有限公司 纳税人识别号：440122312560611 地址电话：广州白云区白云大道18号 开户行及账号：0012-0015-8693				密码区	3<>20-3+8+7<+5-2+487< 加密版本号： 4>+6059/3477626-/-+/8> 29 1<12/5<1++/28220*49/0 3240023221 6>5<24->>3*05/>>92 07881134		
货物或应税劳务名称	规格型号	单位	数量	单价	金额	税率	税额	
红豆		千克	50	5.00	250.00	17%	42.50	
绿豆		千克	50	5.20	260.00	17%	44.20	
花生		千克	50	5.60	280.00	17%	47.60	
					￥790.00		￥134.30	
价税合计（大写）	⊗玖佰贰拾肆圆叁角整				（小写）￥924.30			
销货单位	名称：广州天天食品有限公司 纳税人识别号：440102708258082 地址电话：广州市金泉路187号 开户行及账号：建行广州市金泉支行				备注	广州天天食品有限公司 440102708258082 发票专用章		

收款人 关山　　复核 许清　　开票人 刘艳　　销货单位（章）

第二联 抵扣联 购货方扣税凭证

图 1.82

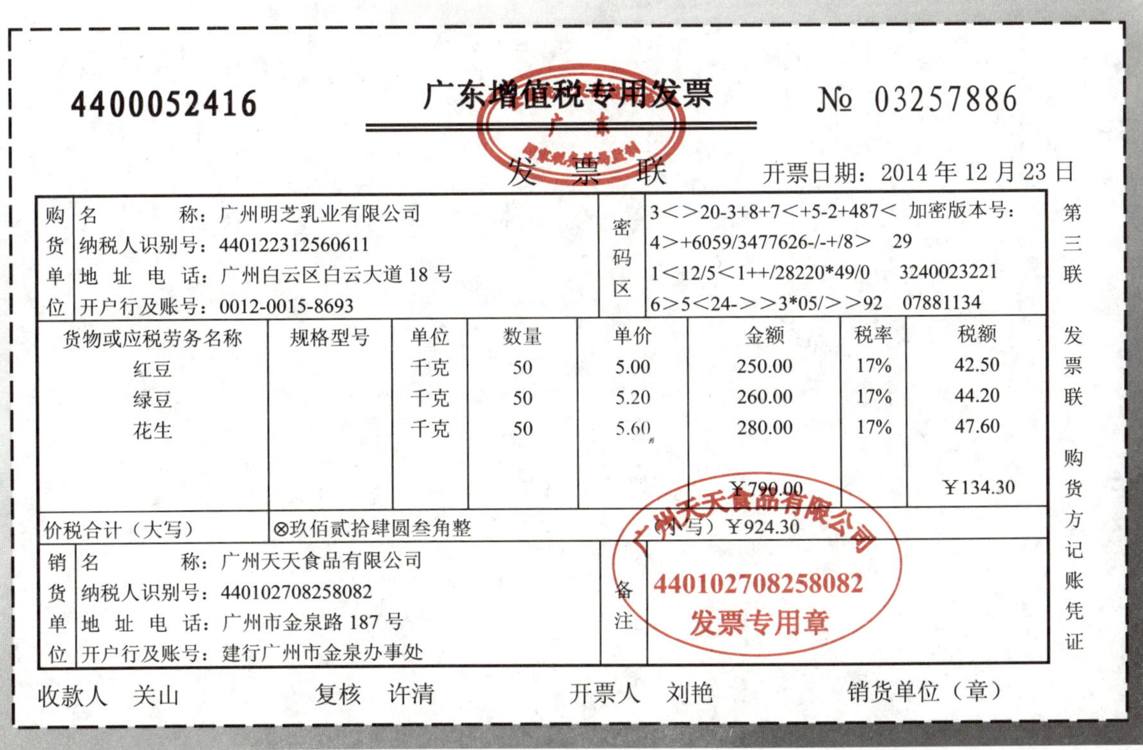

4400052416 **广东增值税专用发票** № 03257886

发票联

开票日期：2014年12月23日

购货单位	名称：广州明芝乳业有限公司 纳税人识别号：440122312560611 地址电话：广州白云区白云大道18号 开户行及账号：0012-0015-8693				密码区	3<>20-3+8+7<+5-2+487< 加密版本号： 4>+6059/3477626-/-+/8> 29 1<12/5<1++/28220*49/0 3240023221 6>5<24->>3*05/>>92 07881134		
货物或应税劳务名称	规格型号	单位	数量	单价	金额	税率	税额	
红豆		千克	50	5.00	250.00	17%	42.50	
绿豆		千克	50	5.20	260.00	17%	44.20	
花生		千克	50	5.60	280.00	17%	47.60	
					￥790.00		￥134.30	
价税合计（大写）	⊗玖佰贰拾肆圆叁角整				（小写）￥924.30			
销货单位	名称：广州天天食品有限公司 纳税人识别号：440102708258082 地址电话：广州市金泉路187号 开户行及账号：建行广州市金泉办事处				备注	广州天天食品有限公司 440102708258082 发票专用章		

收款人 关山　　复核 许清　　开票人 刘艳　　销货单位（章）

第三联 发票联 购货方记账凭证

图 1.83

商业承兑汇票（卡片） 1

出票日期 贰零壹肆年壹拾贰月贰拾叁日 第 0109 号

（大写）

<table>
<tr><td rowspan="3">付款人</td><td>全　称</td><td>广州明芝乳业有限公司</td><td rowspan="3">收款人</td><td>全　称</td><td colspan="3">广州天天食品有限公司</td></tr>
<tr><td>账　号</td><td>0012-0015-8693</td><td>账　号</td><td colspan="3">4012-5634-4325</td></tr>
<tr><td>开户银行</td><td>广州工行白云办</td><td>开户银行</td><td colspan="3">建行广州市金泉办事处</td></tr>
<tr><td>出票金额</td><td colspan="4">人民币
(大写) 玖佰贰拾肆元叁角整</td><td colspan="3">千 百 十 万 千 百 十 元 角 分
¥ 9 2 4 3 0</td></tr>
<tr><td colspan="2">汇票到期日（大写）</td><td colspan="2">贰零壹肆年壹拾贰月贰拾叁日</td><td>付款人开户行</td><td>账号
地址</td><td colspan="2"></td></tr>
<tr><td colspan="4">交易合同号：03870</td><td colspan="4" rowspan="2">备注：</td></tr>
<tr><td colspan="4">中国工商银行广州分行 中山支行 2014.12.23
出票人签章</td></tr>
</table>

图 1.84

【业务 43】 12 月 24 日，基本生产车间领用脱脂奶粉 120 千克，白砂糖 200 千克，红豆 70 千克，绿豆 70 千克、花生 70 千克，见图 1.85。

领　料　单

____字第______________号

领料部门______________

生产通知单号别__________

年　月　日

No. 0007123

<table>
<tr><td colspan="3">制品名称：</td><td colspan="4">制造数量：</td><td colspan="10">领料用途：</td></tr>
<tr><td rowspan="2">编号</td><td rowspan="2">品　名</td><td rowspan="2">规 格</td><td rowspan="2">单位</td><td rowspan="2">请领数量</td><td rowspan="2">实发数量</td><td rowspan="2">单价</td><td colspan="8">金　额</td><td rowspan="2">备 注</td></tr>
<tr><td>十</td><td>万</td><td>千</td><td>百</td><td>十</td><td>元</td><td>角</td><td>分</td></tr>
<tr><td></td><td></td><td></td><td></td><td></td><td></td><td></td><td></td><td></td><td></td><td></td><td></td><td></td><td></td><td></td><td></td></tr>
<tr><td></td><td></td><td></td><td></td><td></td><td></td><td></td><td></td><td></td><td></td><td></td><td></td><td></td><td></td><td></td><td></td></tr>
<tr><td></td><td></td><td></td><td></td><td></td><td></td><td></td><td></td><td></td><td></td><td></td><td></td><td></td><td></td><td></td><td></td></tr>
<tr><td></td><td></td><td></td><td></td><td></td><td></td><td></td><td></td><td></td><td></td><td></td><td></td><td></td><td></td><td></td><td></td></tr>
<tr><td></td><td></td><td></td><td></td><td></td><td></td><td></td><td></td><td></td><td></td><td></td><td></td><td></td><td></td><td></td><td></td></tr>
<tr><td colspan="5">附件：　　　　张</td><td colspan="2">合　计</td><td></td><td></td><td></td><td></td><td></td><td></td><td></td><td></td><td></td></tr>
</table>

第二联 交会计部门

主管　会计　记账　发料　领料　制单

图 1.85

【业务 44】 12 月 28 日，入库红豆牛奶雪糕 400 盒，绿豆牛奶雪糕 400 盒，花生牛奶雪糕 500 盒，巧克力冰淇淋 500 盒，见图 1.86（填进仓单）。

进 仓 单 No. 0010930

完成部门＿＿＿＿＿＿＿＿ 年 月 日

产品			单位	数量	单价	成本总额							产品明细账		说明
编号	名称	规格				万	千	百	十	元	角	分	号	页	

②财务

会计 记帐 保管 验收 部门主管 缴仓 制单

图 1.86

【业务 45】 12 月 29 日，收到投资单位佛山金华乳业有限公司分来股利 90 000 元（已纳足所得税），见图 1.87。

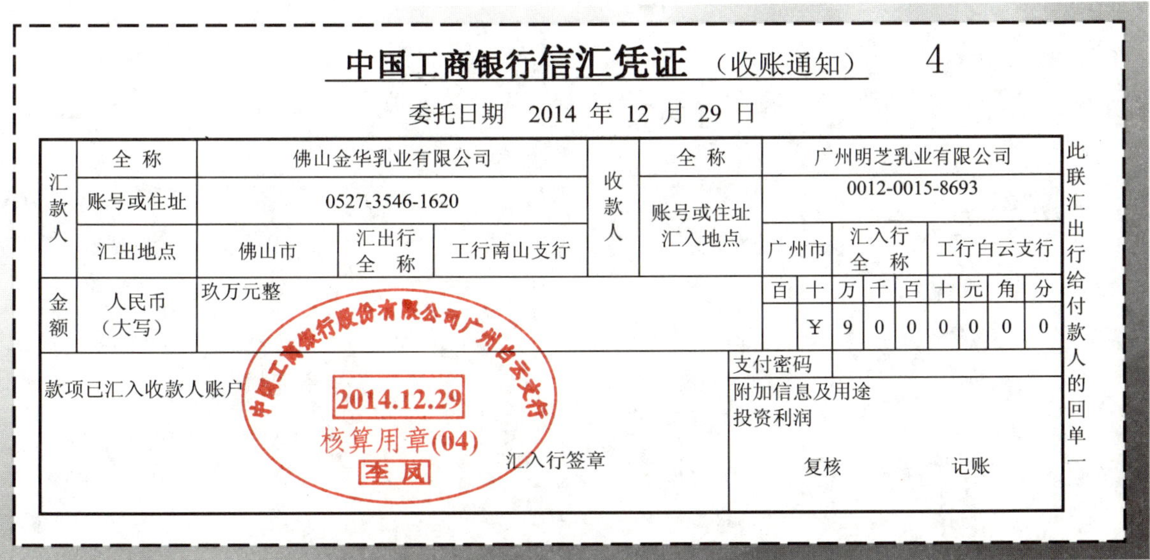

中国工商银行信汇凭证（收账通知） 4

委托日期 2014 年 12 月 29 日

汇款人	全称	佛山金华乳业有限公司			收款人	全称	广州明芝乳业有限公司		
	账号或住址	0527-3546-1620				账号或住址	0012-0015-8693		
	汇出地点	佛山市	汇出行全称	工行南山支行		汇入地点	广州市	汇入行全称	工行白云支行

金额	人民币（大写）	玖万元整	百	十	万	千	百	十	元	角	分
				¥	9	0	0	0	0	0	0

款项已汇入收款人账户

汇入行签章

支付密码

附加信息及用途
投资利润

复核 记账

此联汇出行给付款人的回单

图 1.87

【业务 46】 12 月 29 日，向深圳万佳商场销售红豆牛奶雪糕 340 盒，每盒 35 元，价款 11 900 元，增值税 2 023 元；绿豆牛奶雪糕 340 盒，每盒 35 元，价款 11 900 元，增值税 2 023 元；花生牛奶雪糕 400 盒，每盒 35 元，价款 14 000 元，增值税 2 380 元；巧克力冰淇淋 400 盒，每盒 40 元，价款 16 000 元，增值税 2 720 元。价款共计 53 800 元，增值税 9 146 元，另代垫运费 666 元（现金），收银行承兑汇票（面值 63 612 元，期限 2 个月）。具体见图 1.88～图 1.92。

4400054120　　**广东增值税专用发票**　　№ 02447649

此联不作报销，扣税凭证使用　　开票日期：2014 年 12 月 29 日

购货单位	名　　称：深圳万佳商场 纳税人识别号：440603433107282 地 址 电 话：深圳市霞光路 35 号 开户行及账号：工行霞光支行 2093-3546-2173				密码区	3<>20-3+8+7<+5-2+487< 加密版本号： 4>+6059/3477626-/-+/8> 23 1<12/5<1++/28220*49/0 3240023220 6>5<24->>3*05/>>92 07881134	
货物或应税劳务名称	规格型号	单位	数量	单价	金额	税率	税额
红豆牛奶雪糕		盒	340	35.00	11 900.00	17%	2 023.00
绿豆牛奶雪糕		盒	340	35.00	11 900.00	17%	2 023.00
花生牛奶雪糕		盒	400	35.00	14 000.00	17%	2 380.00
巧克力冰淇淋		盒	400	40.00	16 000.00	17%	2 720.00
合计					￥53 800.00		￥9 146.00
价税合计（大写）	⊗陆万贰仟玖佰肆拾陆圆整				（小写）￥62 946.00		
销货单位	名　　称：广州明芝乳业有限公司 纳税人识别号：440122312560611 地 址 电 话：广州白云区白云大道 18 号 开户行及账号：0012-0015-8693				备注		

第三联 记账联 销货方记帐凭证

收款人　金华　　复核　胡珍　　开票人　苏洋　　销货单位（章）

图 1.88

现 金 支 出 凭 单　　第　　号

附件 1 张　　2014 年 12 月 29 日　　对方科目编号：

用款事项：代垫运费			
人民币（大写）：陆佰陆拾陆元整			￥666.00
收款人	主管人员 胡珍	会计人员 李力	出纳员付讫 金华
（签章）	（签章）	（签章）	（签章）

现金付讫

图 1.89

出　库　单

提货部门：　　　　　年　月　日　　　　No. 0067150

产品			单位	数量	单价	成本总额							产品明细帐		说明	第三联 记账
编号	名称	规格				万	千	百	十	元	角	分	页	号		

部门主管　　会计　　记账　　保管　　提货人　　制单

图 1.90

银行承兑汇票　（存根）　2

出票日期（大写）　贰零壹肆年　壹拾贰月贰拾玖日　　汇票号码：2320

付款人	全称	深圳万佳商场	收款人	全称	广州明芝乳业有限公司
	账号	2093-3546-2173		账号	0012-0015-8693
	开户银行	工行深圳市霞光支行		开户银行	工行广州白云支行

出票金额	人民币（大写）陆万叁仟陆佰壹拾贰元整	千	百	十	万	千	百	十	元	角	分
				￥	6	3	6	1	2	0	0

汇票到期日（大写）	贰零壹肆年　零贰月　贰拾捌日	付款人开户行	账号	
			地址	
承兑协议编号：359		本汇票已经承对，到期由本行付款。 承兑行签章 承兑日期 年　月　日		复核　记账
本汇票请你行承兑，到期无条件付款。 中国工商银行股份有限公司深圳霞光分行 2014.12.29 汇票专用章 出票人签章				

图 1.91

银行承兑协议　　1

编号：359

银行承兑汇票的内容：

出票人全称 深圳万佳商场	收款人全称广州明芝乳业有限公司
开 户 银 行深圳市工行霞光支行	开户银行广州工行白云支行
账　　号 2093-3546-2173	账　　号 0012-0015-8693
汇 票 号 码 2320	汇票金额（大写）陆万叁仟伍佰肆拾陆元整
出票日期 2014 年 12 月 29 日	到期日期 2015 年 2 月 27 日

以上汇票经银行承兑，出票人愿遵守《支付结算办法》的规定及以下列条款：

一、出票人于汇票到期日前将应付票款足额承兑银行。
二、承兑手续费按票面金额千分之（ ）计算，在银行承兑时一次付清。
三、出票人与持票人如发生任何交易纠纷，均由其双方自行处理，票款于到期前仍按第一条办理不误。
四、承兑汇票到期日，承兑银行凭票无条件支付票款。如到期日之前出票人不能足额交付票款时，承兑银行对不足支付部分的票款作出票申请人逾期贷款，并按照有关规定计收罚息。
五、承兑汇票款付清后，本协议自动失效。

承兑银行签章　　　　　　出票人签章

订立承兑协议日期 2014 年 12 月 29 日

图 1.92

【业务 47】 12 月 30 日，厂部管理部门报销汽油费 1 665.37 元（现金付讫，其他 6 张发票略），见图 1.93 与图 1.94。

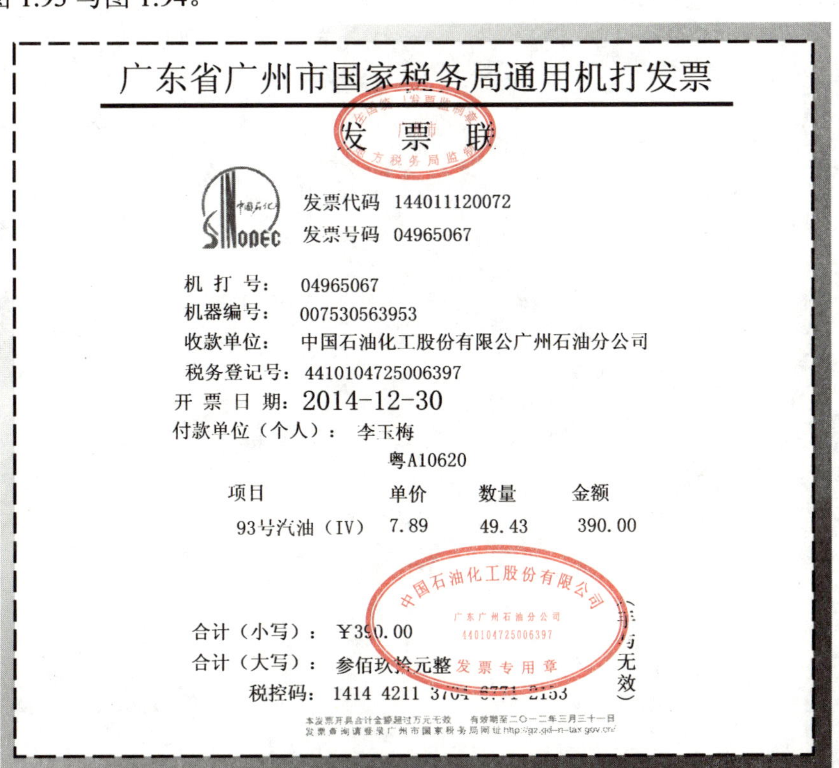

广东省广州市国家税务局通用机打发票

发 票 联

发票代码 144011120072
发票号码 04965067

机 打 号：04965067
机器编号：007530563953
收款单位：中国石油化工股份有限公司广州石油分公司
税务登记号：4410104725006397
开 票 日 期：2014-12-30
付款单位（个人）：李玉梅
粤A10620

项目	单价	数量	金额
93号汽油（IV）	7.89	49.43	390.00

合计（小写）：￥390.00
合计（大写）：参佰玖拾元整
税控码：1414 4211 3704 6771 2153

（手写无效）

本发票开具合计金额超过万元无效　有效期至二〇一二年三月三十一日
发票查询请登录广州市国家税务局网址 http://gz.gd-n-tax.gov.cn/

图 1.93

现 金 支 出 凭 单　　　　第　　号

附件 6 张　　2014 年 12 月 30 日

对方科目编号	

用款事项：汽油费

人民币（大写）：壹仟陆佰陆拾伍元叁角柒分　　¥1 665.37

现金付讫

收款人	主管人员	会计人员	出纳员付讫
胡蝶	胡珍	李立	金华
（签章）	（签章）	（签章）	（签章）

图 1.94

【业务 48】 12 月 30 日，报废打印机一台，原价 3 000 元，已提折旧 1 440 元，残料收入 80 元（收现金），见图 1.95～图 1.98。

固定资产报废单

填报企业：广州明芝乳业有限公司　　2014 年 12 月 30 日　　固废字（1）

使用部门	设备编号	统一		本厂		复杂系数	
	设备名称	打印机				始用日期	2012.12.1
	型号规格	AM				原值	3 000 元
	设备隶级					全部使用年限	3 年
	设备类级	类　级				已使用年限	24 个月
	制造厂（国别）					使用部门	厂部管理部门
	设备现状及报废原因	不能正常报废 主管：胡珍　设备员：					
主管部门	设备管理员意见	设备管理员：张军					
	负责人意见	同意报废 主管：胡珍					
	报废后处理意见						
财务部	折旧	1 440 元				净值	1 560 元
	财务部意见	同意报废 主管：胡珍　经办人：李立					
企业负责人		同意报废 主管：陈明					
上级机关审核		广州管理员					

第二联 财务部门

报废日期：2014.12.30

图 1.95

广东省地方税收通用发票（电子）　　电子发票　手写无效

发票联

发票代码　244011205010

开票日期：2014-12-30 15:40:38　　行业类别：企业　　发票号码　06794159

付款方名称：广州明华物资回收公司
付款方识别号：
收款方名称：广州明芝乳业有限公司
收款方识别号：440122312560611
主管税务机关：广州市白云区地方税务局太和税务所

防伪码：09882112439214462573181

序号	开票项目说明	金额（元）	备注
1	打印机废料	80.00	

合计（大写）：人民币捌拾圆整　　合计（小写）：￥80.00

附注：

本发票可在开票后30天内通过网站、手机、短信等6种补录登记方式，参与"南粤金税"发票抽奖。详情请登录广东地税网站。（广东地税）

No. 1104001-47648305　　开票人：苏洋　　开票单位盖章：

发票联　付款方付款凭证

图 1.96

现金收入凭单　　第　号

附件 1 张　　2014年12月30日　　对方科目编号

用款事项：打印机报废收入

人民币（大写）：捌拾元整　　￥80.00

现金收讫

交款人	主管人员 胡珍	会计人员 李立	出纳员收讫 金华
（签章）	（签章）	（签章）	（签章）

图 1.97

固定资产清理损益计算表

2014 年 12 月 30 日

项目	金额（元）	备注
固定资产原值	3 000	
减：累计折旧	1 440	
固定资产净值	1 560	
减：变价收入	80	
加：清理费用		
固定资产清理净损失（负数为净收益）	1 480	

制表 苏洋　　　　审核 胡珍

图 1.98

【业务 49】 12 月 31 日，计提短期借款利息，见图 1.99。

短期借款利息计算表

2014 年 12 月 31 日

项目	金额	利率	应计利息（月）
短期借款	300 000	6%	1 500.00
合 计			1 500.00

制表 苏洋　　　　审核 胡珍

图 1.99

【业务 50】　12 月 31 日，支付厂部管理部门电话费 800 元，见图 1.100。

4400141140　　广东增值税专用发票　　№ 06436160

发 票 联　　开票日期：2014 年 12 月 31 日

购货单位	名　　称：广州明芝乳业有限公司 纳税人识别号：440122312560611 地 址 电 话：广州白云区白云大道 18 号 开户行及账号：0012-0015-8693				密码区	4*84+0/040+/3/1980-+5-2+127-5+4*2+ 2-3-28/4515330<3>3/-62/*588450+< < 60322-7+11155-4 < 0754687+ < 282500/42<+266++70*155-4<0		
货物或应税劳务名称	规格型号	单位	数量	单价	金额	税率	税额	
基础电信服务		项	1	800.00	800.00	11%	88.80	
合　计					￥800.00		￥888.00	
价税合计（大写）	⊗捌佰捌拾捌圆整				（小写）￥888.00			
销货单位	名　　称：广东省电信有限广州分公司 纳税人识别号：440106748017099 地 址 电 话：广州市北京路路 47 号 开户行及账号：建行广州市北京路支行				备注	代表号：83220582 计费日期 20141231		

收款人　郑娜　　复核　吴云　　开票人　李少霞　　销货单位（章）

第三联 发票联 购货方记账凭证

（印章：广东省电信有限公司广州分公司 440106748017099 发票专用章）

图 1.100（1）

ICBC 中国工商银行　广东省分行营业部　　批扣借方凭证（回单）

No.121214002000000637

业务日期：2014 年 12 月 31 日

付款人	全称	广州芝乳业有限公司	收款人	全　称	广东省电信有限公司广州分公司
	账号	0012-0015-8693		账号	3602000129200033497
	开户银行	广州支行白云支行		开户银行	一支行营业室
金额	人民币（大写）	捌佰元整		千百十万千百十元角分	￥ 8 0 0 0 0
摘要	电话费				
备注	缴费用户号（06750239）				

（印章：中国工商银行股份有限公司广东省分行营业部 2014.12.31 核算用章(00)）

工行网站：　www.icbc.com.cn　　打印日期：2014 年 12 月 31 日

服务热线电说：95588

图 1.100（2）

【业务 51】 12 月 31 日，偿还到期的短期借款 100 000 及利息 1 500 元（原预提利息 1 500 元），见图 1.101。

④

工商银行（　　　贷款）还款凭证（回　　单）

2014 年 12 月 31 日　原借款凭证银行编号：703017

还款单位	名　　称	广州明芝乳业有限公司	付款单位	名　　称	广州明芝乳业有限公司
	往来户帐号	0012-0015-8693		存款户账号	0012-0015-8693
	开户银行	广州工行白云办		开户银行	广州工行白云办
还 款 时 间		2014 年 12 月 31 日	还 款 次 序		第　一　次还款
还款金额		货币及金额（大写）：人民币壹拾万零壹仟伍佰元			千 百 十 万 千 百 十 元 角 分 ¥ 1 0 1 5 0 0 0 0
还款原因		归还贷款			

上述借款已从你单位存款户内转还，此致借款单位。

（银行盖章）　　年　　月

图 1.101

【业务 52】 12 月 31 日，计提固定资产折旧（平均年限法），见图 1.102 与图 1.103。

固定资产折旧计算

代码	名称	类别	使用部门	使用情况	入账日期	增加方式	折旧方法	预计使用期间(工作总量)	原　值	累计折旧	预计净残值 4%	月折旧额
15010101	制品车间	房屋及建筑物	制品车间	使用中	2012-12-01	购入	平均年限法	240	2 000 000	184 000	80 000	8 000
15010102	机修车间	房屋及建筑物	机修车间	使用中	2012-12-01	购入	平均年限法	240	200 000	18 400	8 000	800
15010103	购销部办公楼	房屋及建筑物	购销部门	使用中	2012-12-01	购入	平均年限法	240	100 000	9 200	4 000	400
15010104	厂部办公楼	房屋及建筑物	厂部	使用中	2012-12-01	购入	平均年限法	240	300 000	27 600	12 000	1 200
15010201	机器	机器设备	制品车间	使用中	2012-12-01	购入	平均年限法	120	300 000	55 200	12 000	2 400
15010202	冷冻设备	机器设备	制品车间	使用中	2012-12-01	购入	平均年限法	60	20 000	7 360	800	320
15010203	设备	机器设备	制品车间	使用中	2012-12-01	购入	平均年限法	60	125 000	46 000	5 000	2 000
15010204	装盒机	机器设备	制品车间	使用中	2012-12-01	购入	平均年限法	60	250 000	92 000	10 000	4 000
15010205	设备	机器设备	机修车间	使用中	2012-12-01	购入	平均年限法	60	80 000	29 440	3 200	1 280
15010206	电焊机	机器设备	机修车间	使用中	2012-12-01	购入	平均年限法	36	3 000	1 840	120	80
15010301	小轿车	运输设备	厂部	使用中	2012-12-01	购入	平均年限法	120	250 000	46 000	10 000	2 000
15010401	储藏柜	其他设备	生产车间	使用中	2012-12-01	购入	平均年限法	60	25 000	9 200	1 000	400
15010402	储藏柜	其他设备	机修车间	使用中	2012-12-01	购入	平均年限法	48	5 000	2 300	200	100
15010403	电脑	其他设备	厂部	使用中	2012-12-01	购入	平均年限法	48	12 000	5 520	480	240
15010404	打印机	其他设备	厂部	使用中	2012-12-01	购入	平均年限法	48	3 000	1 380	120	60
合计									3 673 000	535 440		23 280

图 1.102

固定资产折旧计算表

2014 年 12 月 31 日

固定资产使用部门	月初应计折旧的固定资产原值	月综合折旧率（‰）	月折旧额
基本生产车间	略	略	17 120
辅助生产车间			2 260
行政管理部门			3 500
销售部门			400
合计			23 280

制表　苏洋　　　　审核　胡珍

图 1.103

【业务 53】 计提单位负担的住房公积金 9 259.20 元，见图 1.104。（假设计提基数为 77 160 元）

单位负担的住房公积金计算表

2014 年 12 月

应借科目		成本或费用项目	分配标准	分配率	住房公积金合计
生产成本(基本生产成本)	红豆牛奶雪糕	直接人工	1000		1160.18
	绿豆牛奶雪糕	直接人工	1000		1160.18
	花生牛奶雪糕	直接人工	1200		1392.22
	巧克力冰淇淋	直接人工	1200		1392.22
	小计		4400	1.16018	5104.8
生产成本	辅助生产成本	工资			700.8
制造费用		工资			700.8
管理费用		工资			2052
销售费用		工资			700.8
合计		工资			9259.2

制表　苏洋　　　　审核　胡珍

（保留 5 位小数，小数点尾数保留在最后项目：巧克力冰淇淋）

图 1.104

【业务 54】 12 月 31 日据第 55 笔业务提现，备发工资（现金支票）。

【业务 55】 12 月 31 日发放工资，见图 1.105 与图 1.106。

现 金 支 出 凭 单

第　　号

附件　　张　　　　2014 年 12 月 31 日　　　　对方科目编号

用款事项：发放工资

人民币（大写）：肆万叁仟壹佰陆拾捌元肆角伍分　　　　￥ 43168.45

现金付讫

收款人	主管人员 胡珍	会计人员 李立	出纳员付讫 金华
（签章）	（签章）	（签章）	（签章）

图 1.105

工资结算表

2014 年 12 月

编号	姓名	部门	职员类别	基本工资	奖金	夜班津贴	加班工资		事假扣款	病假扣款	应发合计	代扣款项					实发合计	领款人签名
							休息日工资	法定节日工资				养老保险	医疗保险	失业保险	住房公积金12%	个人所得税		
1	陈明	厂部管理部	厂部管理人员	2 520	260		240				3 020	233.6	58.4	29.2	350.4		2 348.4	
2	胡蝶	厂部管理部	厂部管理人员	2 730	370		520				3 620	233.6	58.4	29.2	350.4		2 948.4	
3	李立	厂部管理部	厂部管理人员	1 092	250		104				1 446	233.6	58.4	29.2	350.4	/	774.4	
4	金华	厂部管理部	厂部管理人员	1 134	280		108				1 522	200	50	25	300	/	947	
5	胡珍	厂部管理部	厂部管理人员	2 520	260		240				3 020	233.6	58.4	29.2	350.4		2 348.4	
6	苏洋	厂部管理部	厂部管理人员	1 092	250		104				1 446	233.6	58.4	29.2	350.4	/	774.4	
	小计			**11 088**	**1670**	**0**	**1316**	**0**	**0**	**0**	**14 074**	**1368**	**342**	**171**	**2 052**		**10 141**	
7	凌林风	销售部门	销售人员	1 960	165	50	420				2 595	233.6	58.4	29.2	350.4		1 923.4	
8	江小红	销售部门	销售人员	2 140	130	60	240				2 570	233.6	58.4	29.2	350.4		1898.4	
	小计			**4 100**	**295**	**110**	**660**	**0**	**0**	**0**	**5 165**	**467.2**	**116.8**	**58.4**	**700.8**		**3 821.8**	
9	刘文新	辅助生产车间	辅助生产人员	1 670	280	80	300				2 330	233.6	58.4	29.2	350.4		1 658.4	
10	王超全	辅助生产车间	辅助生产人员	1 700	300	70	200				2 270	233.6	58.4	29.2	350.4		1 598.4	
	小计			**3 370**	**580**	**150**	**500**	**0**	**0**	**0**	**4 600**	**467.2**	**116.8**	**58.4**	**700.8**		**3 256.8**	
11	李丽杉	基本生产车间	车间管理人员	2 100	500	50	400				3 050	233.6	58.4	29.2	350.4		2 378.4	
12	王伟	基本生产车间	车间管理人员	1 890	40	80	540				2 550	233.6	58.4	29.2	350.4		1 878.4	
	小计			**3 990**	**540**	**130**	**940**	**0**	**0**	**0**	**5 600**	**467.2**	**116.8**	**58.4**	350.4		**4 256.8**	
13	林芝	基本生产车间	生产工人	1 960	165	50	420				2 595	233.6	58.4	29.2	350.4		1 923.4	
14	江文	基本生产车间	生产工人	2 140	130	60	240				2 570	233.6	58.4	29.2	350.4		1 898.4	
15	王华	基本生产车间	生产工人	1 700	300	70	200				2 270	233.6	58.4	29.2	350.4		1 598.4	
16	刘戈	基本生产车间	生产工人	1 670	280	80	300				2 330	233.6	58.4	29.2	350.4		1 658.4	
17	梁光亮	基本生产车间	生产工人	1 600	5	70	130				1 805	233.6	58.4	29.2	350.4		1 133.4	
18	杨扬	基本生产车间	生产工人	1 730	75.25	100					1 905.25	200	50	25	300		1 330.25	
19	方政	基本生产车间	生产工人	1 470	0						1 470	233.6	58.4	29.2	350.4		798.4	
20	马炎	基本生产车间	生产工人	966	400	100	92				1 558	200	50	25	300		983	
21	韦胜利	基本生产车间	生产工人	1 113	450	100	318				1 981	233.6	58.4	29.2	350.4		1 309.4	
22	孙浩	基本生产车间	生产工人	1 008	420	100	288				1 816	233.6	58.4	29.2	350.4		1 144.4	

图 1.106

续表

编号	姓名	部门	职员类别	基本工资	奖金	夜班津贴	加班工资		事假扣款	病假扣款	应发合计	代扣款项					实发合计	领款人签名
							休息日工资	法定节日工资				养老保险	医疗保险	失业保险	住房公积金12%	个人所得税		
23	黄利良	基本生产车间	生产工人	903	250		258				1411	200	50	25	300		836	
24	林微	基本生产车间	生产工人	1 960	165	50	420				2595	233.6	58.4	29.2	350.4		1 923.4	
25	郭红	基本生产车间	生产工人	2 140	130	60	240				2570	233.6	58.4	29.2	350.4		1 898.4	
26	王虹	基本生产车间	生产工人	1 700	300	70	200				2270	233.6	58.4	29.2	350.4		1 598.4	
27	刘晓	基本生产车间	生产工人	1 670	280	80	300				2330	233.6	58.4	29.2	350.4		1 658.4	
小计				**23 730**	**3 350**	**990**	**3 406**	**0**	**0**	**0**	**31 476.25**	**3 403.2**	**850.8**	**425.4**	**5 104.8**		**2 169.05**	
合计				46 278	6 435.25	1 380	6 822				60 915.25	6 172.8	1 543.2	771.6	9 259.2		43 168.45	

图 1.106（续）

【业务 56】 12 月 31 日，工资分配。按产量分配：红豆牛奶雪糕 1 000 盒，绿豆牛奶雪糕 1 000 盒，花生牛奶雪糕 1 200 盒，巧克力冰淇淋 1 200 盒（注：保留 4 位小数，小数点尾差由巧克力冰淇淋承担），见图 1.107。

工资费用分配汇总表

2014 年 12 月

应借科目		成本或费用项目	分配标准	分配率	工资费用合计
生产成本（基本生产成本）	红豆牛奶雪糕	直接人工	1 000		7 153.6
	绿豆牛奶雪糕	直接人工	1 000		7 153.6
	花生牛奶雪糕	直接人工	1 200		8 584.32
	巧克力冰淇淋	直接人工	1 200		8 584.73
	小计		4 400	7.1536	31 476.25
生产成本	辅助生产成本	工资			4 600
制造费用		工资			5 600
管理费用		工资			14 074
销售费用		工资			5 165
合计		工资			60 915.25

制表 苏洋　　审核 胡珍

图 1.107

【业务57】 结算代扣款项。计算个人保险费自负部分扣款（假设2014年广州市月社保缴费平均工资为2 857.78元，该公司确定金华、杨扬、马炎、黄利良的月社保缴费工资为2 500元，其余为2 920元，职工各项社会保险费的计提比例相同，假设住房公积金的计提基数与社会保险的基数相同，比例为12%），见图1.108和图1.109。

个人自负社会保险费及住房公积金计算表

2014年12月　　单位：元

编号	姓名	月缴费工资	养老保险（8%）	医疗保险(2%)	失业保险（1%）	住房公积金
1	陈明	2 920	233.6	58.4	29.2	350.4
2	胡蝶	2 920	233.6	58.4	29.2	350.4
3	李立	2 920	233.6	58.4	29.2	350.4
4	金华	2 500	200	50	25	300
5	胡珍	2 920	233.6	58.4	29.2	350.4
6	苏洋	2 920	233.6	58.4	29.2	350.4
7	凌林风	2 920	233.6	58.4	29.2	350.4
8	江小红	2 920	233.6	58.4	29.2	350.4
9	刘文新	2 920	233.6	58.4	29.2	350.4
10	王超全	2 920	233.6	58.4	29.2	350.4
11	李丽杉	2 920	233.6	58.4	29.2	350.4
12	王伟	2 920	233.6	58.4	29.2	350.4
13	林芝	2 920	233.6	58.4	29.2	350.4
14	江文	2 920	233.6	58.4	29.2	350.4
15	王华	2 920	233.6	58.4	29.2	350.4
16	刘戈	2 920	233.6	58.4	29.2	350.4
17	梁光亮	2 920	233.6	58.4	29.2	350.4
18	杨扬	2 500	200	50	25	300
19	方政	2 920	233.6	58.4	29.2	350.4
20	马炎	2 500	200	50	25	300
21	韦胜利	2 920	233.6	58.4	29.2	350.4
22	孙浩	2 920	233.6	58.4	29.2	300
23	黄利良	2 500	200	50	25	350.4
24	林微	2 920	233.6	58.4	29.2	350.4
25	郭红	2 920	233.6	58.4	29.2	350.4
26	王虹	2 920	233.6	58.4	29.2	350.4
27	刘晓	2 920	233.6	58.4	29.2	350.4
合计		**77 160**	**6 172.8**	**1 543.20**	**771.6**	**9259.2**

制表　苏洋　　　　审核　胡珍

图1.108

个人所得税计算表

2014 年 12 月　　　　单位：元

编号	姓名	应付工资	扣除数额					应税工资	税率%	速算扣除	应纳税款
			定额费用	住房公积金	养老保险	医疗保险	失业保险				
1	陈明	3 020	3 500	350.4	233.6	58.4	29.2	/			
2	胡蝶	3 620	3 500	350.4	233.6	58.4	29.2	/			
3	李立	1 446	3 500	350.4	233.6	58.4	29.2	/			
4	金华	1 522	3 500	300	200	50	25	/			
5	胡珍	3 020	3 500	350.4	233.6	58.4	29.2	/			
6	苏洋	1 446	3 500	350.4	233.6	58.4	29.2	/			
7	凌林风	2 595	3 500	350.4	233.6	58.4	29.2	/			
8	江小红	2 570	3 500	350.4	233.6	58.4	29.2	/			
9	刘文新	2 330	3 500	350.4	233.6	58.4	29.2	/			
10	王超全	2 270	3 500	350.4	233.6	58.4	29.2	/			
11	李丽杉	3 050	3 500	350.4	233.6	58.4	29.2	/			
12	王伟	2 550	3 500	350.4	233.6	58.4	29.2	/			
13	林芝	2 595	3 500	350.4	233.6	58.4	29.2	/			
14	江文	2 570	3 500	350.4	233.6	58.4	29.2	/			
15	王华	2 270	3 500	350.4	233.6	58.4	29.2	/			
16	刘戈	2 330	3 500	350.4	233.6	58.4	29.2	/			
17	梁光亮	1 805	3 500	350.4	233.6	58.4	29.2	/			
18	杨扬	1 905.25	3 500	300	200	50	25	/			
19	方政	1 470	3 500	350.4	233.6	58.4	29.2	/			
20	马炎	1 558	3 500	300	200	50	25	/			
21	韦胜利	1 981	3 500	350.4	233.6	58.4	29.2	/			
22	孙浩	1 816	3 500	350.4	233.6	58.4	29.2	/			
23	黄利良	1 411	3 500	300	200	50	25	/			
24	林微	2 595	3 500	350.4	233.6	58.4	29.2	/			
25	郭红	2 570	3 500	350.4	233.6	58.4	29.2	/			
26	王虹	2 270	3 500	350.4	233.6	58.4	29.2	/			
27	刘晓	2 330	3 500	350.4	233.6	58.4	29.2	/			
合计		60 915.25		9259.2	6 172.8	1 543.2	771.6	/			

制表　苏洋　　　　审核　胡珍

图 1.109

【业务 58】 12 月 31 日计提福利费 14%，见图 1.110。

职工福利费用分配汇总表

2014 年 12 月

部门		工资费用	提取的福利费	
			提取率%	应提取额
基本生产车间	红豆牛奶雪糕	7 153.6		1 001.5
	绿豆牛奶雪糕	7 153.6		1 001.5
	花生巧牛奶雪糕	8 584.32		1 201.80
	巧克力冰淇淋	8 584.73		1 201.88
	小计	31 476.25		4 406.68
辅助生产车间		4 600		644
基本生产车间管理部门		5 600		784
行政管理部门		14 074		1 970.36
销售部门		5 165		723.1
合　计		60 915.25	14%	8 528.14

制表　苏洋　　　　审核　胡珍

图 1.110

【业务 59−1】 12 月 31 日计提工会经费 2%，见图 1.111。

工会经费计提表

2014 年 12 月

部门		工资费用	提取的工会经费	
			提取率%	应提取额
基本生产车间	红豆牛奶雪糕	7 153.6		143.07
	绿豆牛奶雪糕	7 153.6		143.07
	花生牛奶雪糕	8 584.32		171.69
	巧克力冰淇淋	8 584.73		171.69
	小计	31 476.25		629.52
辅助生产车间		4 600		92
基本生产车间管理部门		5 600		112
行政管理部门		14 074		281.48
销售部门		5 165		103.3
合　计		60 915.25	2%	1 218.3

制表　苏洋　　　　审核　胡珍

图 1.111

【业务 59-2】 12 月 31 日计提职工教育经费 2%，见图 1.112。

职工教育经费计提表

2014 年 12 月

部门		工资费用	提取的工会经费	
			提取率%	应提取额
基本生产车间	红豆牛奶雪糕	7153.6		143.07
	绿豆牛奶雪糕	7153.6		143.07
	花生牛奶雪糕	8584.32		171.69
	巧克力冰淇淋	8584.73		171.69
	小计	31476.25		629.52
辅助生产车间		4600		92
基本生产车间管理部门		5600		112
行政管理部门		14074		281.48
销售部门		5165		103.3
合　计		60915.25	2%	1218.3

制表　苏洋　　　　审核　胡珍

图 1.112

【业务 60】 计提单位负担的五项社会保险，假设单位负担的社会保险及住房公积金的计提基数按月社保缴费平均工资，见图 1.113～图 1.115。

单位社会保险费及住房公积金计算表

2014 年 12 月　　　　单位：元

编号	姓名	月缴费工资	养老保险（12%）	医疗保险（2%）	失业保险（1%）	住房公积金 12%	工伤保险 1.5%	生育保险 1.5%
1	陈明	2920	350.4	58.4	29.2	350.4	43.8	43.8
2	胡蝶	2920	350.4	58.4	29.2	350.4	43.8	43.8
3	李立	2920	350.4	58.4	29.2	350.4	43.8	43.8
4	金华	2500	300	50	25	300	37.5	37.5
5	胡珍	2920	350.4	58.4	29.2	350.4	43.8	43.8
6	苏洋	2920	350.4	58.4	29.2	350.4	43.8	43.8
7	凌林风	2920	350.4	58.4	29.2	350.4	43.8	43.8
8	江小红	2920	350.4	58.4	29.2	350.4	43.8	43.8
9	王超全	2920	350.4	58.4	29.2	350.4	43.8	43.8
10	刘文新	2920	350.4	58.4	29.2	350.4	43.8	43.8
11	李丽杉	2920	350.4	58.4	29.2	350.4	43.8	43.8
12	王伟	2920	350.4	58.4	29.2	350.4	43.8	43.8
13	林芝	2920	350.4	58.4	29.2	350.4	43.8	43.8
14	江文	2920	350.4	58.4	29.2	350.4	43.8	43.8

图 1.113

续表

编号	姓名	月缴费工资	养老保险（12%）	医疗保险（2%）	失业保险（1%）	住房公积金 12%	工伤保险 1.5%	生育保险 1.5%
15	王华	2920	350.4	58.4	29.2	350.4	43.8	43.8
16	刘戈	2920	350.4	58.4	29.2	350.4	43.8	43.8
17	梁光亮	2920	350.4	58.4	29.2	350.4	43.8	43.8
18	杨扬	2500	300	50	25	300	37.5	37.5
19	方政	2920	350.4	58.4	29.2	350.4	43.8	43.8
20	马炎	2500	300	50	25	300	37.5	37.5
21	韦胜利	2920	350.4	58.4	29.2	350.4	43.8	43.8
22	孙浩	2920	350.4	58.4	29.2	350.4	43.8	43.8
23	黄利良	2500	300	50	25	300	37.5	37.5
24	林微	2920	350.4	58.4	29.2	350.4	43.8	43.8
25	郭红	2920	350.4	58.4	29.2	350.4	43.8	43.8
26	王虹	2920	350.4	58.4	29.2	350.4	43.8	43.8
27	刘晓	2920	350.4	58.4	29.2	350.4	43.8	43.8
合计		77160	9259.2	1543.2	771.6	9259.2	1157.4	1157.4

制表　苏洋　　　　审核　胡珍

图 1.113（续）

单位负担的养老保险、失业保险、医疗保险计提表

2014 年 12 月

应借科目		成本或费用项目	分配标准	分配率	养老保险 12%	分配率	失业保险 1%	分配率	医疗保险 2%
生产成本（基本生产成本）	红豆牛奶雪糕	直接人工	1000		1160.2		96.7		193.4
	绿豆牛奶雪糕	直接人工	1000		1160.2		96.7		193.4
	花生牛奶雪糕	直接人工	1200		1392.24		116.04		232.08
	巧克力冰淇淋	直接人工	1200		1392.16		115.96		231.92
	小计		4400	1.1602	5104.8	0.0967	425.4	0.1934	850.8
生产成本	辅助生产成本				700.8		58.4		116.8
制造费用					700.8		58.4		116.8
管理费用					2052		171		342
销售费用					700.8		58.4		116.8
合计					9259.2		771.6		1543.2

（保留 4 位小数，小数点尾数保留在最后项目：巧克力冰淇淋）

图 1.114

单位负担的生育保险、工伤保险计提表

2014年12月

应借科目		成本或费用项目	分配标准	分配率	生育保险 1.5%	分配率	工伤保险 1.5%
生产成本(基本生产成本)	红豆牛奶雪糕	直接人工	1000		145		145
	绿豆牛奶雪糕	直接人工	1000		145		145
	花生牛奶雪糕	直接人工	1200		174		174
	巧克力冰淇淋	直接人工	1200		174.1		174.1
	小计		4400	0.145	638.1	0.145	638.1
生产成本	辅助生产成本				87.6		87.6
制造费用					87.6		87.6
管理费用					256.5		256.5
销售费用					87.6		87.6
合计					1157.4		1157.4

（保留4位小数，小数点尾数保留在最后项目：巧克力冰淇淋）

图 1.115

【业务61】 12月31日耗用材料汇总。对共同耗用的材料按产量分配：红豆牛奶雪糕1 000盒，绿豆牛奶雪糕1 000盒，花生牛奶雪糕1 200盒，巧克力冰淇淋1 200盒（注：共同耗用的材料分配率保留4位小数，小数点尾差由巧克力冰淇淋承担，各材料的加权平均单位成本保留两位小数），见图1.116与图1.117。

领料凭证汇总表

2014年12月31日

领料部门	领取材料名称	用途	数量	单价（元）	金额（元）	备注
基本生产车间	白砂糖	生产4种雪糕	680			对共同耗用的材料按产品生产数量分配
	食用香精	生产4种雪糕	45			
	膨胀剂	生产4种雪糕	75			
	纸盒	生产4种雪糕	4400			
	脱脂奶粉	生产4种雪糕	370			
小计						
基本生产车间	巧克力	生产巧克力冰淇淋	110			
	红豆	生产红豆雪糕	270			
	花生	生产花生雪糕	270			
	绿豆	生产绿豆雪糕	270			
小计						
辅助生产车间	管理用具	物料消耗	30件			
行政管理部门	管理用具	物料消耗	10件			
小计						
合计						

制表 苏洋　　　　审核 胡珍

（注：脱脂奶粉月末库存为0，所以发出金额为11 820元）

图 1.116

材料费用分配表

2014 年 12 月 31 日

应借科目		成本或费用项目	分配标准(盒)	分配率	金额(元)	直接耗用材料	合计
基本生产成本	红豆牛奶雪糕	直接材料	1 000				
	绿豆牛奶雪糕	直接材料	1 000				
	花生牛奶雪糕	直接材料	1 200				
	巧克力冰淇淋	直接材料	1 200				
小计			4 400				
辅助生产车间		管理用具	物料消耗				
行政管理部门		管理用具	物料消耗				
小计							
合计							

制表 苏洋 审核 胡珍

图 1.117

【业务 62】 12 月 31 日分配水费，款未付。按产量分配产品用水：红豆牛奶雪糕 1 000 盒，绿豆牛奶雪糕 1 000 盒，花生巧克力雪糕 1 200 盒，巧克力冰淇淋 1 200 盒（注：保留 4 位小数，小数点尾差由巧克力冰淇淋承担），见图 1.118～图 1.120。

4400042531 广东增值税专用发票 № 04293833

发 票 联 开票日期：2014 年 12 月 31 日

购货单位	名　　称：广州明芝乳业有限公司 纳税人识别号：440122312560611 地 址 电 话：广州白云区白云大道 18 号 开户行及账号：0012-0015-8693	密码区	3<>20-3+8+7<+5-2+487< 加密版本号： 4>+6059/3477626-/-+/8> 23 1<12/5<1++/28220*49/0 3240023220 6>5<24->>3*05/>>92 07881134

货物或应税劳务名称	规格型号	单位	数量	单价	金额	税率	税额
水			1265	2.00	2 530.00	13%	328.90
合　计					2 530.00		328.90
价税合计（大写）	⊗贰仟捌佰伍拾捌圆玖角整				（小写）￥2858.90		

销货单位	名　　称：广州市自来水有限公司 纳税人识别号：440102708258082 地 址 电 话：广州市红岭路 187 号 开户行及账号：建行广州市红岭路支行	备注	广州市自来水有限公司 440102708258082 发票专用章

收款人 王伟 复核 李山 开票人 柳艳 销货单位（章）

第三联 发票联 购货方记账凭证

图 1.118

4400042531 **广东增值税专用发票** № 04293833

抵 扣 联

开票日期：2014 年 12 月 31 日

购货单位	名　　称：广州明芝乳业有限公司 纳税人识别号：440122312560611 地 址 电 话：广州白云区白云大道 18 号 开户行及账号：0012-0015-8693	密码区	3＜＞20-3+8+7＜+5-2+487＜ 加密版本号： 4＞+6059/3477626-/-+/8＞ 23 1＜12/5＜1++/28220*49/0 3240023220 6＞5＜24-＞＞3*05/＞＞92 07881134

货物或应税劳务名称	规格型号	单位	数量	单价	金额	税率	税额
水			1 265	2.00	2 530.00	13%	328.90
合　计					2 530.00		328.90
价税合计（大写）	⊗贰仟捌佰伍拾捌圆玖角整				（小写）￥2858.90		

销货单位	名　　称：广州市自来水有限公司 纳税人识别号：440102708258082 地 址 电 话：广州市红岭路 187 号 开户行及账号：建行广州市红岭路支行	备注	广州市自来水有限公司 440102708258082 发票专用章

第二联 抵扣联 购货方扣税凭证

收款人 王伟　　复核 李山　　开票人 柳艳　　销货单位（章）

图 1.119

水费分配表

2014 年 12 月

应借科目		成本或费用项目	数量（立方米）	单价	分配标准	分配率	金额
基本生产成本	红豆牛奶雪糕	直接材料			1 000		500
	绿豆牛奶雪糕	直接材料			1 000		500
	花生牛奶雪糕	直接材料			1 200		600
	巧克力冰淇淋	直接材料			1 200		600
	小计		1 100	2.00	4 400	0.5	2 200
辅助生产成本		水费	50				100
制造费用		水费	40				80
管理费用		水费	50				100
销售费用		水费	25				50
小计			165				330
合计			1 265	2.00			2 530

制表 苏洋　　审核 胡珍

图 1.120

【业务63】 12月31日分配电费，款未付。按产量分配产品用电：红豆牛奶雪糕1 000盒，绿豆牛奶雪糕1 000盒，花生牛奶雪糕1 200盒，巧克力冰淇淋1 200盒（注：保留4位小数，小数点尾差由巧克力冰淇淋承担），见图1.121～图1.123。

4400034819　　**广东增值税专用发票**　　№ 12591177

发　票　联　　　开票日期：2014年12月31日

购货单位	名　　称：广州明芝乳业有限公司 纳税人识别号：440122312560611 地 址 电 话：广州白云区白云大道18号 开户行及账号：0012-0015-8693	密码区	3＜＞20-3+8+7＜+5-2+789＜ 加密版本号： 4＞+6059/3477626-/-+/8＞ 36 1＜12/5＜1++/28220*49/0 3240023119 6＞5＜24-＞＞3*05/＞＞92 07881134

货物或应税劳务名称	规格型号	单位	数量	单价	金额	税率	税额
电		度	2 900	0.60	1 740.00	17%	295.80
合　计					¥1 740.00		¥295.80
价税合计（大写）	⊗贰仟零叁拾伍圆捌角整				（小写）¥2 035.80		

销货单位	名　　称：广州市供电局有限公司 纳税人识别号：440106768691234 地 址 电 话：广州市景泰路118号 开户行及账号：0012-2245-1978	备注	广州市供电局有限公司 440106768691234 发票专用章

收款人　张丽　　复核　李立　　开票人　王从　　销货单位（章）

第一联　发票联　购货方记账凭证

图1.121

4400034819　　**广东增值税专用发票**　　№ 12591177

抵　扣　联　　　开票日期：2014年12月31日

购货单位	名　　称：广州明芝乳业有限公司 纳税人识别号：440122312560611 地 址 电 话：广州白云区白云大道18号 开户行及账号：0012-0015-8693	密码区	3＜＞20-3+8+7＜+5-2+789＜ 加密版本号： 4＞+6059/3477626-/-+/8＞ 36 1＜12/5＜1++/28220*49/0 3240023119 6＞5＜24-＞＞3*05/＞＞92 07881134

货物或应税劳务名称	规格型号	单位	数量	单价	金额	税率	税额
电		度	2 900	0.60	1 740.00	17%	295.80
合　计					¥1 740.00		¥295.80
价税合计（大写）	⊗贰仟零叁拾伍圆捌角整				（小写）¥2 035.80		

销货单位	名　　称：广州市供电局有限公司 纳税人识别号：440106768691234 地 址 电 话：广州市景泰路118号 开户行及账号：0012-2245-1978	备注	广州市供电局有限公司 440106768691234 发票专用章

收款人　张丽　　复核　李立　　开票人　王从　　销货单位（章）

第二联　抵扣联　购货方扣税凭证

图1.122

外购动力费用分配表

2014 年 12 月

应借科目		成本或费用项目	动力用电(度)	照明用电(度)	单价(元)	分配标准	分配率	金额(元)
基本生产成本	红豆牛奶雪糕	直接材料				1 000		272.7
	绿豆牛奶雪糕	直接材料				1 000		272.7
	花生牛奶雪糕	直接材料				1 200		327.24
	巧克力冰淇淋	直接材料				1 200		327.36
	小计		2 000			4 400	0.2727	1 200
辅助生产成本		燃料和动力		500				300
制造费用		电费		100				60
管理费用		电费		200				120
销售费用		电费		100				60
		小计		900				540
合计					0.6			1 740

制表　苏洋　　　　审核　胡珍

图 1.123

【业务 64】 12 月 31 日摊销 12 月财产保险费：车间 1 600 元；行政管理部门 400 元，见图 1.124。

保险费用分配表

2014 年 12 月 31 日

项目 / 车间、部门	财产保险费		
	实际支付	分摊期	本期分摊
基本生产车间	19 200	12	1 600
厂部	4 800	12	400
合计	24 000		2 000

制表　苏洋　　　　审核　胡珍

图 1.124

【业务 65】 12 月 31 日摊销非专利技术 1 000 元，见图 1.125。

无形资产摊销计算表

2014 年 12 月 31 日

项目	金额（元）	年限（10 年）	月摊销额
非专利技术	120 000		1 000

制表 苏洋 审核 胡珍

图 1.125

【业务 66】 12 月 31 日，计算结转分配辅助生产费用（按修理工时分配：基本生产车间 600 修理工时，行政管理部门 250 修理工时，分配率保留 4 位小数）。见图 1.126。

辅助生产费分配表

2014 年 12 月

受益部门	受益数量（工时）	分配率	分配金额
基本生产车间	600		
行政管理部门	250		
合计	850		

制表 苏洋 审核 胡珍

图 1.126

【业务 67】 12 月 31 日，计算结转分配制造费用（按产量分配：红豆牛奶雪糕 1 000 盒，绿豆牛奶雪糕 1 000 盒，花生牛奶雪糕 1 200 盒，巧克力冰淇淋 1 200 盒，分配率保留 4 位小数）。见图 1.127。

制造费用分配表

2014 年 12 月

成本计算对象	分配标准（产量:盒）	分配率	分配金额（元）
红豆牛奶雪糕	1 000		
绿豆牛奶雪糕	1 000		
花生牛奶雪糕	1 200		
巧克力冰淇淋	1 200		
合计	4 400		

制表 苏洋 审核 胡珍

图 1.127

【业务68】 12月31日，结转完工产品生产成本（产品全部完工，其中：红豆牛奶雪糕1 000盒，绿豆牛奶雪糕1 000盒，花生牛奶雪糕1 200盒，巧克力冰淇淋1 200盒），见图1.128～图1.132。

基本生产明细账

2014年12月

产品名称：红豆牛奶雪糕　　　　产量：1 000盒

年月日	记账凭证号	摘要	成本项目			合计
			直接材料	直接人工	制造费用	

制表　苏洋　　　　审核　胡珍

图1.128

基本生产明细账

2014年12月

产品名称：绿豆牛奶雪糕　　　　产量：1000盒

年月日	记账凭证号	摘要	成本项目			合计
			直接材料	直接人工	制造费用	

制表　苏洋　　　　审核　胡珍

图1.129

基本生产明细账

2014 年 12 月

产品名称：花生牛奶雪糕　　　　产量：1200 盒

年月日	记账凭证号	摘要	成本项目			合计
			直接材料	直接人工	制造费用	

制表　苏洋　　　　审核　胡珍

图 1.130

基本生产明细账

2014 年 12 月

产品名称：巧克力冰淇淋　　　　产量：1200 盒

年月日	记账凭证号	摘要	成本项目			合计
			直接材料	直接人工	制造费用	

制表　苏洋　　　　审核　胡珍

图 1.131

完工产品成本汇总表

2014 年 12 月

产品名称 成本项目	红豆牛奶雪糕		绿豆牛奶雪糕		花生牛奶雪糕		巧克力冰淇淋		总成本合计
	总成本	单位成本	总成本	单位成本	总成本	单位成本	总成本	单位成本	
直接材料									
直接人工									
制造费用									
合计									

制表 苏洋　　　　审核 胡珍

图 1.132

【业务 69】 12 月 31 日期末计提资产减值准备（短期投资——股票已售出，年末所有食品涨价，所以存货不需计提减值准备；应收款项按年末应收账款余额的 10%计提坏账准备），见图 1.133。

坏账准备计算表

2014 年 12 月 31 日

项目	金额	备注
期初应收账款余额	95 700	
期末应收账款余额	60 700	
期初坏账准备余额（贷方）	2 000	
本期发生坏账		
本期收回坏账		
计提比例	10%	
期末坏账准备余额	6 070	
本期应提坏账准备	4 070	

制表 苏洋　　　　审核 胡珍

图 1.133

【业务 70】 12 月 31 日，期末结转未交增值税，见图 1.134。

应交税金——应交增值税

2014 年 12 月 31 日

业务号	本月进项税额	本月销项税额	应交增值税
合计			

制表 苏洋　　　　审核 胡珍

图 1.134

【业务 71】 12 月 31 日，按期末应交流转税的规定比例计提城建税、教育费附加，见图 1.135。

教育费附加及城市维护建设税计提表

2014 年 12 月 31 日

序号	项目	金额	备注
1	本月销项税额		
2	本月进项税额		
3	本月应交增值税		
4	计税依据（3）		
5	本月应交城市维护建设税（7%）		
6	本月应交教育费附加（3%）		
	城建税与教育费附加合计		

制表 苏洋　　　　审核 胡珍

图 1.135

【业务 72】 12 月 31 日，结转销售产品成本（计算出月末加权平均单价后，用加权平均单价乘以销售数量，可计算出销售产品成本，加权平均单价保留两位小数），见图 1.136。

主营业务成本计算表

2014 年 12 月 31 日

产品名称	销售数量（盒）	单位成本	销售总成本
红豆牛奶雪糕	840		
绿豆牛奶雪糕	880		
花生牛奶雪糕	1 010		
巧克力冰淇淋	930		
	3 660		

制表　苏洋　　　　审核　胡珍

图 1.136

【业务 73】 12 月 31 日，结转损益类账户贷方余额，见图 1.137。

内部转账单

2014 年 12 月 31 日

应借科目	应贷科目			备注
主营业务收入				
其他业务收入				
营业外收入				
投资收益				
	本年利润			

制表　苏洋　　　　审核　胡珍

图 1.137

【业务 74】 12 月 31 日，结转损益类账户借方余额，见图 1.138。

内部转账单

2014 年 12 月 31 日

应借科目	应贷科目	本月金额		备注
本年利润				
	主营业务成本			
	主营业务税及附加			
	其他业务成本			
	营业外支出			
	财务费用			
	营业费用			
	管理费用			
	资产减值损失			

制表　苏洋　　　　审核　胡珍

图 1.138

【业务 75】 12 月 31 日计算本期所得税（25%）（假设 1～11 月无调整项目），见图 1.139。

企业所得税费用计算表

2014 年 12 月 1 日至 12 月 31 日　　　　单位：元

项　　目	行数	本月数	本年数
一、营业务收入	1		
减：营业成本	4		
营业税金及附加	5		
资产减值损失			
减：销售费用	14		
管理费用	15		
财务费用	16		
加：投资收益（损失以“-”号填列）	19		
二、营业利润（亏损以“-”号填列）	18		
营业外收入	23		
减：营业外支出	25		

图 1.139

续表

项　　目	行数	本月数	本年数
三、利润总额（亏损总额以“-”号填列）	27		
加：纳税调整增加额			
①罚款	28		
②坏账准备调整	29		
③公益性捐赠支出（超支部分）	30		
④业务招待费（超支部分）	31		
减：纳税调整减少额			
①投资收益			
四、应纳税所得额	36		
适用税率	37		
五、应纳所得税额	38		
减：1～11 月累计已交			
六、年末应补交			

制表　苏洋　　　　审核　胡珍

图 1.139（续）

【业务 76】 12 月 31 日结转本期所得税，见图 1.140。

内部转账单

2014 年 12 月 31 日

应借科目	应贷科目	金额（元）	备注	
本年利润				
	所得税			

制表　苏洋　　　　审核　胡珍

图 1.140

【业务 77】 12 月 31 日结转本年净利润，见图 1.141。

内部转账单

2014 年 12 月 31 日

应借科目	应贷科目	金额（元）	备注
本年利润			
	利润分配——未分配利润		

制表　苏洋　　　　审核　胡珍

图 1.141

【业务 78】 12 月 31 日按本年净利润的 10%计提法定盈余公积，5%计提法定公益金，见图 1.142。

法定盈余公积、公益金计提表

2014 年 12 月 31 日

项目	全年净利润	计提比例	金额
法定盈余公积		10%	
法定公益金		5%	
合计			

制表　苏洋　　　　审核　胡珍

图 1.142

【业务 79】 12 月 31 日按年末可供分配利润的 60%向投资者分配利润，见图 1.143。

应付利润计算表

2014 年 12 月 31 日

项目	金额(元)	备注
年初未分配利润	285 000	
＋本年净利润		
－本年计提的盈余公积 （法定盈余公积、公益金）		
年末可供分配利润		
－向投资者分配利润（60%）		
其中：广州市东明股份有限公司 66%		
李华 34%		
年末未分配利润		

制表　苏洋　　　　审核　胡珍

图 1.143

【业务80】 12月31日结转利润分配明细账，见图1.144。

内部转账单

2014年12月31日

应借科目	应贷科目	金额（元）	备注

制表　苏洋　　　　审核　胡珍

图1.144

第2章 系统初始化

系统初始化也称系统初始设置，是指将通用财务软件根据企业的管理需要设置成适用于本企业实际情况的专用财务软件的过程，是将手工会计业务数据移植到计算机中的一系列准备工作，是使用财务软件进行核算和管理的基础。

企业的账套是由总账、工资、固定资产、报表等若干个子系统构成的，这些子系统既有各自独立的初始化信息，也共享公用的基础信息，比如部门、职员等。本章就是用于设置各系统共享公用的基础信息，而各子系统相对独立的初始化信息则在该子系统中单独设置。

2.1 系统管理

2.1.1 建立账套

【例 2.1】 根据下列资料建立会计账套。

广州明芝乳业有限公司（简称广州明芝乳业公司，账套号 003），账套启用日期为 2013 年 12 月，地址为广州市白云区白云大道 18 号；电子邮件为 zmy×××@126.com。企业为有限责任公司，主营雪糕食品生产，要求按行业性质预置会计科目。

记账本位币为人民币，要求对存货进行分类，但不对客户和供应商进行分类，无外币核算业务。对数量、单价核算时，小数位为 2。会计科目编码级次为 4222，部门分类编码为 12，结算方式编码为 12，存货分类编码为 12。

操作步骤

1）以系统管理员身份注册登录系统管理。

① 执行“开始”、“程序”、“用友通系列管理软件”、“用友通”、“系统管理”命令，进入“用友通〖系统管理〗”窗口。

② 在“用友通〖系统管理〗”窗口中，执行“系统”、“注册”命令，进入“注册〖控制台〗”对话框，单击“服务器”文本框后的‥按钮，打开“网络计算机浏览”对话框，如果在客户端登录则选择服务器端的服务器名称，如果本身就是在服务器端或单机用户则选择本地服务器名称。

③ 在“注册〖控制台〗”对话框中，在“用户名”处输入“Admin”，然后单击“确定”按钮即可。

2）执行“账套”、“建立”命令，打开“创建账套——账套信息”对话框，输入账套号“003”，账套名称“广州明芝乳业有限公司”，启用会计期间“2013.12”。

注 意

在注册登录用友通系统时只能用用户代码（即操作员 ID），不能用用户名称进行注册。

3）单击“下一步”打开“创建账套——单位信息”对话框，依次输入单位名称、单位简称、单位地址、电子邮件等有关信息。

4）单击“下一步”打开“创建账套——核算类型”对话框，依次输入本币代码、名称，选择企业类型为“工业企业”、行业类型为“新会计制度科目”、账套主管为“SYSTEM”，选中“按行业性质预置科目”复选框。

5）单击“下一步”打开“创建账套——基础信息”对话框，选中“存货是否分类”复选框，单击“完成”按扭，打开“创建账套”对话框。在“创建账套”对话框，单击“是”按钮确认创建账套。

6）打开“分类编码方案”，分别设置会计科目、部门、结算方式、收发类别、供应商和客户、地区等编码级次，如图 2.1 所示。

7）单击“确认”按钮打开“数据精度定义”对话框，确定所有数量、单价核算时，小数位都为 2，如图 2.2 所示。

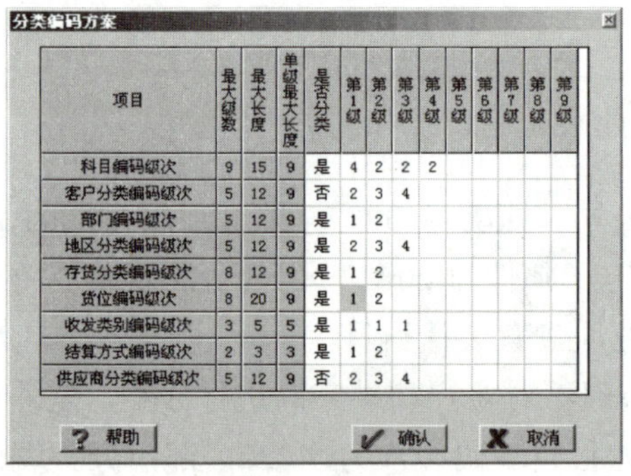

分类编码方案

项目	最大级数	最大长度	单级最大长度	是否分类	第1级	第2级	第3级	第4级	第5级	第6级	第7级	第8级	第9级
科目编码级次	9	15	9	是	4	2	2	2					
客户分类编码级次	5	12	9	否	2	3	4						
部门编码级次	5	12	9	是	1	2							
地区分类编码级次	5	12	9	是	2	3	4						
存货分类编码级次	8	12	9	是	1	2							
货位编码级次	8	20	9	是	1	2							
收发类别编码级次	3	5	5	是	1	1	1						
结算方式编码级次	2	3	3	是	1	2							
供应商分类编码级次	5	12	9	否	2	3	4						

帮助　确认　取消

图 2.1　分类编码方案

图 2.2　数据精度定义

8）单击“确认”按钮，则账套创建成功，这时系统弹出“是否立即启用账套”窗口，单击“否”按钮，账套建立完成但尚未启用任何系统。

2.1.2　用户及权限设置

【例 2.2】根据广州明芝乳业有限公司的下列资料，进行财务分工及权限设置。

胡珍（编号 1001）：账套主管，隶属“厂部管理部”，负责账套管理和有关凭证的审核、过账，各种账证表的查询工作，同时负责月末处理、报表管理与财务分析等工作，是整个系统安全运行的责任人。

李立（编号 1002）：总账会计与存货核算员，隶属“厂部管理部”，负责凭证的审核、过账，应收应付账款管理、仓库管理与存货核算。

苏洋（编号 1003）：制单会计，隶属“厂部管理部”，负责总账制单、工资核算和固定资产管理等操作。

金华（编号 1004）：出纳，隶属“厂部管理部”，负责银行现金管理、银行对账。

凌林风（编号 2001）：销售人员，隶属“购销部”，负责采购、销售管理。

操作步骤

1）以系统管理员身份注册登录系统管理。在“用友通〖系统管理〗”窗口中，执行“系统”、“注册”命令，打开“注册〖控制台〗”对话框中，在“用户名”处输入“Admin”，然后单击“确定”按钮即可。

2）增加用户。

① 在“用友通〖系统管理〗”窗口中，执行“权限”、“操作员”命令，进入“操作员管理”窗口。

② 单击“增加”按钮，打开“增加操作员”对话框，依次输入编号“1001”、姓名“胡珍”、口令“123456”、所属部门“厂部管理部”等有关信息，如图 2.3 所示。

（本书将上述操作的初始口令均设为“123456”）

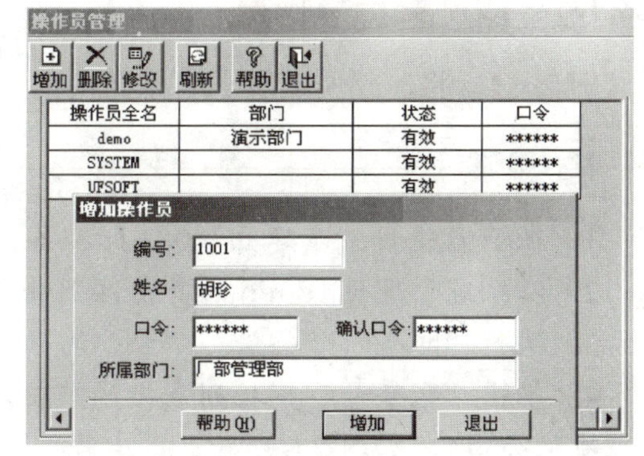

图 2.3　增加操作员

③ 单击“增加”按钮，完成该条记录的增加。

④ 重复②～③步骤可增加其他操作员，否则单击“退出”按钮返回。

3）权限设置。

① 在“用友通〖系统管理〗”窗口中，执行“权限”，“权限”命令，进入“操作员权限”窗口。

② 选择操作员“胡珍”，单击账套主管右边的下拉式列表框选择账套“[003] 广州明芝乳业有限公司”，在年度选择框中选择会计年度为 2013。

③ 选中“账套主管”复选框选项，系统弹出“设置操作员：[1001]账套主管权限吗？”的提示框，单击“是”确认“胡珍”具有账套主管权限，如图 2.4 所示。

④ 选择操作员“李立”，单击“增加”按钮，打开“增加权限——[1002]”对话框。

⑤ 在“增加权限”对话框中双击左框中拥有权限的相应系统，如“AS 公用目录设置”、“GL 总账”、“AP 应付管理”、“AR 应收管理”、“CV 往来”、“IA 核算”，使之变蓝色。

⑥ 如需取消某个权限项，则在右框中双击该权限项使之变白色，如图 2.5 所示。

⑦ 单击“确定”按钮返回“操作员权限”窗口。

⑧ 重复④～⑦步骤可对其他操作员进行权限设置，否则单击“退出”按钮返回。

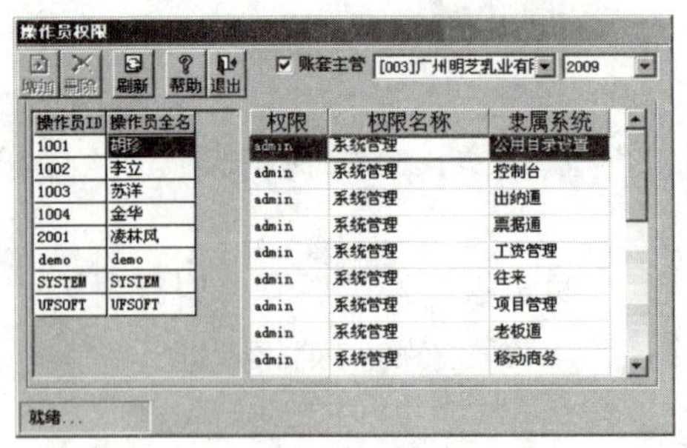

图 2.4 授予账套主管权

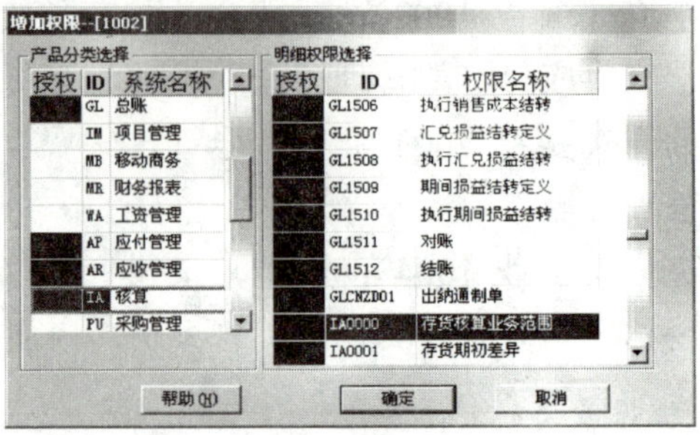

图 2.5 给操作员授权

注 意

1）一个账套只能设一个系统管理员，只有系统管理员才有权设置用户，但账套主管可以设多个。

2）在实际工作中可以根据需要随时增减操作员。

3）所设置的操作员权限一旦被引用，就不能被修改或删除。

4）各操作员的初始密码由系统管理员预先设定，以后可由操作员自行修改。

2.1.3 数据备份与恢复

【例 2.3】 将广州明芝乳业有限公司的账套备份到“E:\003 账套备份”文件夹中。

操作步骤

1）在 E 盘根目录下建立“003 账套备份”文件夹。

2）以系统管理员 admin 的身份注册登录系统管理。

3）执行“账套”、“备份”命令，打开“账套备份”对话框。

4）单击“账套号”下拉列表框的下三角按钮，在下拉列表框中选择“[003]广州明芝乳业有限公司”，如图 2.6 所示。

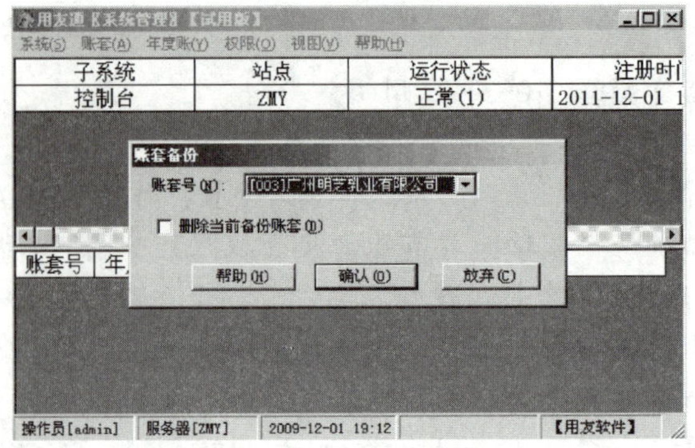

图 2.6 账套备份

5）单击“确认”按钮，经过压缩过程，打开“选择备份目标”对话框，选择存放备份数据的“E:\003 账套备份”文件夹。

6）单击“确认”按钮，系统提示“硬盘备份完毕”，单击“确定”按钮。

【例 2.4】 将已备份到“E:\账套备份”文件夹中的广州明芝乳业有限公司的账套数据恢复到硬盘中。

操作步骤

1）以系统管理员 Admin 身份注册登录系统管理。

2）执行“账套”、“恢复”命令，打开“恢复账套数据”对话框，选择所要恢复的账套数据备份文件，如图 2.7 所示。

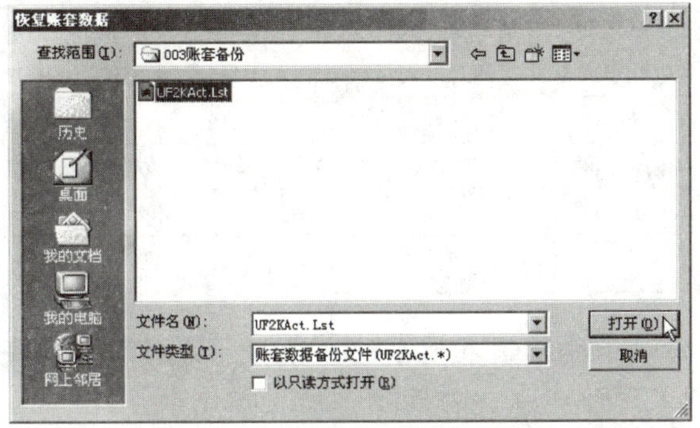

图 2.7　恢复账套

3）单击“打开”按钮，系统提示“此项操作将覆盖[003]账套当前的所有信息，继续吗？”，单击“是”按钮则继续执行账套恢复操作，单击“否”按钮则放弃账套恢复操作。

4）单击“是”按钮后经过一段恢复过程，系统提示“账套[003]恢复成功!”，单击“确定”按钮。

2.2　公共基础档案设置

2.2.1　部门档案和职员档案

【例 2.5】 根据表 2.1、表 2.2 资料，建立广州明芝乳业有限公司的部门档案和职员档案。

表 2.1　企业组织机构

部门编码	部门名称	负责人	部门属性
1	厂部管理部	陈明	管理
2	购销部	凌林风	购销
3	辅助生产车间	王超全	生产
4	基本生产车间	李丽杉	生产

表 2.2 职员档案

序号	编号	姓名	部门	职员属性	序号	编号	姓名	部门	职员属性
1	101	陈明	厂部管理部	厂部管理人员	15	405	王华	基本生产车间	生产工人
2	102	胡蝶	厂部管理部	厂部管理人员	16	406	刘戈	基本生产车间	生产工人
3	103	李立	厂部管理部	厂部管理人员	17	407	梁光亮	基本生产车间	生产工人
4	104	金华	厂部管理部	厂部管理人员	18	408	杨扬	基本生产车间	生产工人
5	105	胡珍	厂部管理部	厂部管理人员	19	409	方政	基本生产车间	生产工人
6	106	苏洋	厂部管理部	厂部管理人员	20	410	马炎	基本生产车间	生产工人
7	201	凌林风	购销部	购销人员	21	411	韦胜利	基本生产车间	生产工人
8	202	江小红	购销部	购销人员	22	412	孙浩	基本生产车间	生产工人
9	301	王超仝	辅助生产车间	辅助生产人员	23	413	黄利良	基本生产车间	生产工人
10	302	刘文新	辅助生产车间	辅助生产人员	24	414	林微	基本生产车间	生产工人
11	401	李丽杉	基本生产车间	车间管理人员	25	415	郭红	基本生产车间	生产工人
12	402	王伟	基本生产车间	车间管理人员	26	416	王虹	基本生产车间	生产工人
13	403	林芝	基本生产车间	生产工人	27	417	刘晓	基本生产车间	生产工人
14	404	江文	基本生产车间	生产工人					

操作步骤

1）以账套主管身份注册登录用友通系统。执行“开始”，“程序”，“用友通系列管理软件”，“用友通”，“用友通”命令，打开“注册〖控制台〗”窗口，输入账套主管的登录代码“1001”和密码“123456”，选择账套“003”和会计年度“2011”，选择操作日期为2011-12-01。

2）单击“基础设置”、“机构设置”、“部门档案”，打开“部门档案”窗口，单击“增加”按钮，依次输入部门编码、部门名称、部门属性等有关信息，如图 2.8 所示。

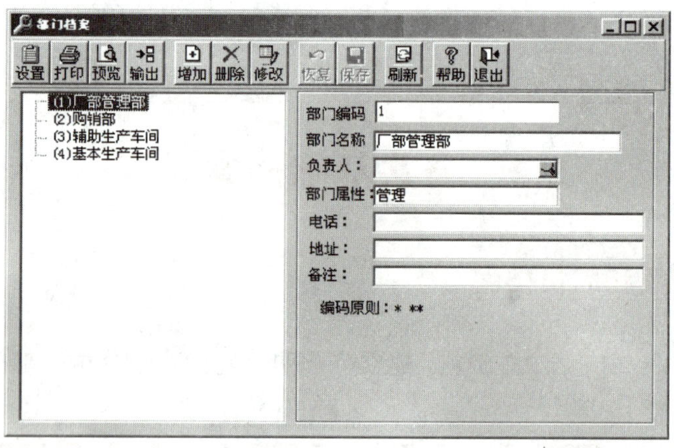

图 2.8 设置部门档案

3）单击“保存”按钮。

4）重复 2）、3）步骤可继续设置其他部门档案资料，否则单击“退出”按钮返回。

5）单击“基础设置”，“机构设置”，“职员档案”，打开“职员档案”窗口，依次输入职员编号、职员名称，选择所属部门，输入职员属性等有关信息，如图 2.9 所示。

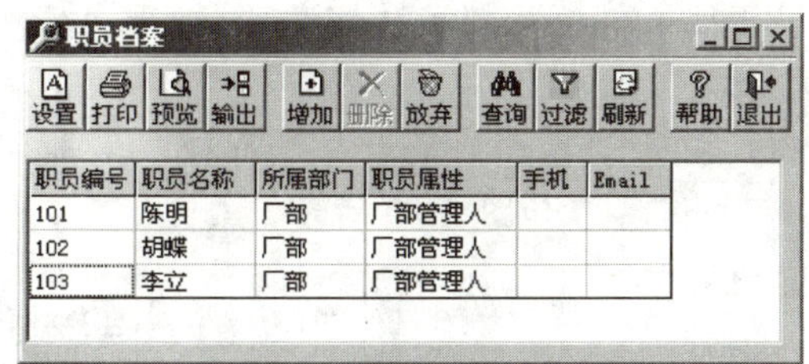

图 2.9　设置职员档案

6）单击“增加”按钮保存数据。

7）重复 5）、6）步骤可设置其他职员档案，否则单击“退出”按钮返回。

注　意

1）在进行部门档案设置时，因为职员档案尚未设置所以负责人先不要输入。

2）职员档案输入完毕后，要返回“部门档案”中执行“修改”功能补充负责人信息。

2.2.2　往来单位设置

【例 2.6】　根据表 2.3、表 2.4 资料，建立广州明芝乳业有限公司的客户档案和供应商档案。

表 2.3　客户档案

编号	客户名称	简　称	税　号	开户银行	银行账号
K01	湛江万佳商场	湛江万佳		工行	438-105487
K02	深圳万佳商场	深圳万佳		工行	123-330258
K03	深圳沃玛公司	深圳沃玛		工行	123-330057
K04	广州好多多商场	广州好多多		工行	123-332005
K05	广州大新公司	广州大新		工行	123-333005

表 2.4　供应商档案

编号	供应商名称	简　称	税　号	开户银行	银行账号
G01	广州天天食品有限公司	天天食品			
G02	广州燕塘乳业有限公司	燕塘乳业			
G03	广州自来水公司	广州自来水			
G04	广州供电公司	广州供电			
G05	东莞大华食品公司	东莞大华食品			
G06	东莞华发纸业公司	东莞华发纸业			
G07	深圳红光公司	深圳红光公司			

操作步骤

1）以账套主管身份注册登录用友通系统。执行“开始”、“程序”、“用友通系列管理软件”、“用友通”、“用友通”命令，打开“注册〖控制台〗”窗口，输入账套主管的登录代码“1001”和密码“123456”，选择账套“003”和会计年度“2013”，选择操作日期为2013-12-01。

2）单击“基础设置”、“往来单位”、“客户档案”，打开“客户档案”窗口，将光标定位在左列表框中的“00 无分类”上。

3）单击“增加”按钮，打开“客户档案卡片”窗口，单击“基本”选项卡，依次输入客户编号、客户名称等有关信息，如图 2.10 所示。

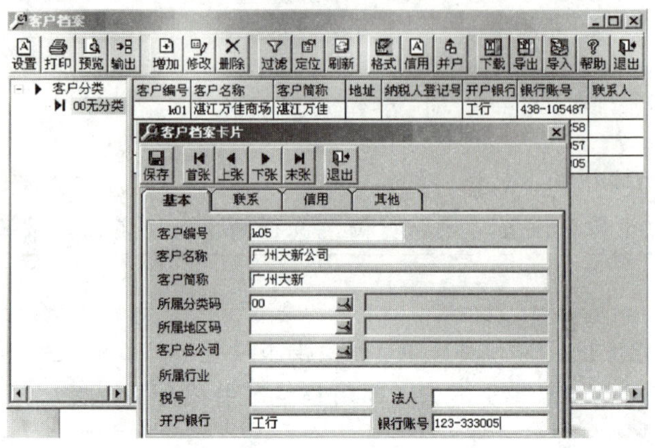

图 2.10　设置客户档案

4）输完各项内容后单击“保存”按钮保存。

5）重复 3）、4）步骤可继续设置客户档案，否则单击“退出”按钮返回。

6）单击“基础设置”、“往来单位”、“供应商档案”，打开“供应商档案”窗口，将光标定位在左列表框中的“00 无分类”上。

7）单击“增加”按钮，打开“供应商档案卡片”窗口，单击“基本”选项卡，依次输入供应商编号、供应商名称等有关信息，如图 2.11 所示。

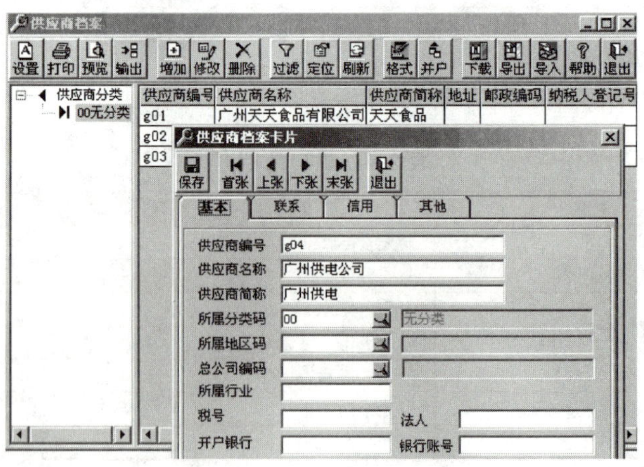

图 2.11　设置供应商档案

8）输完各项内容后单击“保存”按钮保存。

9）重复 7）、8）骤可继续设置其他供应商档案，否则单击“退出”按钮返回。

第3章 总账系统

3.1 总账系统初始化

3.1.1 启动总账系统，设置系统业务参数

【例 3.1】 启动总账系统，根据以下资料建立广州明芝乳业有限公司的业务参数。

采用计算机自动对记账凭证进行编号，客户往来款项和供应商往来款项在总账系统中核算，为简化操作暂省略出纳签字，其他参数取软件系统的默认值。

操作步骤

1）以账套主管身份注册登录系统管理。在“用友通〖系统管理〗”窗口中，执行“系统”、“注册”命令，打开“注册〖控制台〗”对话框中，在“用户名”处输入“1001”，输入密码“123456”，然后单击“确定”按钮即可。

2）单击“账套”、“启用”，打开“系统启用”窗口，选中“GL 总账”，定义启用日期为 2014 年 12 月 1 日，如图 3.1 所示。

3）以账套主管身份注册登录用友通系统。执行“开始”、“程序”、“用友通系列管理软件”、“用友通”、“用友通”命令，打开“注册〖控制台〗”窗口，输入账套主管的登录代码“1001”和密码“123456”，选择账套“003”和会计年度“2013”，选择操作日期为 2013-12-01。

4）单击“总账”菜单、“设置”、“选项”，打开“选项”窗口，即可根据上述要求设置总账系统的业务参数，如图 3.2 所示。

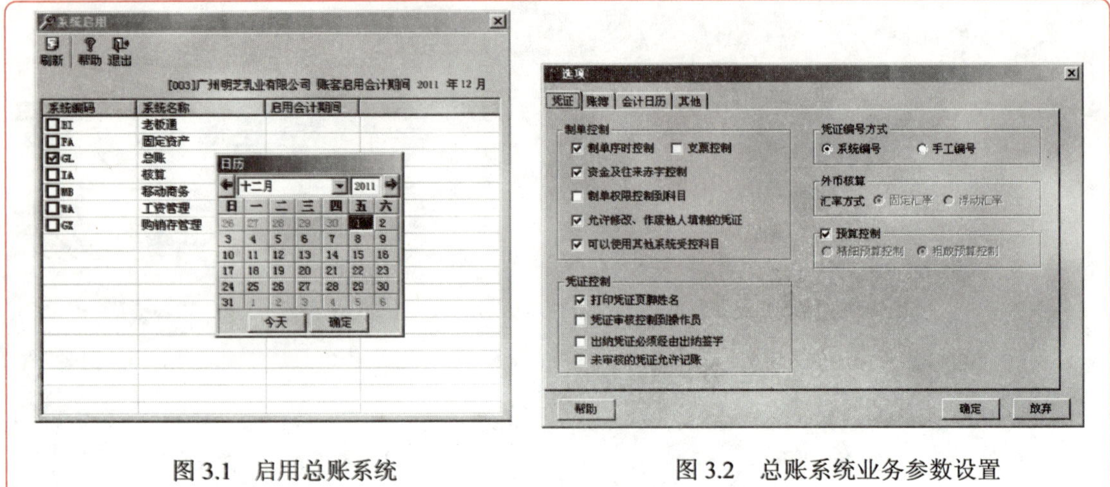

图 3.1 启用总账系统

图 3.2 总账系统业务参数设置

3.1.2 凭证参数设置

【例 3.2】 广州明芝乳业有限公司采用两种凭证类型，分别为记账凭证（记）和转账凭证（转）。

操作步骤

1）以账套主管身份 1001 注册登录用友通系统。

2）单击“基础设置”、“财务”、“凭证类别”，单击“确定”按钮打开“凭证类别”窗口，系统默认已有记账凭证，单击“增加”按钮可增加凭证类别转账凭证，如图 3.3 所示。

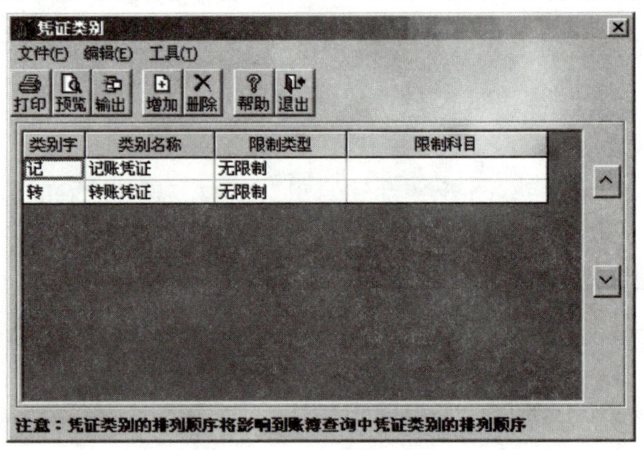

图 3.3 设置凭证类别

3.1.3 收付结算方式设置

【例 3.3】 根据表 3.1 资料，建立广州明芝乳业有限公司的结算方式和开户银行。

广州明芝乳业有限公司的开户银行为中国工商银行白云支行（编码为 01），银行账号为 0012-0015-8693。

表3.1 结算方式表

结算方式编码	结算方式名称	是否进行支票管理
1	转账支票	否
2	汇兑	否
3	委托收款	否

操作步骤

1）以账套主管身份1001注册登录用友通系统。

2）单击“基础设置”、“收付结算”、“结算方式”，打开“结算方式”窗口，依次输入结算方式编码、结算方式名称，单击“保存”按钮保存，如图3.4所示。

3）单击“退出” 按钮返回。

4）单击“基础设置”、“收付结算”、“开户银行”，打开“开户银行”窗口，依次输入编号、开户银行、银行账号，如图3.5所示。

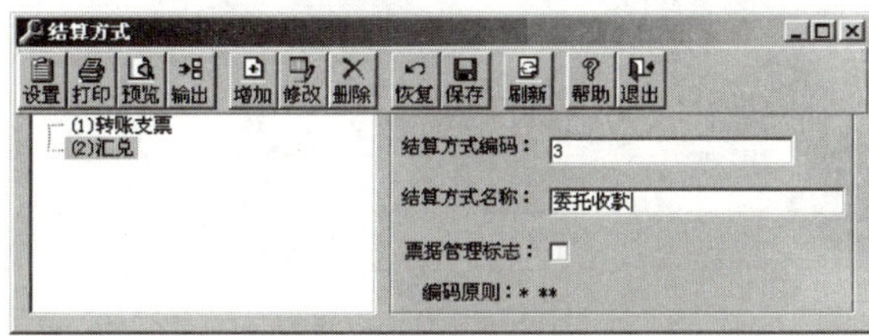

图3.4 结算方式设置

图3.5 设置开户银行

5）单击“增加”按钮可继续增加其他开户银行信息，单击“退出”按钮返回。

3.1.4 会计科目设置

【例3.4】 根据本书手工资料第一部分2014年11月30日的账户余额表的资料，建立广州明芝乳业有限公司的会计科目体系，其中电算会计和手工会计的会计科目体系设置不同之处见表3.2（本书不启用购销存管理系统，有关采购和销售的业务放在总账系统中进行简化处理，但出入库业务和成本核算在存货核算系统中处理）。

表3.2 特殊会计科目体系设置一览

编号	科目名称	账类格式	方向	币别/计量
1001	库存现金	日记账	借	
1002	银行存款	日记账、银行账	借	
1121	应收票据	不设明细账，客户往来	借	
1122	应收账款	不设明细账，客户往来	借	
1123	预付账款	不设明细账，供应商往来	借	
1221	其他应收款	不设明细账，个人往来	借	
1402	在途物资	数量金额式	借	
140303	原材料（白砂糖）	数量金额式，数量核算	借	千克
140309	原材料（纸盒）	数量金额式，数量核算	借	个
1403	原材料	数量金额式	借	

续表

编号	科目名称	账类格式	方向	币别/计量
140301	巧克力	数量金额式，数量核算	借	千克
140302	脱脂奶粉	数量金额式，数量核算	借	千克
140303	白砂糖	数量金额式，数量核算	借	千克
140304	食用香精	数量金额式，数量核算	借	千克
140305	红豆	数量金额式，数量核算	借	千克
140306	绿豆	数量金额式，数量核算	借	千克
140307	花生	数量金额式，数量核算	借	千克
140308	膨胀剂	数量金额式，数量核算	借	千克
140309	纸盒	数量金额式，数量核算	借	个
1405	周转材料	数量金额式	借	
141101	雪糕模型盒	数量金额式，数量核算	借	个
141102	管理用具	数量金额式，数量核算	借	件
1411	库存商品	数量金额式	借	
140501	红豆牛奶雪糕	数量金额式，数量核算	借	盒
140502	绿豆牛奶雪糕	数量金额式，数量核算	借	盒
140503	花生牛奶雪糕	数量金额式，数量核算	借	盒
140504	巧克力冰淇淋	数量金额式，数量核算	借	盒
5001	生产成本		借	
500101	基本生产成本		借	
50010101	红豆牛奶雪糕	项目核算	借	
50010102	绿豆牛奶雪糕	项目核算	借	
50010103	花生牛奶雪糕	项目核算	借	
50010104	巧克力冰淇淋	项目核算	借	
50010105	共耗	项目核算	借	
50010106	生产成本转出	项目核算	借	
500102	辅助生产成本		借	
50010201	机修车间	项目核算	借	
5101	制造费用		借	
510101	基本生产车间	项目核算	借	
1601	固定资产	不设明细科目	借	
2201	应付票据	不设明细账，供应商往来	贷	
2202	应付账款	不设明细账，供应商往来	贷	
2203	预收账款	不设明细账，客户往来	贷	
6001	主营业务收入	金额式	贷	
600101	红豆牛奶雪糕	数量金额式，数量核算	贷	盒
600102	绿豆牛奶雪糕	数量金额式，数量核算	贷	盒
600103	花生牛奶雪糕	数量金额式，数量核算	贷	盒
600104	巧克力冰淇淋	数量金额式，数量核算	贷	盒
6401	主营业务成本	金额式	借	
640101	红豆牛奶雪糕	数量金额式，数量核算	借	盒
640102	绿豆牛奶雪糕	数量金额式，数量核算	借	盒
640103	花生牛奶雪糕	数量金额式，数量核算	借	盒
640104	巧克力冰淇淋	数量金额式，数量核算	借	盒
6601	销售费用	项目核算	借	
6602	管理费用	项目核算	借	

操作步骤

1）新增会计科目。

① 以账套主管身份1001注册登录用友通系统。

② 单击“基础设置”、“财务”、“会计科目”，打开“会计科目”窗口。

③ 单击“增加”按钮，打开“会计科目——新增”窗口，依次输入科目编码“140501”、科目中文名称“红豆牛奶雪糕”、账页格式选择“数量金额式”，单击“确定”按钮保存，如图3.6所示。

④ 单击“增加”按钮，可继续增加其他会计科目。

2）定义需要进行辅助核算的会计科目。

为了满足企业对某些会计业务的核算和管理要求，企业除了完成一般的总账、明细账核算设置外，还可以设置辅助账，以更加灵活的辅助核算形式为管理者提供准确、全面的会计信息。辅助核算主要包括个人往来、客户往来、供应商往来、部门核算和项目核算。

接1）的步骤。

⑤ 在“会计科目”窗口选定“(1122)应收账款”，单击“修改”按钮打开“会计科目——修改”窗口，单击“修改”按钮，选中“客户往来”复选框，单击“确定”按钮，如图3.7所示。

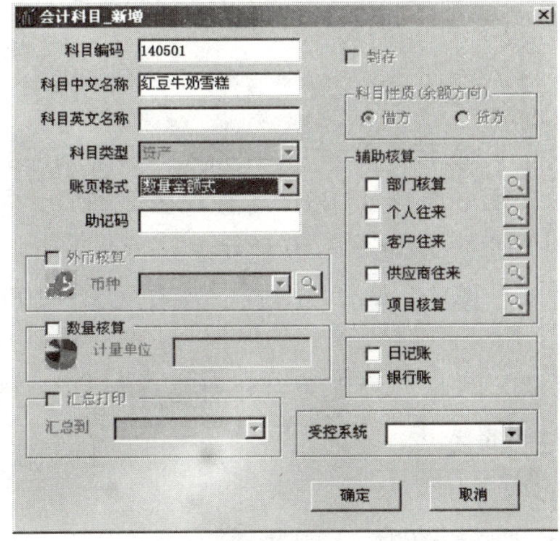

图3.6 新增会计科目

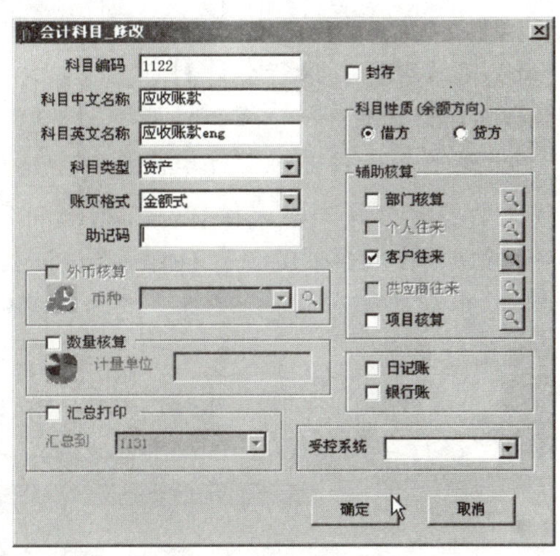

图3.7 设置科目的客户往来辅助核算属性

⑥ 选定“(50010101)基本生产成本——红豆牛奶雪糕”，单击“修改”按钮打开“会计科目——修改”窗口，单击“修改”按钮，选中“项目核算”复选框，单击“确定”按钮，如图3.8所示。

⑦ 参考步骤⑤、⑥可设置其他科目的辅助核算属性。

3）定义需要进行数量核算的会计科目。

由于不启用购销存管理系统，采购和销售业务均在总账系统中进行简化处理，但出入库业务和成本核算在存货核算系统中处理，因此所有的存货类科目、主营业务收入和主营业务成本及其下级科目均进行“数量核算”。

接2）的步骤。

⑧ 在“会计科目”窗口选定“(140501)红豆牛奶雪糕”，单击“修改”按钮打开“会计科目——修改”窗口，单击“修改”按钮，选中“数量核算”复选框，输入计量单位“盒”，如图3.9所示。

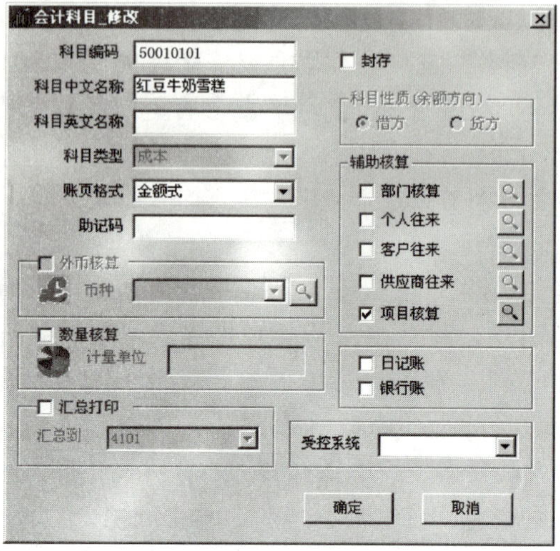

图3.8 设置科目的项目核算属性

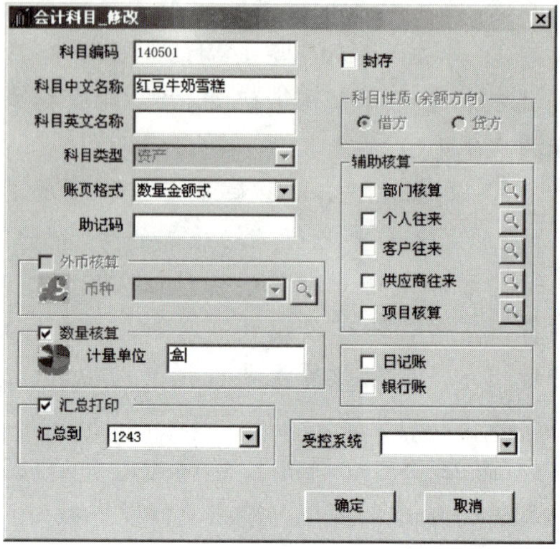

图3.9 设置存货科目数量核算属性

4）定义现金、银行会计科目。

接3）的步骤。

⑨ 在“会计科目”窗口中，执行“编辑”、“指定科目”，打开“指定科目”窗口，单击“现金总账科目”单选按钮，在待选科目列表框中选择“1001 库存现金”科目，单击“>”按钮，将“1001 现金”科目添加到已选科目框中，如图3.10所示。

⑩ 单击“确认”按钮保存，返回“会计科目”窗口。这样就可将“库存现金（1001）”设为日记账格式。

⑪ 参考步骤⑨～⑩，可将“1002 银行存款”科目”指定为“银行总账科目”，这样就可将“银行存款（1002）”设为日记账、银行账格式。

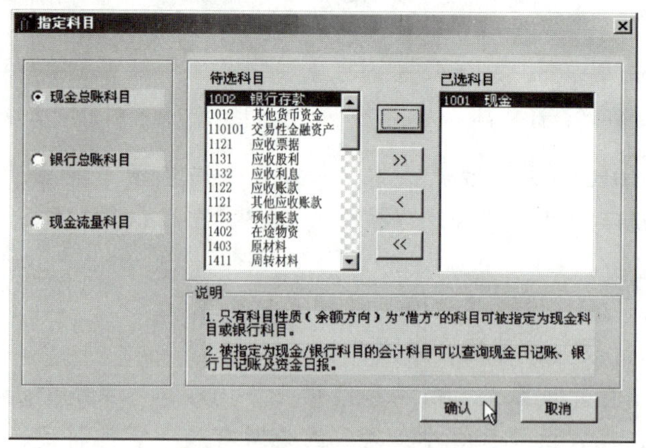

图3.10 指定现金科目

3.1.5 核算项目档案设置

手工会计的科目体系往往庞大且难以统计，为了满足企业的管理需要，我们可以将一些具有相同特性的项目定义成一个项目大类，并对这些项目进行分级管理，例如可以将存货、成本对象、现金流量、项目成本等作为核算的项目分类，具体做法是在进行会计科目设置时不要将这些项目作为明细科目，只需将项目的费用、成本、收入等作为科目设置，且将这些科目的账类设为“项目核算”即可。

【例 3.5】 根据表 3.3～表 3.5 的资料，定义广州明芝乳业有限公司的项目目录。

表 3.3 项目目录档案 1

项目大类	费用项目							
项目分类定义	1 无分类							
项目目录	项目编号	项目目录名称	是否结算	所属分类码	项目编号	项目目录名称	是否结算	所属分类码
	1	工资福利费	FALSE	1	14	分配转出	FALSE	1
	2	折旧费	FALSE	1	15	社会保障费	FALSE	1
	3	养路费	FALSE	1	16	办公费	FALSE	1
	4	无形资产摊销	FALSE	1	17	水电费	FALSE	1
	5	坏账损失	FALSE	1	18	修理费	FALSE	1
	6	财产保险费	FALSE	1	19	低值易耗品摊销	FALSE	1
	7	差旅费	FALSE	1	20	工会经费	FALSE	1
	8	机物料消耗	FALSE	1	21	住房公积金	FALSE	1
	9	公司经费	FALSE	1	22	印花税	FALSE	1
	10	存货跌价准备	FALSE	1	23	交通费	FALSE	1
	11	职工教育经费	FALSE	1	24	广告费	FALSE	1
	12	业务招待费	FALSE	1	25	汽油费	FALSE	1
	13	其他	FALSE	1				

表 3.4 项目目录档案 2

项目大类	成本对象				
项目分类定义	1 无分类				
项目目录	项目编号	项目名称	是否结算	所属分类码	对应产品结构父项
	1	直接材料	FALSE	1	
	2	直接人工	FALSE	1	
	3	制造费用	FALSE	1	
	4	分配转出	FALSE	1	

表 3.5 项目目录档案 3

核算科目	项目大类	
	费用项目	成本对象
6601 销售费用	√	
6602 管理费用	√	
5101 制造费用——基本生产车间	√	
50010101 生产成本——基本生产成本——红豆牛奶雪糕		√

续表

核算科目	项目大类	
	费用项目	成本对象
50010102 生产成本——基本生产成本——绿豆牛奶雪糕		√
50010103 生产成本——基本生产成本——花生牛奶雪糕		√
50010104 生产成本——基本生产成本——巧克力冰淇淋		√
50010105 生产成本——基本生产成本——共耗		√
50010106 生产成本——基本生产成本——生产成本转出		√
50010201 生产成本——辅助生产成本——机修车间		√

操作步骤

1）定义项目大类。

① 以账套主管身份 1001 注册登录用友通系统。

② 单击“基础设置”、“财务”、“项目目录”，打开“项目档案”窗口。

③ 单击“增加”按钮，打开“项目大类定义——增加”窗口，输入新项目大类名称“费用项目”，选择属性“普通项目”。

④ 单击“下一步”按钮，打开“定义项目级次”对话框，选择项目级次“一级”、“1”位。

⑤ 单击“下一步”按钮，打开“定义项目栏目”对话框，采用系统默认值，单击“完成”按钮，保存设置退出。

⑥ 重复步骤③～⑤，可继续定义项目大类“成本对象”。

2）指定核算科目。

接 1）的步骤。

⑦ 选择项目大类“费用项目”，单击“核算科目”单选框，打开“核算科目”选项卡。

⑧ 在待选科目列表框中，单击选中要进行费用项目核算的科目“5101 基本生产车间”，再单击按钮将待选科目添加到已选科目列表框中，如图 3.11 所示。

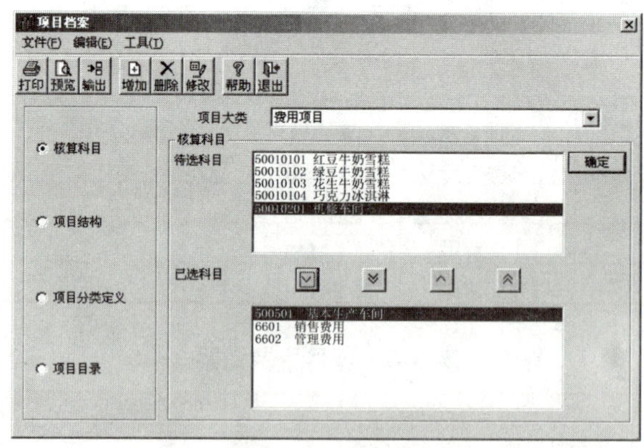

图 3.11 指定项目核算科目

⑨ 重复步骤⑧，可继续将“6601 销售费用”和“6602 管理费用”指定为按“费用项目”进行项目核算的科目。

⑩ 单击“确定”按钮，保存。

3）定义项目分类。

接2）的步骤。

⑪ 单击“项目分类定义”单选框，打开“项目分类定义”选项卡。

⑫ 输入分类编码“1”，分类名称“不分类”，单击“确定”按钮保存。

⑬ 重复步骤⑪～⑫，可继续定义其他项目分类。

4）定义项目目录。

接3）的步骤。

⑭ 单击“项目目录”单选框，打开“项目目录”选项卡。

⑮ 单击“维护”按钮，进入“项目目录维护”窗口。

⑯ 单击“增加”按钮，依次输入项目编号和项目名称，“是否结算”栏为空，选择该项目目录所属的项目分类编码，如图3.12所示。

项目目录维护

设置 打印 预览 输出 增加 删除 查找 排序 过滤 帮助 退出

项目编号	项目名称	是否结算	所属分类码
1	工资福利费		1
2	业务招待费		1
3	社会保障费		1
4	办公费		1
5	水电费		1
6	修理费		1
7	低值易耗品摊销		1
8	工会经费		1
9	住房公积金		1
10	折旧费		1
11	养路费		1
12	无形资产摊销		1
13	坏账损失		1
14	财产保险费		1

图3.12 项目目录维护

⑰ 按回车键或单击“增加”按钮可继续增加其他项目目录。

⑱ 单击“退出”按钮返回。

3.1.6 期初数据输入

期初数据输入时只需要输入最末级科目的余额，其上级科目的余额系统会自动计算填列。如果年中某月开始建账，需要输入启用月份的期初余额和根据余额方向输入年初到该月的借方或贷方的累计发生额；如果某科目涉及辅助核算，则必须输入辅助账的余额；如果涉及数量核算还需输入数量。

【例3.6】 根据本书手工资料第一部分2014年11月30日的账户余额表的资料，输入会计科目期初数据。

操作步骤

1）以账套主管身份 1001 注册登录用友通系统。

2）单击“总账”、“设置”、“期初余额”，打开“期初余额录入”窗口。

3）将光标定位在“现金”栏上，输入累计借方和期初余额“5 800”。

4）将光标定位在“应收账款”栏上，输入累计借方“95 700”。

5）双击“期初余额”栏打开“客户往来期初”窗口，单击“增加”按钮，输入日期“2013-11-30”；双击“客户”所在单元格再单击参照按钮，打开“客户参照”对话框，双击选择“深圳沃玛”；再依次输入摘要“销售雪糕”、“金额 35 000”。

6）单击“增加”按钮，参照步骤 5）继续增加“广州好多多”的应收账款“60 700”，单击“退出”按钮返回，如图 3.13 所示。

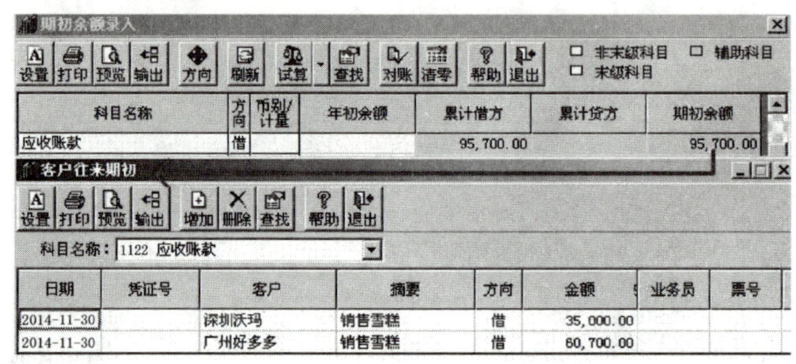
期初余额录入

设置 打印 预览 输出 方向 刷新 试算 查找 对账 清零 帮助 退出 □ 非末级科目 □ 辅助科目 □ 末级科目

科目名称	方向	币别/计量	年初余额	累计借方	累计贷方	期初余额
应收账款	借			95,700.00		95,700.00

客户往来期初

设置 打印 预览 输出 增加 删除 查找 帮助 退出

科目名称：1122 应收账款

日期	凭证号	客户	摘要	方向	金额	业务员	票号
2014-11-30		深圳沃玛	销售雪糕	借	35,000.00		
2014-11-30		广州好多多	销售雪糕	借	60,700.00		

图 3.13　输入辅助核算科目的期初余额

7）将光标定位在“巧克力”栏上，输入累计借方“4 800”、期初余额“4 800”；再将光标定位在“巧克力”的下一行“千克”上，输入数量累计借方“60”、期初余额“60”，如图 3.14 所示。

期初余额录入

设置 打印 预览 输出 方向 刷新 试算 查找 对账 清零 帮助 退出 □ 非末级科目 □ 辅助科目 □ 末级科目

科目名称	方向	币别/计量	年初余额	累计借方	累计贷方	期初余额
应收账款	借			95,700.00		95,700.00
其他应收款	借			1,000.00		1,000.00
坏账准备	贷				2,000.00	2,000.00
预付账款	借					
应收补贴款	借					
在途物资	借			19,000.00		19,000.00
原材料	借			19,000.00		19,000.00
白砂糖	借			4,000.00		4,000.00
	借	千克		800.0000		800.0000
纸盒	借			15,000.00		15,000.00
	借	个		10,000.0000		10,000.0000
原材料	借			12,700.00		12,700.00
巧克力	借			4,800.00		4,800.00
	借	千克		60.0000		60.0000
脱脂奶粉	借			3,000.00		3,000.00
	借	千克		100.0000		100.0000
白砂糖	借			450.00		450.00

期初：2006年12月

图 3.14　输入数量核算科目的期初余额

8）参照上述步骤，可继续输入其他科目的余额。

3.1.7 平衡校验

【例 3.7】 对期初余额进行试算平衡。

操作步骤

1）在“期初余额录入”窗口，所有余额输入完毕后，单击“试算”按钮，可查看期初试算平衡表，检查余额是否平衡，如图 3.15 所示。

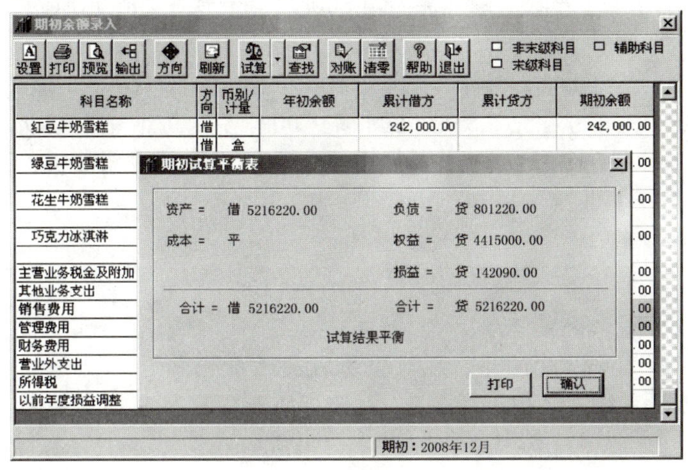

图 3.15 试算平衡

2）单击“确认”按钮，返回“期初余额录入”窗口。

3）单击“对账”按钮，打开“期初对账”窗口。

4）单击“开始”按钮，对当前期初余额进行对账。

5）如果对账后发现错误，可单击“显示对账错误”按钮，系统将对账中发现的问题显示出来，可根据错误提示去修改数据，然后再重新执行试算平衡。

3.2 总账系统日常处理

总账系统的日常处理主要指凭证的日常处理。凭证的来源主要有两种：一是在总账系统中直接录入；二是由其他系统自动生成并传递给总账系统。后者如工资费用分配凭证、固定资产增减以及折旧计提凭证等。除了有关工资分配和固定资产的业务外，企业日常发生的绝大部分经济业务都是可以在总账系统中直接制单的。为了节省成本降低操作难度，本书不启用购销存管理系统，因此采购和销售业务也在总账系统中进行简化处理，但是对于采购和销售业务中涉及的入库和出库业务以及存货成本的核算则放在存货核算系统中处理，因此对于采购业务，即使是已经验收入库，在总账系统中制单时也要暂作未入库处理，而把采购入库的操作放在存货核算系统中进行。

3.2.1 凭证制单

【例 3.8】 2014 年 12 月，广州明芝乳业有限公司发生如下经济业务，要求填制记账凭证。

1）1 日，取得短期借款 200 000 元，利率 6%（手工资料第 4 笔业务）。

2）1 日，向广州大新公司销售红豆牛奶雪糕 120 盒，单价 35 元，价款 4 200 元，增值税 714 元；绿豆牛奶雪糕 160 盒，单价 35 元，价款 5 600 元，增值税 952 元；花生牛奶雪糕 160 盒，单价 35 元，价款 5 600 元，增值税 952 元；巧克力冰淇淋 80 盒，单价 40 元，价款 3 200 元，增值税 544 元，价款共计 18 600 元，增值税 3 162 元，收支票（手工资料第 1 笔业务）。

3）7 日，陈明出差回来，报销差旅费 4 800 元，余款 1 200 元退回（手工资料第 14 笔业务）。

4）3 日，向东莞大华食品公司购进红豆 100 千克、每千克 4.5 元，绿豆 80 千克、每千克 4.8 元，花生 90 千克、每千克 5.8 元，膨胀剂 100 千克、每千克 17.2 元，价款共 3 076 元，增值税 522.92 元，计 3 598.92 元，用银行汇票付款（原银行汇票 4 000 元，余款 401.08 元退回）（手工资料第 9 笔业务）。

操作步骤

1）录入普通总账业务凭证。

① 以总账制单员身份“1003”注册登录用友通系统。

② 单击“总账系统”、“填制凭证”，打开“填制凭证”窗口，单击“增加”按钮，增加一张新凭证。

③ 依次选择凭证字，输入制单日期、摘要、科目名称、借方金额或贷方金额，按回车键可继续输入下一行，输完凭证的全部内容后单击“保存”即可。

2）输入带有辅助核算的业务凭证。

① 输入需待核银行账的凭证。

第一步，输入银行存款科目“1002”时，按回车键，由于银行存款属于银行账科目，系统自动打开“辅助项”对话框。

第二步，在“辅助项”对话框中，依次输入结算方式、票号及发生日期，“确认”即可。输完凭证的全部内容后单击“保存”即可，如图 3.16 所示是业务 1 的凭证。

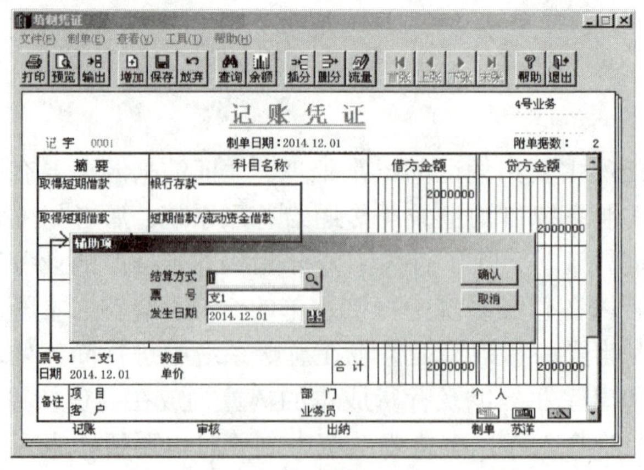

图 3.16 输入需待核银行账的凭证——业务 1

② 输入有个人往来账核算或项目核算等辅助核算要求的凭证。

第一步，输入管理费用科目“6602”时，按回车键，由于“管理费用”是有项目核算的科目，所以系统自动打开“辅助项”对话框。

第二步，单击项目名称右边的参照按钮，打开“项目参照”对话框，选择“差旅费”项目，“确认”，如图3.17所示。

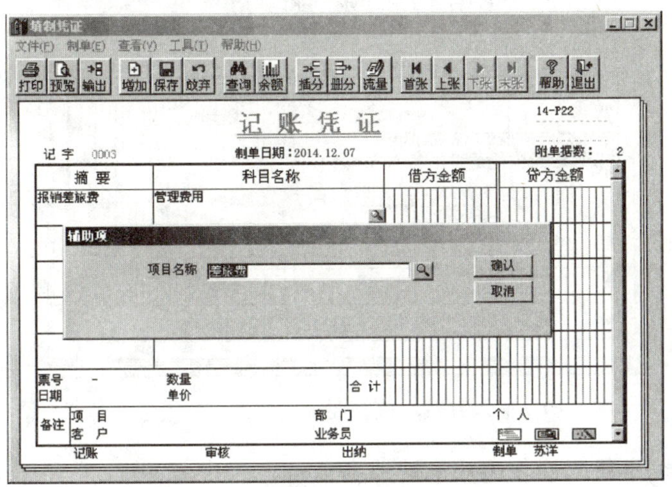

图 3.17 输入有项目核算要求的凭证

第三步，输入其他应收款科目“1221”时，按回车键，由于其他应收款按个人往来核算，所以系统自动打开“辅助项”对话框。

第四步，在“辅助项”对话框中，依次输入个人及发生日期，“确认”即可。如图3.18所示是业务3的凭证。

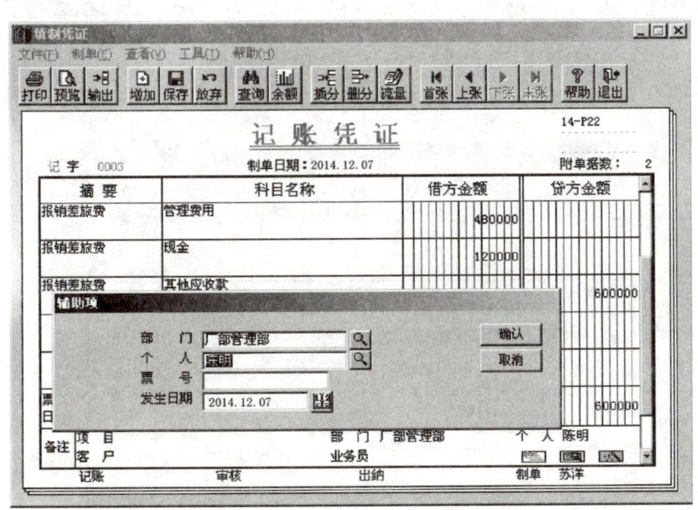

图 3.18 输入有个人往来核算要求的凭证——业务3

3）在总账系统中输入有数量核算要求的销售业务凭证。

① 输入主营业务收入——红豆牛奶雪糕“600101”时，按回车键，由于“主营业务

收入——红豆牛奶雪糕”为数量核算科目，所以系统自动打开“辅助项”对话框。

② 在“辅助项”对话框中，依次输入数量、单价，“确认”即可。如图 3.19 所示是业务 2 的凭证。

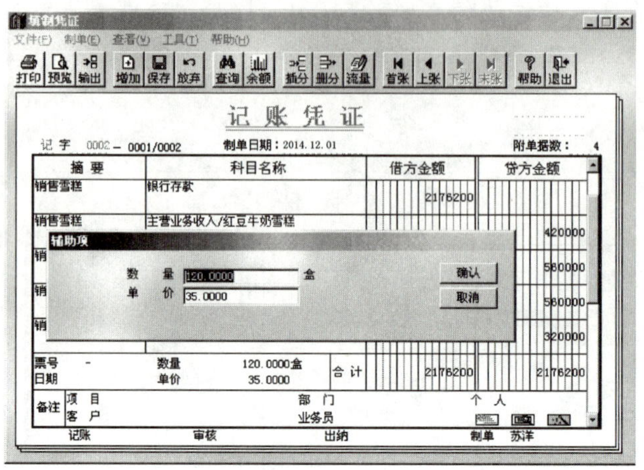

图 3.19　输入有数量核算要求的凭证——销售业务 2

4）在总账系统中简化处理输入采购业务凭证。

由于不启用购销存管理系统，采购业务在总账系统中进行简化处理，但是注意采购业务中涉及的入库业务则在存货核算系统中处理。因此对于采购业务，即使是已经验收入库，在总账系统中制单时也要暂作未入库处理，而把采购入库的处理放在存货核算系统中进行，这样做的目的是利用存货核算系统提供的自动计算存货月平均单价和结转存货成本的功能，减少手工计算的成本降低操作难度。

① 输入“14010103 在途物资——原材料——红豆”时，按回车键，由于“在途物资——原材料——红豆”为数量核算科目，所以系统自动打开“辅助项”对话框。

② 在“辅助项”对话框中，依次输入数量、单价，“确认”即可，如图 3.20 所示。

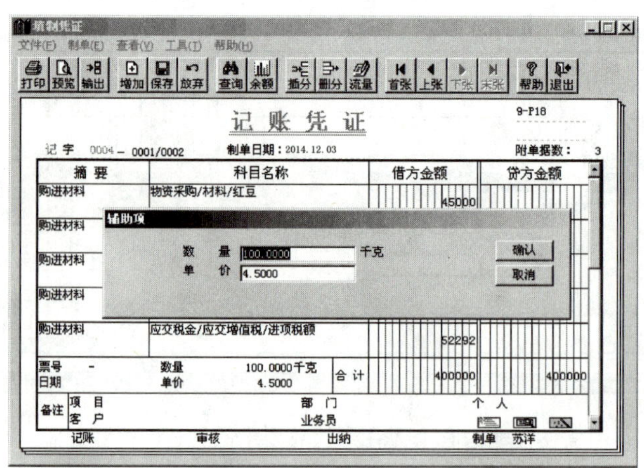

图 3.20　输入采购业务凭证

3.2.2 凭证审核

【例 3.9】 审核广州明芝乳业有限公司 2014 年 12 月份已填制的记账凭证。

操作步骤

1）以账套主管身份 1001 注册登录用友通系统。

2）单击“总账系统”、“审核凭证”，打开“凭证审核”对话框，单击“确认”按钮，打开“凭证审核”窗口，双击要审核的凭证，单击“确定”按钮，打开“审核凭证”窗口。

3）检查无误后，单击“审核”按钮，系统会自动在审核处签上审核人的名字，如图 3.21 所示。

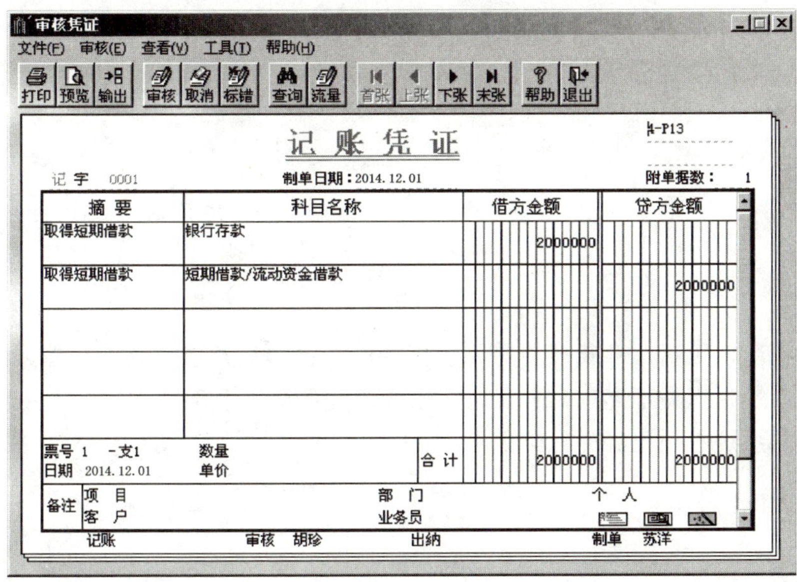

图 3.21 凭证审核

4）一张凭证审核完后系统会自动调出下一张凭证以供审核，重复步骤 3）即可继续审核其他未审核的凭证。也可在“审核凭证”窗口执行“审核”，“成批审核凭证”命令，一次对所有凭证进行审核。

3.2.3 凭证记账

【例 3.10】 将广州明芝乳业有限公司 2014 年 12 月份已审核的凭证进行记账。

操作步骤

1）以账套主管身份 1001 注册登录用友通系统。

2）单击“总账系统”、“记账”，打开“记账”对话框，输入本次要进行记账的凭证范围，如果不选，系统默认为所有凭证。

3）单击“下一步”按钮，进入“记账报告”窗口。

4）单击“下一步”按钮，进入“记账”窗口。

5）单击“记账”按钮，打开“期初试算平衡表”窗口。

6）单击“确认”按钮，系统开始登记有关的总账和明细账等，登记完毕后，出现“记账完毕”提示框，单击“确定”按钮即可，如图3.22所示。

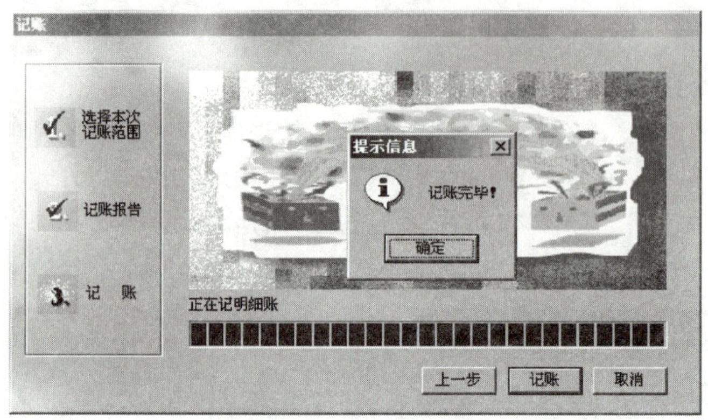

图3.22　凭证记账

3.3　总账系统月末处理

由于固定资产、工资、存货核算等系统生成的凭证最后都要传递给总账系统进行汇总，因此在做总账系统月末处理之前，所有这些系统的业务必须全部处理完成，并且在总账系统结账之前，这些系统必须已经先行结账。

3.3.1　自动转账

1. 自动转账定义

（1）期间损益结转定义

【例3.11】　定义广州明芝乳业有限公司的损益类账户的结转分录。

操作步骤

1）以账套主管身份1001注册登录用友通系统。

2）执行“总账”、“期末”、“转账定义”、“期间损益”命令，进入“期间损益结转设置”窗口。

3）单击“凭证类别”栏右边的下拉按钮选择“转 转账凭证”，单击“本年利润科目”栏右边的按钮，选择科目为“4103 本年利润”，再把鼠标定位到损益类科目的列表框里，系统自动将“本年利润”科目的编码和名称填列在损益类科目的列表框里，结果如图3.23所示。

4）单击“确定”按钮返回。

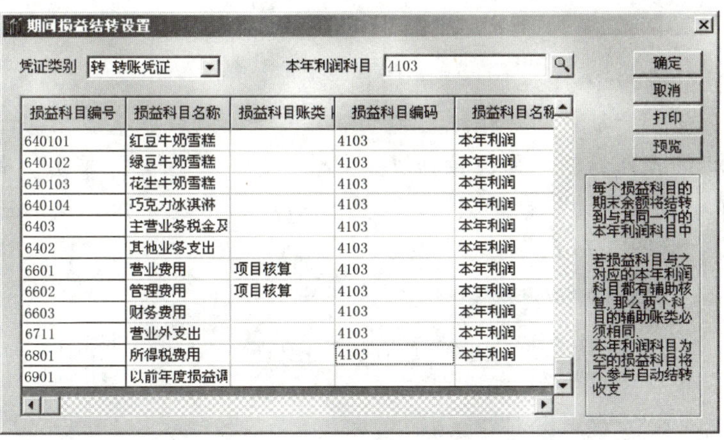

图 3.23 期间损益结转设置

（2）本年净利润结转定义

【例 3.12】 定义广州明芝乳业有限公司的本年净利润的结转分录。

操作步骤

1）以账套主管身份 1001 注册登录用友通系统。

2）执行“总账”、“期末”、“转账定义”、“对应结转”命令，进入“对应结转设置”窗口。

3）依次输入编号“0001”、摘要“结转本年净利润”，单击“转出科目编码”框旁的参照按钮，选择“4103 本年利润”，单击“增行”按钮，单击“转入科目编码”框旁的参照按钮，选择“410404 利润分配——未分配利润”，在“结转系数”文本框输入“1”，单击“保存”按钮保存，如图 3.24 所示。

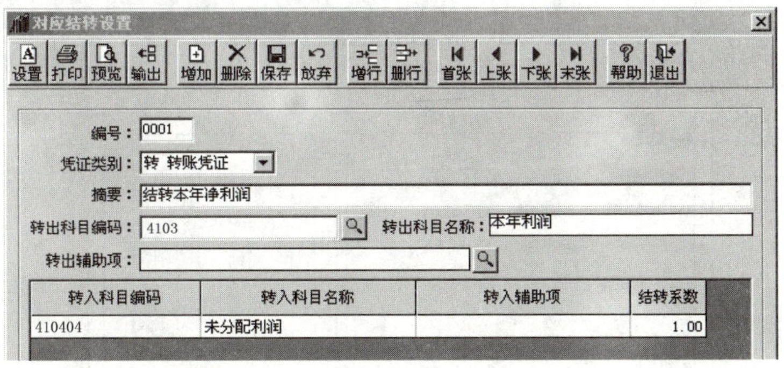

图 3.24 本年净利润结转设置

4）单击“退出”按钮退出。

2. 生成自动转账凭证

【例 3.13】 生成 2014 年 12 月广州明芝乳业有限公司的期间损益结转凭证（手工资料第 73、74 笔业务），并进行审核、记账。

操作步骤

1）以账套主管身份 1001 注册登录用友通系统。

2）执行“总账”、“期末”、“转账生成”命令，进入“转账生成”窗口。

3）单击“期间损益结转”单选按钮，“类型”选择“全部”，单击“全选”按钮，期间损益转账分录一览表变为绿色，同时“是否结转”栏出现“Y”，同时选中“包含未记账凭证”复选框，如图 3.25 所示。

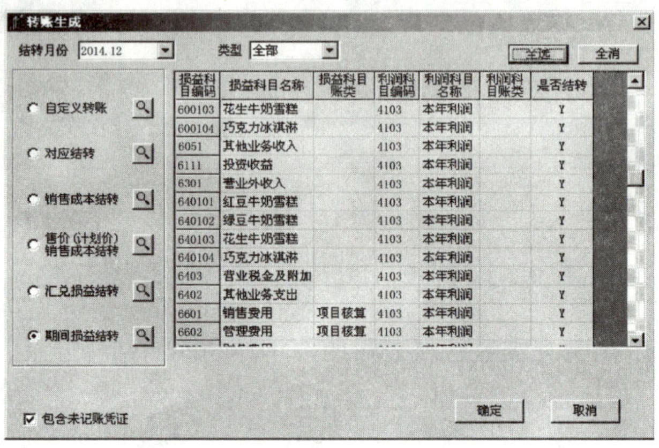

图 3.25　期间损益结转参数设置

4）单击“确定”按钮即可生成凭证，单击“保存”按钮保存，凭证显示“已生成”，结果如图 3.26 所示，单击“退出”按钮返回。

5）更换操作员对上述自动转账生成的凭证进行审核、记账。

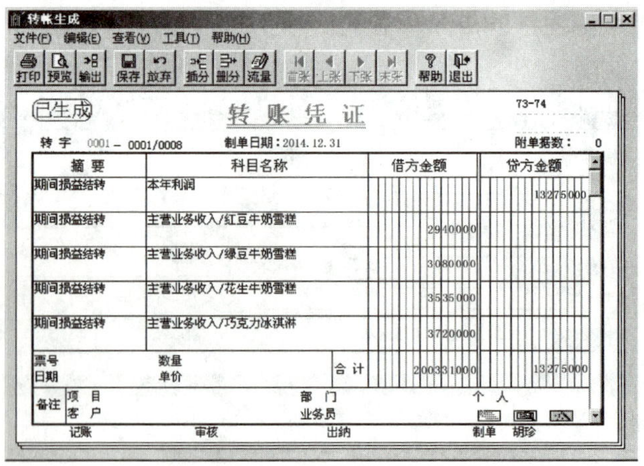

图 3.26　期间损益结转凭证

【例 3.14】　生成 2014 年 12 月广州明芝乳业有限公司的结转本年净利润凭证（手工资料第 77 笔业务），并进行审核、记账。

操作步骤

1）以总账会计身份 1003 注册登录用友通系统。

2）执行“总账”、“期末”、“转账生成”命令，进入“转账生成”窗口。

3）单击“对应结转”单选按钮，单击“全选”按钮，对应转账分录一览表变为绿色，同时“是否结转”栏出现“Y”，同时选中“包含未记账凭证”复选框，如图 3.27 所示。

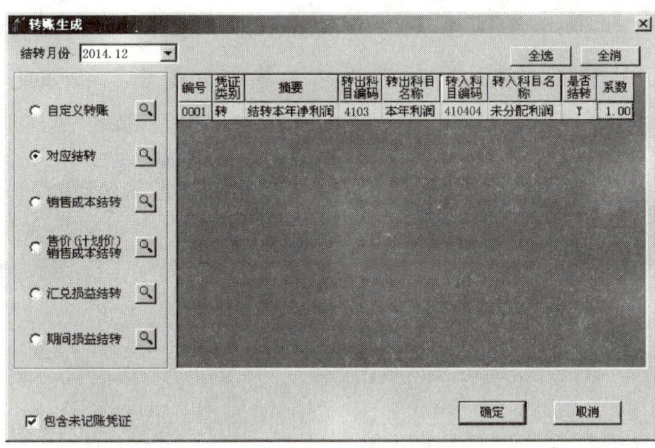

图 3.27　本年净利润结转参数设置

4）单击“确定”按钮即可生成凭证，单击“保存”按钮保存，结果如图 3.28 所示，单击“退出”按钮返回。

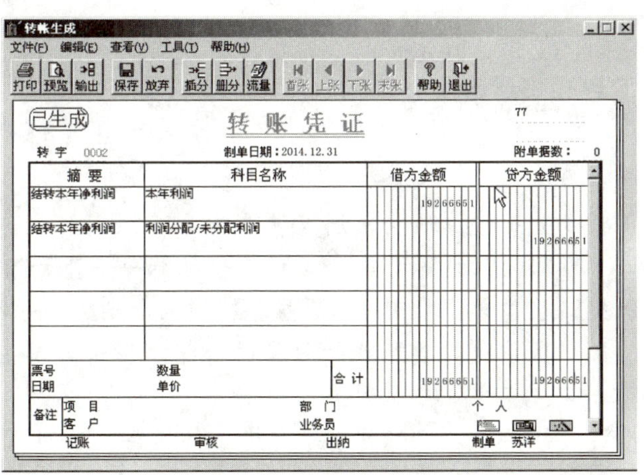

图 3.28　本年净利润结转凭证

5）更换操作员对上述自动转账生成的凭证进行审核、记账。

3.3.2　试算平衡与对账

【例 3.15】　对 2014 年 12 月广州明芝乳业有限公司的所有业务进行试算平衡与对账，为月底结账做准备。

操作步骤

1）以账套主管身份1001注册登录用友通系统。

2）执行“总账”、“期末”、“对账”命令，进入“对账”窗口。

3）将光标定位在对账月份2014.12上，单击“选择”按钮，单击“对账”按钮，开始自动对账，结果如图3.29所示。

4）单击“试算”按钮对各科目余额进行试算平衡，在“2014.12试算平衡表”（如图3.30所示）对话框中单击“确认”按钮返回，单击“退出”按钮完成对账。

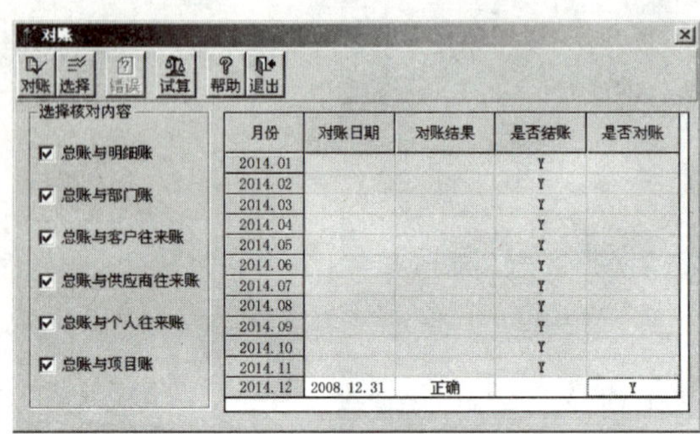

图3.29 对账

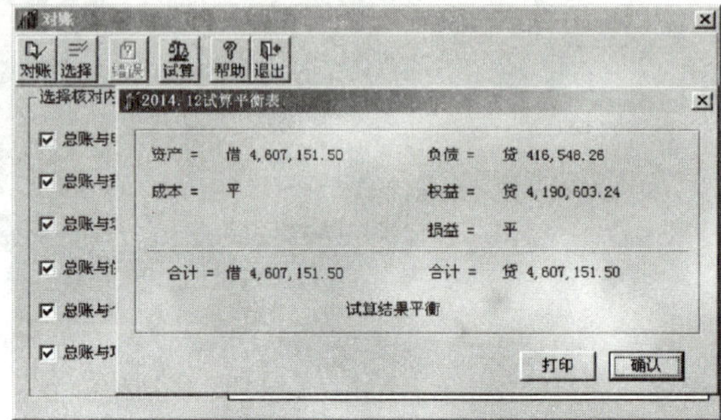

图3.30 试算平衡

3.3.3 期末结账

在总账系统结账之前、工资、固定资产、存货核算系统必须先结账。

【例3.16】 进行月终和年终结账处理。

操作步骤

1）以账套主管（胡珍）身份注册登录用友通系统。

2）执行“总账”、“期末”、“结账”命令，进入“结账——开始结账”窗口。

3）单击结账月份2014.12，单击“下一步”按钮，进入“结账——核对账簿”窗口。

4）单击“对账”按钮，系统对要结账的月份进行账账核对，单击“下一步”按钮，进入“结账——月度工作报告”窗口。

5）单击“下一步”按钮，进入“结账——月度工作报告”窗口。

6）查看工作报告，若符合结账条件则单击“下一步”按钮，进入“结账——完成结账”窗口，单击“结账”按钮完成结账；否则应检查系统修正后再执行结账。

第4章 存货核算系统

存货核算是企业会计核算的一项重要内容，存货核算系统能够记录、反映和监督存货的收发、领退和保管情况，能确定和调整各种出入库业务的出入库成本并结转存货成本，记入相关账簿，并生成凭证传递至总账系统进行核算。

4.1 核算系统初始化

4.1.1 定义存货核算系统核算规则

【例 4.1】 启用存货核算系统，建立存货核算系统账，要求对存货进行分类，允许零出库，其他参数采用系统默认。

操作步骤

1）以账套主管身份 1001 注册登录系统管理。

2）单击“账套”、“启用”，打开“系统启用”窗口，选中“IA 核算”，定义启用日期为 2014 年 12 月 1 日，如图 4.1 所示。

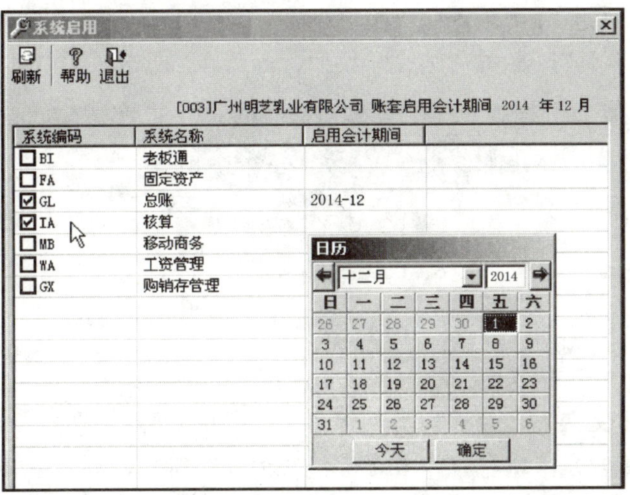

图 4.1 启用存货核算系统

3）以账套主管身份 1001 注册登录用友通系统。单击“核算”菜单，“核算业务范围设置”，打开“基本设置”窗口，单击“控制方式”选项卡，选中“允许零出库”和“存货是否分类”复选框，其他参数采用系统默认。

4.1.2 设置存货分类及存货档案

【例 4.2】 根据表 4.1 的资料建立广州明芝乳业有限公司的存货分类及存货档案。

表 4.1 存货分类及存货档案

存货编码	存货名称	所属分类码	所属分类名称	主计量单位	是否销售	是否外购	是否自制	是否生产耗用	是否在制	是否应税劳务	税率
101	巧克力	1	原材料	千克	TRUE	TRUE	FALSE	TRUE	FALSE	FALSE	17
103	白砂糖	1	原材料	千克	TRUE	TRUE	FALSE	TRUE	FALSE	FALSE	17
102	脱脂奶粉	1	原材料	千克	TRUE	TRUE	FALSE	TRUE	FALSE	FALSE	17
104	食用香精	1	原材料	千克	TRUE	TRUE	FALSE	TRUE	FALSE	FALSE	17
105	红豆	1	原材料	千克	TRUE	TRUE	FALSE	TRUE	FALSE	FALSE	17
106	绿豆	1	原材料	千克	TRUE	TRUE	FALSE	TRUE	FALSE	FALSE	17
107	花生	1	原材料	千克	TRUE	TRUE	FALSE	TRUE	FALSE	FALSE	17
108	膨胀剂	1	原材料	千克	TRUE	TRUE	FALSE	TRUE	FALSE	FALSE	17
109	纸盒	1	原材料	个	TRUE	TRUE	FALSE	TRUE	FALSE	FALSE	17
201	雪糕模型盒	2	周转材料	个	TRUE	TRUE	FALSE	TRUE	FALSE	FALSE	17
202	管理用具	2	周转材料	件	TRUE	TRUE	FALSE	TRUE	FALSE	FALSE	17
301	红豆牛奶雪糕	3	库存商品	盒	TRUE	FALSE	TRUE	FALSE	TRUE	FALSE	17
302	绿豆牛奶雪糕	3	库存商品	盒	TRUE	FALSE	TRUE	FALSE	TRUE	FALSE	17
303	花生牛奶雪糕	3	库存商品	盒	TRUE	FALSE	TRUE	FALSE	TRUE	FALSE	17
304	巧克力冰淇淋	3	库存商品	盒	TRUE	FALSE	TRUE	FALSE	TRUE	FALSE	17

操作步骤

1）以账套主管身份 1001 注册登录用友通系统。

2）单击“基础设置”、“存货”、“存货分类”，打开“存货分类”窗口，依次输入“类别编码”和“类别名称”，单击“保存”按钮，如图 4.2 所示。

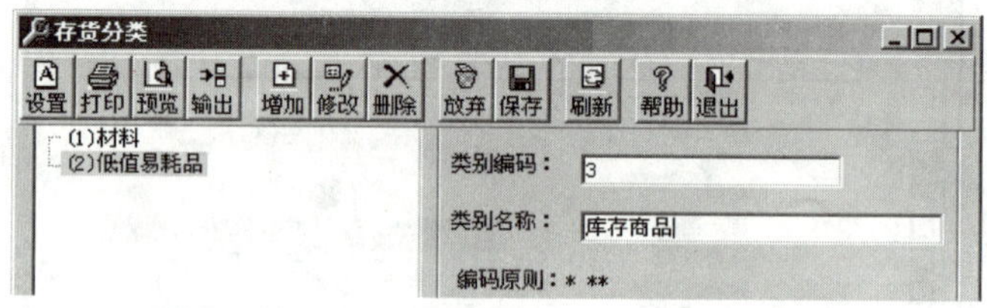

图 4.2 设置存货分类

3）单击“退出”按钮返回。

4）单击“基础设置”、“存货”、“存货档案”，打开“存货档案”窗口，单击选中“1 材料”，再单击“增加”按钮，打开“存货档案卡片”窗口，在“基本”选项卡中依次输入“存货编号”、“存货名称”和“计量单位”，单击选中“销售、外购、生产耗用”三种存货属性，单击“保存”按钮，如图 4.3 所示。

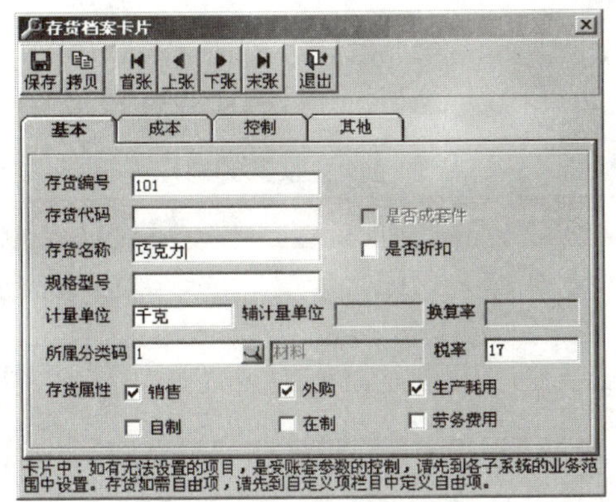

图 4.3　设置存货档案

5）重复步骤 4）继续增加其他存货档案，否则单击“退出”按钮返回。

4.1.3　设置仓库档案

【例 4.3】 根据表 4.2 的资料，定义广州明芝乳业有限公司的仓库档案。

表 4.2　仓库档案

仓库编码	仓库名称	所属部门	负责人	计价方式
1	材料库	厂部管理部	胡蝶	全月平均法
2	周转材料库	厂部管理部	胡蝶	全月平均法
3	成品库	厂部管理部	胡蝶	全月平均法

操作步骤

1）以账套主管身份 1001 注册登录用友通系统。

2）单击“基础设置”、“购销存”、“仓库档案”，打开“仓库档案卡片”窗口，单击“增加”按钮，依次输入“仓库编码”、“仓库名称”和“负责人”，选择所属部门和计价方法，单击“保存”按钮，如图 4.4 所示。

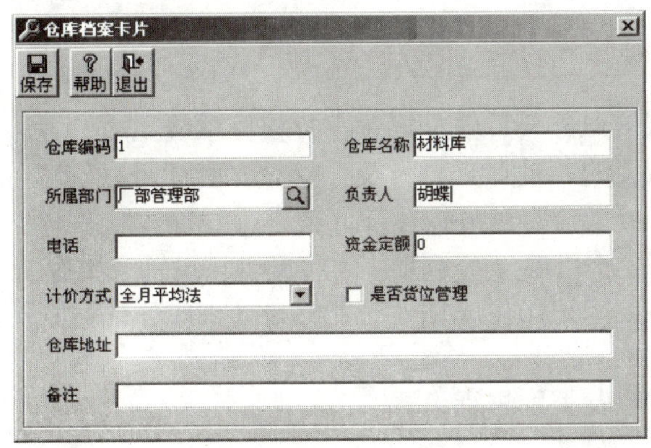

图 4.4　仓库档案设置

3）重复步骤 2）可继续增加其他仓库档案，否则单击“退出”按钮返回。

4.1.4 设置收发类别

【例 4.4】 根据表 4.3 的资料，定义广州明芝乳业有限公司的收发类别。

表 4.3 收发类别

收发类别编码	收发类别名称	收发标志	收发类别编码	收发类别名称	收发标志
1	入库分类	收	2	出库分类	发
11	采购入库	收	21	材料领用	发
12	产成品入库	收	22	销售出库	发
13	其他入库	收	23	其他出库	发

操作步骤

1）以账套主管身份 1001 注册登录用友通系统。

2）单击"基础设置"、"购销存"、"收发类别"，打开"收发类别"窗口，依次输入类别编码"1"、类别名称"入库分类"，单击选择收发标志"收"，单击"保存"按钮。

3）单击选中"(1) 入库分类"，再单击"增加"按钮，依次输入类别编码"11"、类别名称"采购入库"，单击"保存"按钮增加"入库分类"的下级子分类，结果如图 4.5 所示。

4）重复步骤 2)、3）可继续增加出库分类及其子类别，否则单击"退出"按钮返回。

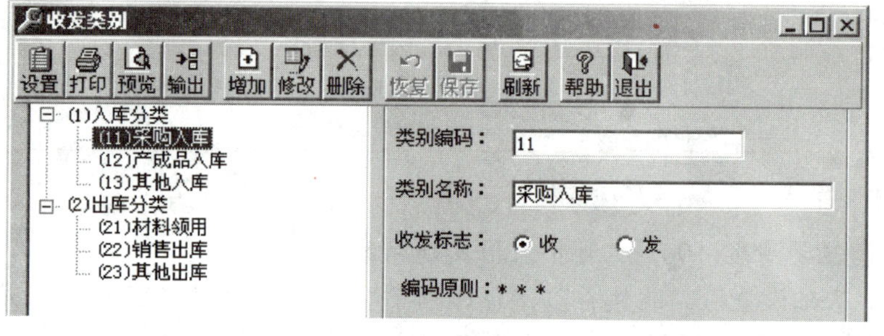

图 4.5 设置收发类别

4.1.5 设置存货核算系统的业务科目

设置存货核算系统的业务科目就是设置存货核算系统生成的各种存货的购进、销售及其他出入库业务凭证所需要的各种存货科目及存货对方科目，这样就能生成完整、准确的凭证。

设置存货科目，既可按仓库也可按存货分类进行设置，但是不能按存货品种设置。设置时由于存货的品种很多，不可能一一设置，因此可以只设置某类存货的第一个科目，以便以后进行存货核算系统的期末记账生成凭证时能够自动生成凭证，如果存货的品种不同了，可以在凭证中去进行相应的修改。

存货对方科目可按收发类别进行设置。

1. 定义存货科目

【例 4.5】 根据表 4.4 的资料，定义存货科目。

表 4.4　存货科目

仓库编码	仓库名称	存货分类编码	存货分类名称	存货科目编码	存货科目名称
1	材料库	1	原材料	121101	巧克力
2	周转材料库	2	周转材料	123101	雪糕模型盒
3	成品库	3	库存商品	124301	红豆牛奶雪糕

操作步骤

1）以账套主管身份 1001 注册登录用友通系统。

2）单击“核算”、“科目设置”、“存货科目”，打开“存货科目”窗口。

3）单击“增加”按钮，依次输入仓库编码、存货分类编码和存货科目编码，单击“保存”按钮，如图 4.6 所示。

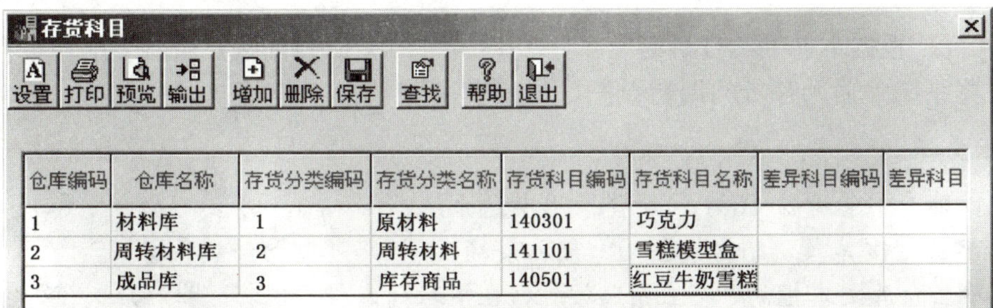

图 4.6　设置存货科目

2. 定义对方科目

【例 4.6】 根据表 4.5 的资料,定义存货对方科目。

表 4.5　存货对方科目

收发类别编码	收发类别名称	对方科目编码	对方科目名称
11	采购入库	140201	在途物资——材料——白砂糖
12	产成品入库	50010106	生产成本——基本生产成本——生产成本转出
21	材料领用	50010105	生产成本——基本生产成本——共耗
22	销售出库	640101	主营业务成本——红豆牛奶雪糕

操作步骤

1）以账套主管身份 1001 注册登录用友通系统。

2）单击“核算”、“科目设置”、“存货对方科目”，打开“对方科目设置”窗口。

3）单击“增加”按钮，依次输入收发类别编码和存货对方科目编码，单击“保存”按钮，如图 4.7 所示。

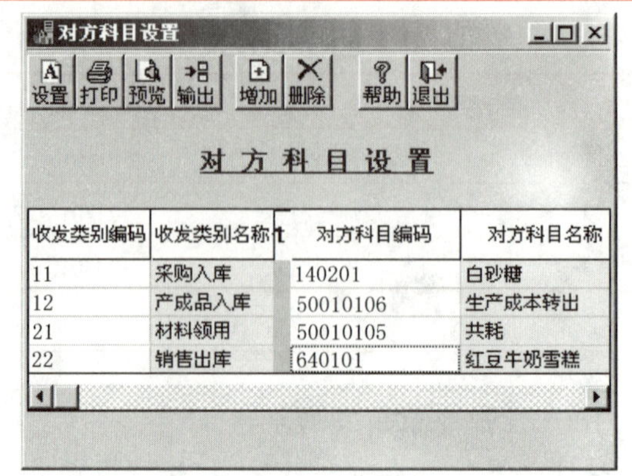

收发类别编码	收发类别名称	对方科目编码	对方科目名称
11	采购入库	140201	白砂糖
12	产成品入库	50010106	生产成本转出
21	材料领用	50010105	共耗
22	销售出库	640101	红豆牛奶雪糕

图 4.7　设置存货对方科目

4.1.6　期初余额录入

【例 4.7】根据本书手工资料第一部分 2014 年 11 月 30 日的账户余额表的相关存货资料，在存货核算系统中输入存货的期初数据。

操作步骤

1）以账套主管身份 1001 注册登录用友通系统。

2）单击“核算”、“期初数据”、“期初余额”，打开“期初余额”窗口。

3）单击仓库文本框的“下三角”按钮，在下拉列表框中选择“材料库”，单击“增加”按钮。

4）选择输入存货编码,分别输入数量和单价，如图 4.8 所示。

期初余额

设置 打印 预览 输出 增加 删除 查找 格式 记账 升序 降序 帮助 退出　排列方式：

期初余额

仓库：1　材料库　计价方式：全月平均法　存货大类：

存货编码	存货代码	存货名称	规格型号	计量单位	数量	单价	金额	入库日期	供应商
101		巧克力		千克	60.00	80.00	4,800.00		
102		脱脂奶粉		千克	100.00	30.00	3,000.00		
103		白砂糖		千克	90.00	5.00	450.00		
104		食用香精		千克	20.00	40.00	800.00		
105		红豆		千克	100.00	5.00	500.00		
106		绿豆		千克	100.00	5.00	500.00		
107		花生		千克	100.00	6.00	600.00		
108		膨胀剂		千克	50.00	15.00	750.00		
109		纸盒		个	1,000.00	1.30	1,300.00		
合计：					1,620.00		12,700.00		

图 4.8　输入存货的期初数据

5）重复步骤 3）、4），继续输入其他存货初始数据。单击“退出”按钮，退出。

4.1.7　存货期初记账

存货期初数据录入完毕后执行期初记账，记账时不需要选择具体的仓库，系统对所有的仓库进行记账。

【例 4.8】对广州明芝乳业有限公司 2014 年 12 月的存货期初数据进行记账。

操作步骤

1）以账套主管身份 1001 注册登录用友通系统。

2）单击"核算"、"期初数据"、"期初余额"，打开"期初余额"窗口。

3）单击"记账"按钮，系统提示"期初记账成功!"，单击"确定"按钮。

4）单击"退出"按钮，退出。

4.2　存货核算系统日常业务处理

存货核算系统日常业务处理主要包括对存货出入库的处理、存货数据的调整以及各种存货单据的记账等工作。

4.2.1　入库业务

1. 采购入库单

采购业务的账务处理已经在总账系统中进行了简化处理，但是在总账系统中全部作未入库处理，所有的入库操作全部在存货核算系统中进行。

【例 4.9】 手工资料第 9 笔业务：2014 年 12 月 3 日，向东莞大华食品公司购进红豆 100 千克、每千克 4.5 元，绿豆 80 千克、每千克 4.8 元，花生 90 千克、每千克 5.8 元，膨胀剂 100 千克、每千克 17.2 元，价款共 3 076 元，增值税 522.92 元，计 3 598.92 元，用银行汇票付款（原银行汇票 4 000 元，余款 401.08 元退回）。

要求根据上述采购业务填制采购入库单。

操作步骤

1）以存货核算员身份 1002 注册登录用友通系统。

2）单击"核算"、"采购入库单"，打开"采购入库单"窗口。

3）单击"增加"按钮，依次输入表头和表体的各项内容，如图 4.9 所示。

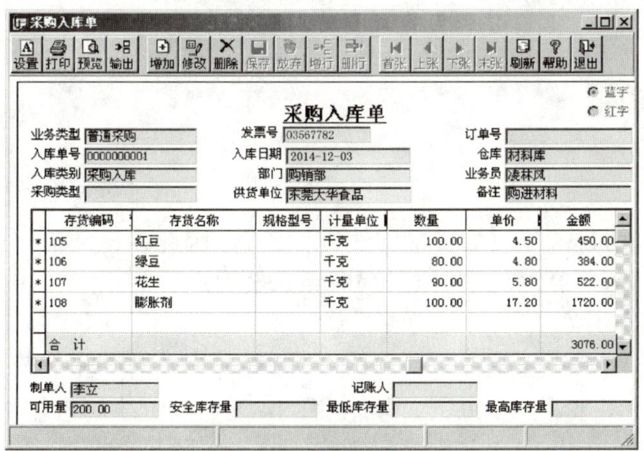

采购入库单

蓝字　红字

业务类型：普通采购　发票号：03567782　订单号：
入库单号：0000000001　入库日期：2014-12-03　仓库：材料库
入库类别：采购入库　部门：购销部　业务员：凌林凤
采购类型：　供货单位：东莞大华食品　备注：购进材料

存货编码	存货名称	规格型号	计量单位	数量	单价	金额
105	红豆		千克	100.00	4.50	450.00
106	绿豆		千克	80.00	4.80	384.00
107	花生		千克	90.00	5.80	522.00
108	膨胀剂		千克	100.00	17.20	1720.00
合　计						3076.00

制单人：李立　记账人：
可用量：200.00　安全库存量：　最低库存量：　最高库存量：

图 4.9　填制采购入库单

4）输入完毕后单击"保存"按钮。

2. 产成品入库单

产成品入库单在填制时一般只填写数量，其单价与金额既可以通过以后修改产成品入库单直接填入，也可以在月末处理以后由存货核算系统的产成品成本分配功能自动计算填入。

【例 4.10】 手工资料第 13 笔业务：2014 年 12 月 7 日红豆牛奶雪糕 300 盒、绿豆牛奶雪糕 300 盒、花生牛奶雪糕 300 盒、巧克力冰淇淋 300 盒入库，要求填制产成品入库单。

操作步骤

1）以存货核算员身份 1002 注册登录用友通系统。

2）单击“核算”、“产成品入库单”，打开“产成品入库单”窗口。

3）单击“增加”按钮，依次输入表头和表体的各项内容，如图 4.10 所示。

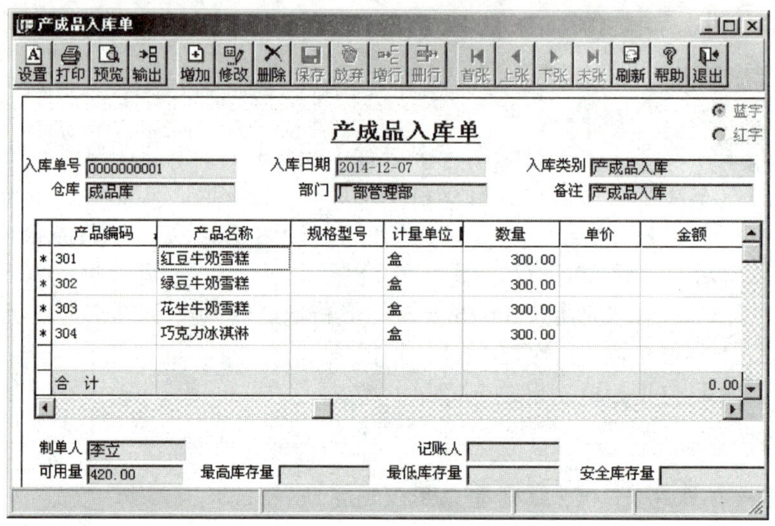

图 4.10 填制产成品入库单

4）输入完毕后单击“保存”按钮。

4.2.2 出库业务

1. 销售出库单

由于库存商品采用月末一次加权平均法进行核算，因此在日常销售出库填制销售出库单时要注意只填数量不填单价，待到月末处理时系统会自动计算出库存商品的加权平均单价并自动填列在销售出库单中。

【例 4.11】 手工资料第 1 笔业务：2014 年 12 月 1 日，向广州大新公司销售红豆牛奶雪糕 120 盒，单价 35 元，价款 4 200 元，增值税 714 元；绿豆牛奶雪糕 160 盒，单价 35 元，价款 5 600 元，增值税 952 元；花生牛奶雪糕 160 盒，单价 35 元，价款 5 600 元，增值税 952 元；巧克力冰淇淋 80 盒，单价 40 元，价款共 3 200 元，增值税 544 元，价款共计 18 600 元，增值税 3 162 元，收支票。

要求根据上述销售出库业务填制销售出库单。

操作步骤

1）以存货核算员身份 1002 注册登录用友通系统。

2）单击“核算”、“销售出库单”，打开“销售出库单”窗口。

3）单击“增加”按钮，依次输入表头和表体的各项内容，如图 4.11 所示。

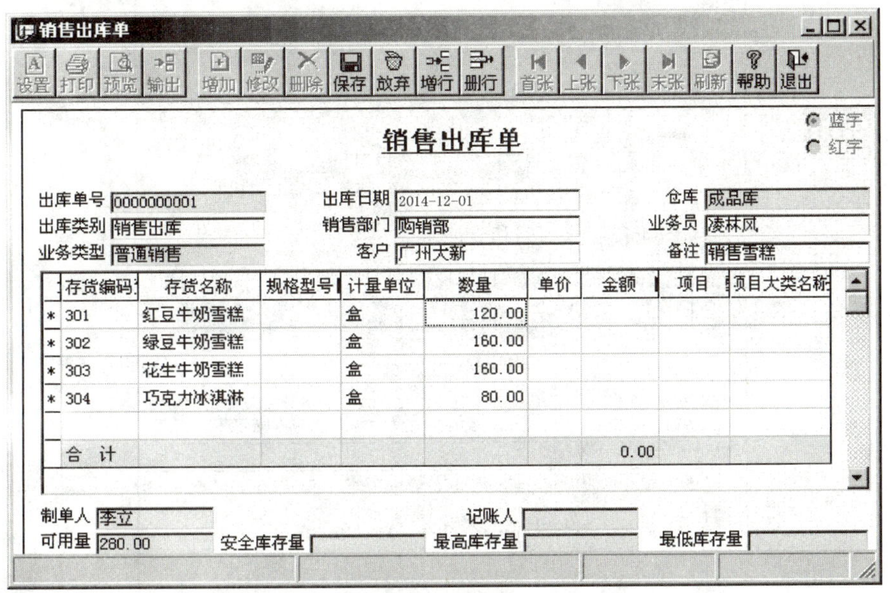

图 4.11　填制销售出库单

4）输入完毕后单击“保存”按钮。

2. 材料出库单

由于最后要按材料领用部门归集生产费用和成本，因此填制材料出库单时要注意分部门和仓库制作。

【例 4.12】 手工资料第 3 笔业务：2014 年 12 月 1 日，基本生产车间生产产品领用巧克力 60 千克、脱脂奶粉 60 千克、白砂糖 80 千克、食用香精 10 千克、红豆 60 千克、绿豆 60 千克、花生 60 千克、膨胀剂 30 千克；辅助生产车间领用管理用具 30 件；行政管理部门领用管理用具 10 件。

要求根据上述领料业务填制材料出库单。

操作步骤

1）以存货核算员身份 1002 注册登录用友通系统。

2）单击“核算”、“材料出库单”，打开“材料出库单”窗口。

3）单击“增加”按钮，分别分部门和仓库填制材料出库单，依次输入表头和表体的各项内容，结果如图 4.12～图 4.14 所示。

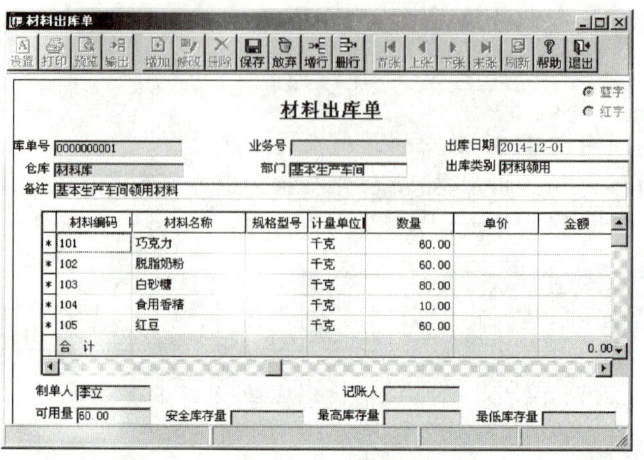

图 4.12 分部门和仓库填制材料出库单（1）

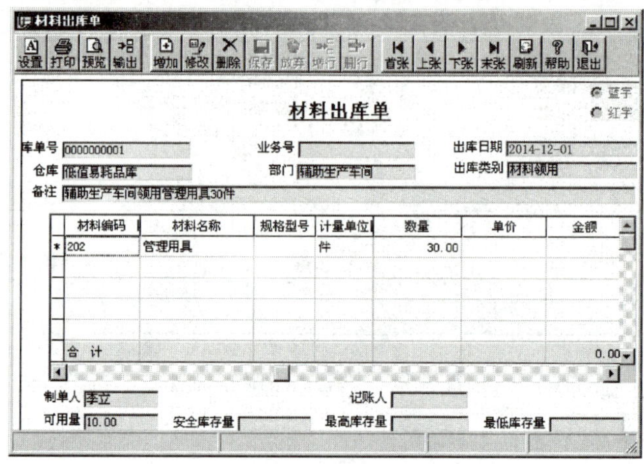

图 4.13 分部门和仓库填制材料出库单（2）

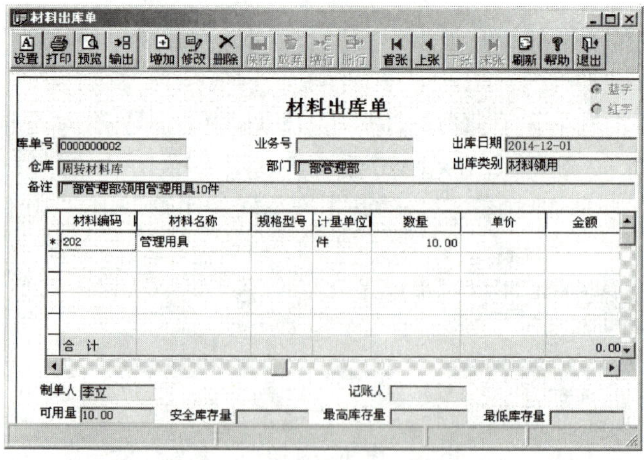

图 4.14 分部门和仓库填制材料出库单（3）

4）输入完毕后单击“保存”按钮。

4.2.3　单据记账

单据记账是将所输入的各种出入库单据分别登记到相应的存货明细账、差异明细账等相关账簿上。由于产成品入库单在填制时只填写了数量，单价与金额尚未填写，因此产成品入库单暂时不允许记账，其单价与成本金额既可以通过以后修改产成品入库单直接填入，也可以在月末处理以后由存货核算系统的产成品成本分配功能自动计算填入，只有在确定了产成品入库成本后才可以对其进行记账。

同一仓库的单据记账时必须序时，已记账的单据不能修改和删除，只有取消记账后才能执行这些操作。

【例 4.13】　对 2014 年 12 月的所有出入库单据进行记账。

操作步骤

1）以存货核算员身份 1002 注册登录用友通系统。

2）单击“核算管理”系统，再单击 “正常单据记账”，打开“正常单据记账条件”窗口。

3）采用系统默认的条件，即选中所有的仓库和单据类型，单击“确定”按钮，进入“正常单据记账”窗口。

4）单击“全选”按钮。

5）单击“记账”按钮，进行单据记账，如图 4.15 所示。

选择	日期	单据号	仓库名称	收发类别	存货编码	存货名称	数量	单价	金额
√	2014-12-05	0000000002	材料库	材料领用	109	纸盒	3000.00		
	2014-12-07	0000000001	成品库	产成品入库	301	红豆牛奶雪糕	300.00		
		0000000001	成品库	产成品入库	302	绿豆牛奶雪糕	300.00		
		0000000001	成品库	产成品入库	303	花生牛奶雪糕	300.00		
		0000000001	成品库	产成品入库	304	巧克力冰淇淋	300.00		
√	2014-12-08	0000000002	成品库	销售出库	301	红豆牛奶雪糕	200.00	35.00	7000.00
√		0000000002	成品库	销售出库	302	绿豆牛奶雪糕	200.00	35.00	7000.00
√		0000000002	成品库	销售出库	303	花生牛奶雪糕	250.00	35.00	8750.00
√		0000000002	成品库	销售出库	304	巧克力冰淇淋	250.00	40.00	0000.00
√	2014-12-10	0000000005	材料库	采购入库	102	脱脂奶粉	180.00	33.00	5940.00

共78条记录

图 4.15　单据记账

6）记账完毕后，单击“退出”按钮。

4.3 存货核算系统月末处理

4.3.1 月末处理

当日常业务全部完成后，执行“月末处理”，系统会自动计算发出材料的全月平均单价及库存商品的全月平均单价，并自动填列在材料领用单、销售出库单以及产成品入库单上，并且自动核算本月出库成本，自动计算差异率及本月的分摊差异，对已完成日常业务的仓库/部门做处理标志。

【例 4.14】 对 2014 年 12 月的所有出入库单据进行月末处理，并计算发出材料的全月平均单价及本月出库成本。

操作步骤

1）以存货核算员身份 1002 注册登录用友通系统。

2）执行“核算”、“月末处理”，进入“期末处理”窗口。

3）在“未期末处理仓库”选项卡中单击选中“材料库”、“周转材料库”复选框。

4）单击“确定”按钮，弹出“您将对所选仓库进行期末处理，确认进行吗？”的提示框，单击“确定”按钮。

5）系统分仓库计算各类存货的月平均单价和出库成本，如图 4.16 和图 4.17 所示分别是材料和低值易耗品的月平均单价和出库成本。

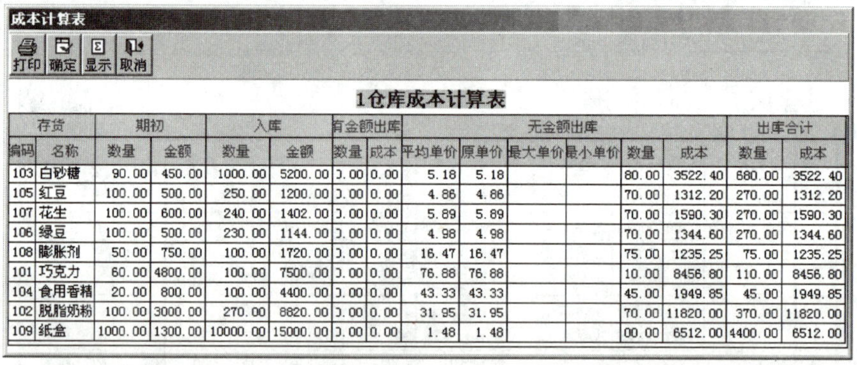

成本计算表

打印 确定 显示 取消

1仓库成本计算表

存货		期初		入库		有金额出库		无金额出库						出库合计	
编码	名称	数量	金额	数量	金额	数量	成本	平均单价	原单价	最大单价	最小单价	数量	成本	数量	成本
103	白砂糖	90.00	450.00	1000.00	5200.00	0.00	0.00	5.18	5.18			80.00	3522.40	680.00	3522.40
105	红豆	100.00	500.00	250.00	1200.00	0.00	0.00	4.86	4.86			70.00	1312.20	270.00	1312.20
107	花生	100.00	600.00	240.00	1402.00	0.00	0.00	5.89	5.89			70.00	1590.30	270.00	1590.30
106	绿豆	100.00	500.00	230.00	1144.00	0.00	0.00	4.98	4.98			70.00	1344.60	270.00	1344.60
108	膨胀剂	50.00	750.00	100.00	1720.00	0.00	0.00	16.47	16.47			75.00	1235.25	75.00	1235.25
101	巧克力	60.00	4800.00	100.00	7500.00	0.00	0.00	76.88	76.88			10.00	8456.80	110.00	8456.80
104	食用香精	20.00	800.00	100.00	4400.00	0.00	0.00	43.33	43.33			45.00	1949.85	45.00	1949.85
102	脱脂奶粉	100.00	3000.00	270.00	8820.00	0.00	0.00	31.95	31.95			70.00	11820.00	370.00	11820.00
109	纸盒	1000.00	1300.00	10000.00	15000.00	0.00	0.00	1.48	1.48			00.00	6512.00	4400.00	6512.00

图 4.16 材料的月平均单价和出库成本

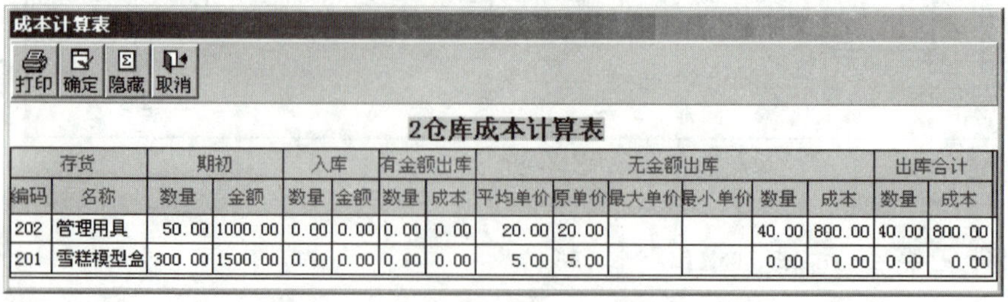

成本计算表

打印 确定 隐藏 取消

2仓库成本计算表

存货		期初		入库		有金额出库		无金额出库						出库合计	
编码	名称	数量	金额	数量	金额	数量	成本	平均单价	原单价	最大单价	最小单价	数量	成本	数量	成本
202	管理用具	50.00	1000.00	0.00	0.00	0.00	0.00	20.00	20.00			40.00	800.00	40.00	800.00
201	雪糕模型盒	300.00	1500.00	0.00	0.00	0.00	0.00	5.00	5.00			0.00	0.00	0.00	0.00

图 4.17 低值易耗品的月平均单价和出库成本

6）单击“确定”按钮，确认月末处理的结果。

7）月末处理完成后，“材料库”和“周转材料库”就全部转到“已期末处理仓库”选项卡中。单击“取消”按钮退出。

注 意

由于尚未确定产成品入库单的单价及成本，产成品入库单还未记账，因此“成品库”暂时不做月末处理，对成品库进行月末处理见例 4.18 的步骤 4）部分。

4.3.2　生成凭证

存货核算系统可以将采购入库单、产成品入库单、销售出库单、材料出库单等涉及存货增减及价值变动的单据生成凭证传递到总账系统进行核算。

【例 4.15】对 2014 年 12 月的所有采购入库单生成凭证并传递到总账系统进行核算。

操作步骤

1）以存货核算员身份 1002 注册登录用友通系统。

2）执行“核算”、“凭证”、“购销单据制单”，进入“生成凭证”窗口。

3）单击“选择”按钮，打开“查询条件”对话框。

4）单击选中“采购入库单”复选框。

5）单击“确认”按钮，进入“未生成凭证单据一览表”窗口。

6）单击要生成凭证的单据的选择栏，出现“1”表示选中，如图 4.18 所示。

选择单据

设置 打印 预览 输出 单据 全选 全消 确定 取消 帮助

已结算采购入库单自动选择全部结算单上单据(包括入库单、发票、付款单)，非本月采购入库单按蓝字报销单制单

未生成凭证单据一览表

选择	记账日期	单据日期	单据类型	单据号	仓库	收发类别	记账人	部门	部门编码	业务类型	计价方式
1	2014-12-31	2014-12-03	采购入库单	0000000001	材料库	采购入库	李立	购销部	2	普通采购	全月平均法
	2014-12-31	2014-12-01	采购入库单	0000000002	材料库	采购入库	李立	购销部	2	普通采购	全月平均法
	2014-12-31	2014-12-04	采购入库单	0000000003	材料库	采购入库	李立	购销部	2	普通采购	全月平均法
	2014-12-31	2014-12-05	采购入库单	0000000004	材料库	采购入库	李立	购销部	2	普通采购	全月平均法
	2014-12-31	2014-12-10	采购入库单	0000000005	材料库	采购入库	李立	购销部	2	普通采购	全月平均法
	2014-12-31	2014-12-15	采购入库单	0000000006	材料库	采购入库	李立	购销部	2	普通采购	全月平均法
	2014-12-31	2014-12-23	采购入库单	0000000007	材料库	采购入库	李立	购销部	2	普通采购	全月平均法

图 4.18　选择单据

7）单击“确定”按钮，进入“生成凭证”窗口。

8）单击“凭证类别”文本框的下三角按钮，选择“记 记账凭证”。

9）选择或确定相应的会计科目，如图 4.19 所示。

生成凭证

设置 打印 预览 输出 删除 生成 合成 选择 帮助 退出

凭证类别：记 记账凭证

选择	单据类型	单据号	摘要	科目类型	科目编码	科目名	借方金额	贷方金额	借方数量	贷方数量	存货名	部门名	业务员名	供应商名称
1	采购入库单	0000000001	购进材料	存货	140305	红豆	450.00		100.00		红豆	购销部	凌林风	东莞大华食品
				对方	14020103	红豆		450.00		100.00	红豆	购销部	凌林风	东莞大华食品
				存货	140306	绿豆	384.00		80.00		绿豆	购销部	凌林风	东莞大华食品
				对方	14020104	绿豆		384.00		80.00	绿豆	购销部	凌林风	东莞大华食品
				存货	140307	花生	522.00		90.00		花生	购销部	凌林风	东莞大华食品
				对方	14020105	花生		522.00		90.00	花生	购销部	凌林风	东莞大华食品
				存货	140308	膨胀剂	1720.00		100.00		膨胀剂	购销部	凌林风	东莞大华食品
				对方	14020106	膨胀剂		1720.00		100.00	膨胀剂	购销部	凌林风	东莞大华食品

图 4.19　选择或确定相应的会计科目

10）单击“生成”按钮，系统自动进行制单。

11）检查凭证无误后，单击“保存”按钮，凭证左上角显示“已生成”字样，如图 4.20 所示。

12）重复上述步骤继续生成其他单据的凭证。

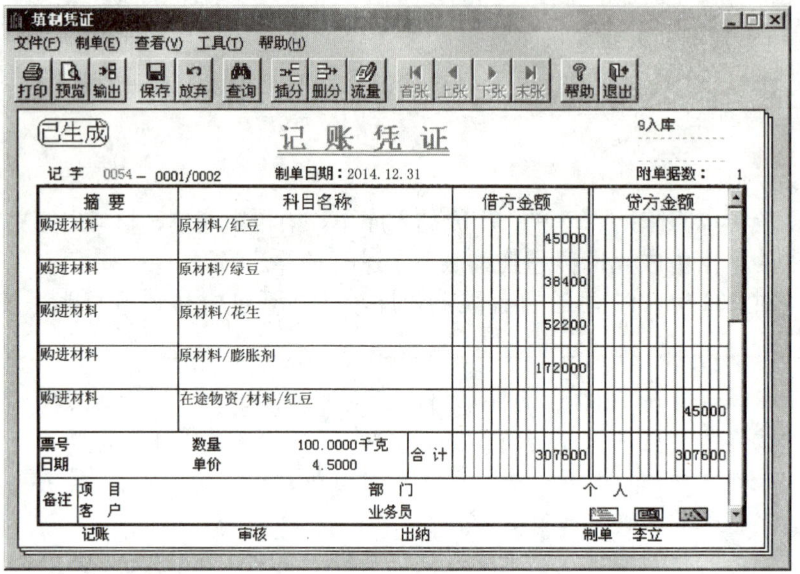

图 4.20　生成凭证

【例 4.16】 对 2014 年 12 月的所有发出材料进行汇总并结转分摊发出材料的成本（手工资料第 61 笔业务）。

操作步骤

1）以存货核算员身份 1002 注册登录用友通系统。

2）执行“核算”、“凭证”、“购销单据制单”，进入“生成凭证”窗口。

3）单击“选择”按钮，打开“查询条件”对话框。

4）单击选中“材料出库单”复选框。

5）单击“确认”按钮，进入“未生成凭证单据一览表”窗口。

6）单击“全选”按钮，使得所有的“材料出库单”的选择栏都出现“1”，表示选中。

7）单击“确定”按钮，进入“生成凭证”窗口。

8）单击“凭证类别”文本框的下三角按钮，选择“记 记账凭证”。

9）选择或确定相应的会计科目，注意能直接区分用于生产某种成品的材料直接计入该种产成品的生产成本，而用于生产 4 种雪糕的共耗材料的对方科目为“50010105 生产成本——基本生产成本——共耗”，如图 4.21 所示。

10）单击“合成”按钮，系统自动对所有发出的材料汇总生成一张凭证。

11）检查凭证无误后，单击“保存”按钮，系统提示“项目核算科目的项目不能为空”，单击“确定”按钮。

生成凭证

设置 打印 预览 输出 删除 生成 合成 选择 帮助 退出

凭证类别：记 记账凭证

单据类型	单据号	摘要	科目类型	科目编码	科目名称	借方金额	贷方金额	借方数量	贷方数量	存货编码	存货名称
材料出库单	0000000001	基本生产车间领用材料	存货	140301	巧克力		4612.80		60.00	101	巧克力
			对方	50010104	巧克力冰淇淋	4612.80		60.00		101	巧克力
			存货	140302	脱脂奶粉		1917.00		60.00	102	脱脂奶粉
			对方	50010105	共耗	1917.00		60.00		102	脱脂奶粉
			存货	140303	白砂糖		414.40		80.00	103	白砂糖
			对方	50010105	共耗	414.40		80.00		103	白砂糖
			存货	140304	食用香精		433.30		10.00	104	食用香精
			对方	50010105	共耗	433.30		10.00		104	食用香精
			存货	140305	红豆		291.60		60.00	105	红豆
			对方	50010101	红豆牛奶雪糕	291.60		60.00		105	红豆
			存货	140306	绿豆		298.80		60.00	106	绿豆
			对方	50010102	绿豆牛奶雪糕	298.80		60.00		106	绿豆
			存货	140307	花生		353.40		60.00	107	花生
			对方	50010103	花生牛奶雪糕	353.40		60.00		107	花生
			存货	140308	膨胀剂		494.10		30.00	108	膨胀剂
			对方	50010105	共耗	494.10		30.00		108	膨胀剂
		辅助生产车间领用管理用具	存货	141102	管理用具		600.00		30.00	202	管理用具
			对方	500102	机修车间	600.00		30.00		202	管理用具

图 4.21　确定发出材料对应的会计科目

12）鼠标指向左下角的“项目”栏，这时鼠标变成“笔尖”的形状，双击鼠标左键弹出“辅助项”对话框，单击参照按钮打开“项目参照”对话框，选择“直接材料”单击“确定”按钮，再单击“确认”按钮，如图 4.22 所示。

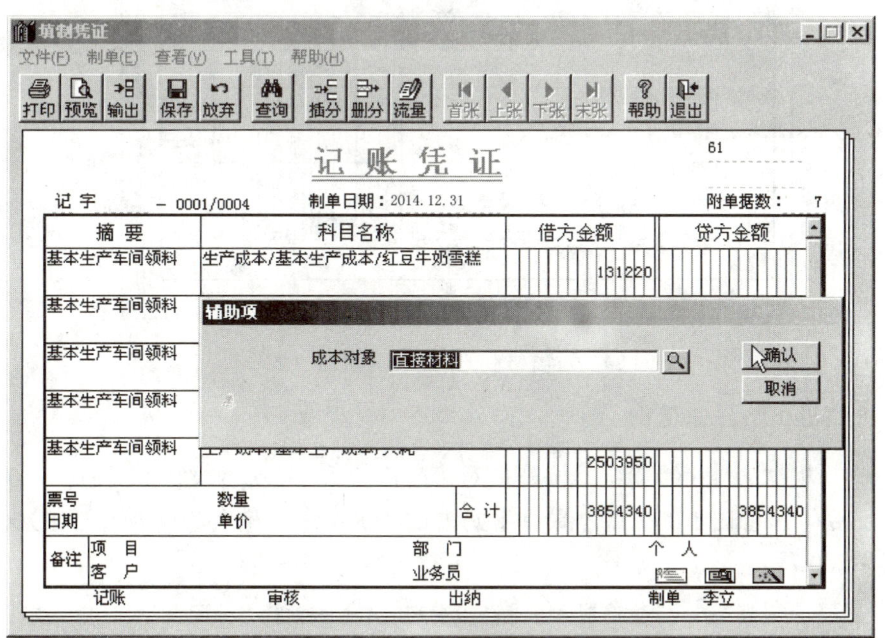

图 4.22　输入成本对象：直接材料

13）重复步骤 12），继续输入其他有项目核算科目的项目。

14）单击“保存”按钮，凭证左上角显示“已生成”字样，表明系统已自动将该凭证传递到总账系统，如图 4.23 和图 4.24 所示。

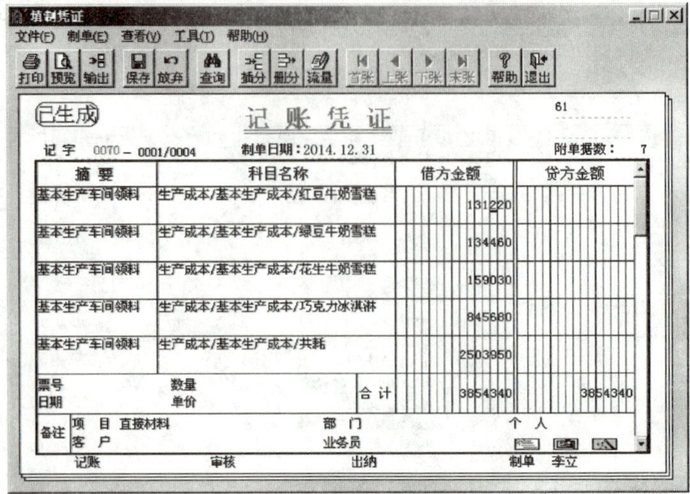

图 4.23　发出材料的汇总成本凭证（1）

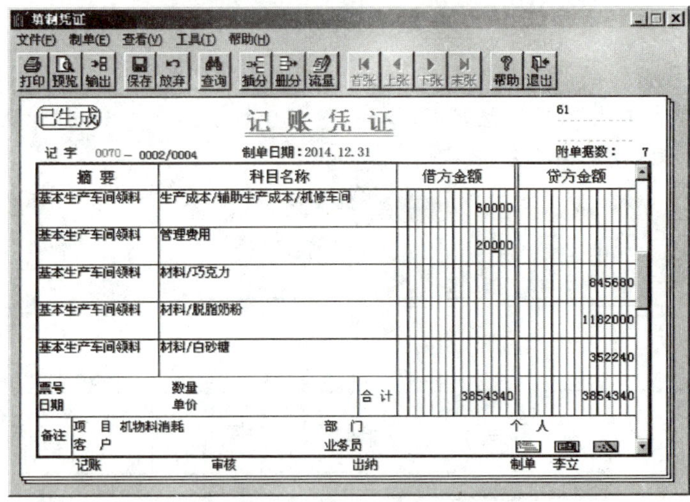

图 4.24　发出材料的汇总成本凭证（2）

15）单击“退出”按钮退出。

【例 4.17】 根据表 4.6 的资料，按产量对“生产成本——基本生产成本——共耗”进行分配，其中红豆牛奶雪糕 1 000 盒，绿豆牛奶雪糕 1 000 盒，花生巧克力雪糕 1 200 盒，巧克力冰淇淋 1 200 盒。

表 4.6　“生产成本——基本生产成本——共耗”分配表

应借科目		成本或费用项目	分配标准（盒）	分配率	合计
基本生产成本	红豆牛奶雪糕	直接材料	1 000		13 846
	绿豆牛奶雪糕	直接材料	1 000		13 846
	花生牛奶雪糕	直接材料	1 200		16 615.21
	巧克力冰淇淋	直接材料	1 200		16 615.22
合计			4 400	13.846 0	60 922.43

操作步骤

1）以存货核算员身份 1002 注册登录用友通系统。

2）单击“总账系统”、“明细账”，打开“明细账查询条件”窗口。

3）选择科目“50010105 生产成本——基本生产成本——共耗”，并选中“包含未记账凭证”复选框，单击“确认”按钮，查询到要分配的共耗成本为“60 922.43”。

4）根据产量求出分配率和各产品应分配的成本，如表 4.6 所示。

5）单击“总账系统”、“填制凭证”，打开“填制凭证”窗口，单击“增加”按钮，增加一张新凭证。

6）依次选择凭证字，输入制单日期、摘要、科目名称、借方金额或贷方金额，按回车键可继续输入下一行，输完凭证的全部内容后单击“保存”即可，如图 4.25 所示。

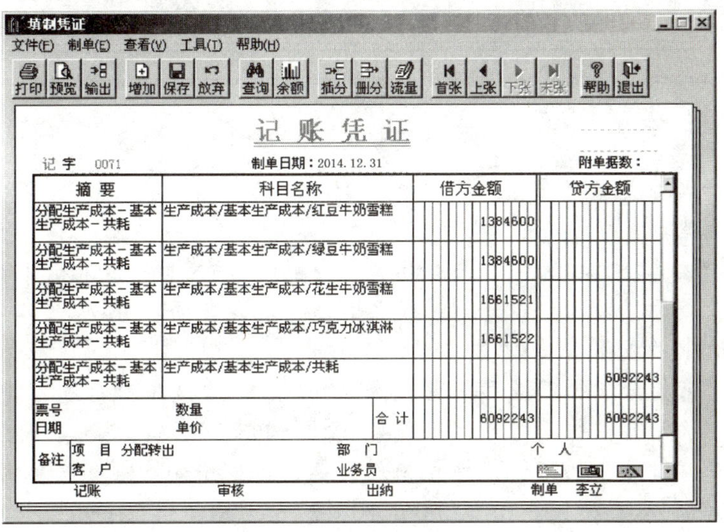

图 4.25　分配生产成本——基本生产成本——共耗

【例 4.18】 本月产品全部完工，要求按产量结转完工产品成本，其中红豆牛奶雪糕 1 000 盒，绿豆牛奶雪糕 1 000 盒，花生牛奶雪糕 1 200 盒，巧克力冰淇淋 1 200 盒（手工资料第 68 笔业务）。

操作步骤

1）通过明细账查询完工产品成本。

① 以存货核算员身份 1002 注册登录用友通系统。

② 单击“总账系统”、“明细账”，打开“明细账查询条件”窗口。

③ 选择科目“50010101 生产成本——基本生产成本——红豆牛奶雪糕”，并选中“包含未记账凭证”复选框，单击“确认”按钮，查询结果如图 4.26 所示，完工产品成本为“23 032.70”。

④ 参照步骤③，查询到绿豆牛奶雪糕、花生牛奶雪糕和巧克力冰淇淋的完工产品成本分别为 23 065.10、27 654.90、34 521.95。

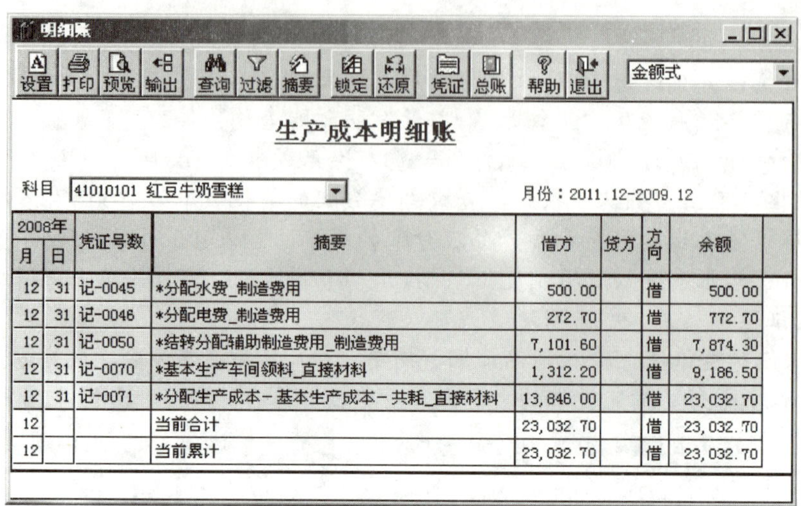

生产成本明细账

科目 41010101 红豆牛奶雪糕　　月份：2011.12-2009.12

2008年月	日	凭证号数	摘要	借方	贷方	方向	余额
12	31	记-0045	*分配水费_制造费用	500.00		借	500.00
12	31	记-0046	*分配电费_制造费用	272.70		借	772.70
12	31	记-0050	*结转分配辅助制造费用_制造费用	7,101.60		借	7,874.30
12	31	记-0070	*基本生产车间领料_直接材料	1,312.20		借	9,186.50
12	31	记-0071	*分配生产成本-基本生产成本-共耗_直接材料	13,846.00		借	23,032.70
12			当前合计	23,032.70		借	23,032.70
12			当前累计	23,032.70		借	23,032.70

图 4.26　完工产品成本

2）分配产成品成本。

接 1）的步骤。

⑤ 执行“核算”、“核算”、“产成品成本分配”，进入“产成品成本分配表”窗口。

⑥ 单击“查询”按钮，打开“产成品成本分配表查询”窗口。

⑦ 单击选中“成品库”，单击“确认”按钮。

⑧ 打开“需要分配的产成品单据选择”窗口，单击选中“全选”复选框。

⑨ 单击“确定”按钮，打开“产成品成本分配表”窗口。

⑩ 分别在“红豆牛奶雪糕、绿豆牛奶雪糕、花生牛奶雪糕和巧克力冰淇淋”金额栏输入需要分配的成本“23 032.70、23 065.10、27 654.90、34 521.95”，如图 4.27 所示。

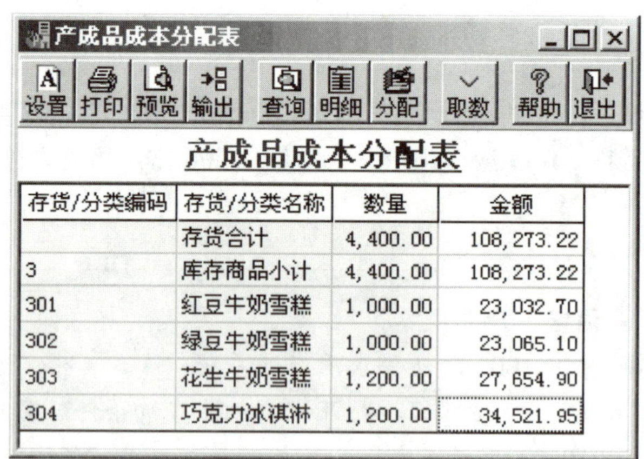

产成品成本分配表

存货/分类编码	存货/分类名称	数量	金额
	存货合计	4,400.00	108,273.22
3	库存商品小计	4,400.00	108,273.22
301	红豆牛奶雪糕	1,000.00	23,032.70
302	绿豆牛奶雪糕	1,000.00	23,065.10
303	花生牛奶雪糕	1,200.00	27,654.90
304	巧克力冰淇淋	1,200.00	34,521.95

图 4.27　完工产品成本分配表

⑪ 单击“分配”按钮，系统提示“分配操作顺利完成!”，单击“确定”按钮，这样系统就自动按照产量分配结转完工产品成本并自动算出库存商品的加权平均单价填列到产成品入库单里。

⑫ 单击“退出”按钮退出。

3）对成品库单据进行记账。

接 2）的步骤。

⑬ 单击“核算管理”系统，再单击 “正常单据记账”，打开“正常单据记账条件”窗口。

⑭ 选中“成品库”，单击“确定”按钮，进入“正常单据记账”窗口。

⑮ 单击“全选”按钮。

⑯ 单击“记账”按钮，系统自动进行单据记账，完成后单击“退出”按钮退出。

4）对成品库进行月末处理并计算库存商品的月平均单价。

接 3）的步骤。

⑰ 执行“核算”、“月末处理”，进入“期末处理”窗口。

⑱ 在“末期未处理仓库”选项卡中单击选中“成品库”复选框。

⑲ 单击“确定”按钮，弹出“您将对所选仓库进行期末处理，确认进行吗？”的提示框，单击“确定”按钮。

⑳ 系统自动计算成品库的入库成本、月平均单价和出库成本，如图 4.28 所示。

㉑ 在弹出的对话框中单击“确定”，再单击“取消”按钮退出。

成本计算表

打印　确定　显示　取消

3仓库成本计算表

存货		期初		入库		有金额出库		无金额出库				出库合计	
编码	名称	数量	金额	数量	金额	数量	成本	平均单价	原单价	数量	成本	数量	成本
301	红豆牛奶雪糕	120.00	2640.00	1000.00	23032.50	0.00	0.00	22.92	22.92	840.00	19252.80	840.00	19252.80
303	花生牛奶雪糕	180.00	3780.00	1200.00	27654.67	0.00	0.00	22.78	22.78	1010.00	23007.80	1010.00	23007.80
302	绿豆牛奶雪糕	220.00	4400.00	1000.00	23064.90	0.00	0.00	22.51	22.51	880.00	19808.80	880.00	19808.80
304	巧克力冰淇淋	80.00	2000.00	1200.00	34521.15	0.00	0.00	28.53	28.53	930.00	26532.90	930.00	26532.90

图 4.28　成品库月末处理

5）生成结转完工产品成本的凭证。

接 4）的步骤。

㉒ 执行“核算”、“凭证”、“购销单据制单”，进入“生成凭证”窗口。

㉓ 单击“选择”按钮，打开“查询条件”对话框。

㉔ 单击选中“产成品入库单”复选框。

㉕ 单击“确认”按钮，进入“未生成凭证单据一览表”窗口。

㉖ 单击“全选”按钮，再单击“确定”按钮，进入“生成凭证”窗口。

㉗ 单击“凭证类别”文本框的下三角按钮，选择“记 记账凭证”。

㉘ 确定完工产品成本结转对应的会计科目，单击“合成”按钮，系统自动进行制单。

㉙ 单击“保存”按钮，系统提示“50010106 生产成本——基本生产成本——生产成本转出”未输入核算项，双击“项目”参照输入“分配转出”，再单击“保存”按钮，凭证左上角显示“已生成”字样，如图 4.29 所示。

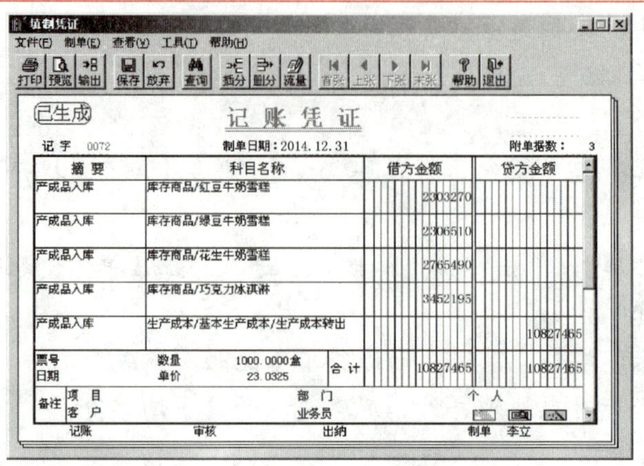
填制凭证

已生成　记账凭证

记 字 0072　　制单日期：2014.12.31　　附单据数：3

摘要	科目名称	借方金额	贷方金额
产成品入库	库存商品/红豆牛奶雪糕	2303270	
产成品入库	库存商品/绿豆牛奶雪糕	2306510	
产成品入库	库存商品/花生牛奶雪糕	2765490	
产成品入库	库存商品/巧克力冰淇淋	3452195	
产成品入库	生产成本/基本生产成本/生产成本转出		10827465
票号 日期	数量 1000.0000盒 单价 23.0325 合计	10827465	10827465

备注　项目　部门　个人　客户　业务员

记账　审核　出纳　制单 李立

图 4.29　结转完工产品成本凭证

【例 4.19】 对 2014 年 12 月的所有销售出库单进行汇总并结转销售成本（手工资料第 72 笔业务）。

操作步骤

1）以存货核算员身份 1002 注册登录用友通系统。

2）执行“核算”、“凭证”、“购销单据制单”，进入“生成凭证”窗口。

3）单击“选择”按钮，打开“查询条件”对话框。

4）单击选中“销售出库单”复选框。

5）单击“确认”按钮，进入“未生成凭证单据一览表”窗口。

6）单击“全选”按钮，再单击“确定”按钮，进入“生成凭证”窗口。

7）单击“凭证类别”文本框的下三角按钮，选择“记 记账凭证”。

8）确定结转销售成本对应的会计科目，单击“合成”按钮，系统自动进行制单。

9）检查凭证无误后，单击“保存”按钮，凭证左上角显示“已生成”字样，如图 4.30 所示。

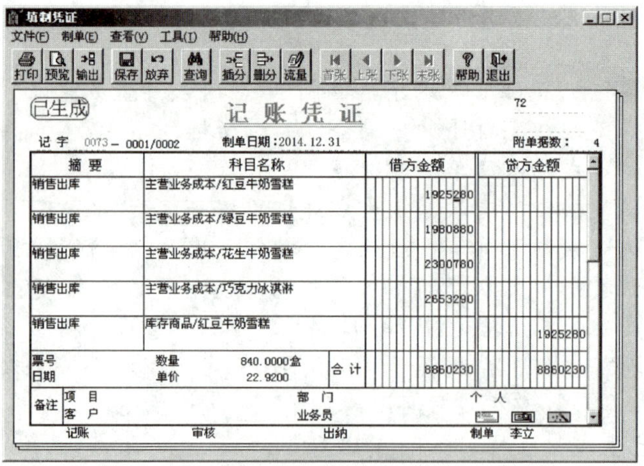
填制凭证

已生成　记账凭证　72

记 字 0073－0001/0002　　制单日期：2014.12.31　　附单据数：4

摘要	科目名称	借方金额	贷方金额
销售出库	主营业务成本/红豆牛奶雪糕	1925280	
销售出库	主营业务成本/绿豆牛奶雪糕	1980880	
销售出库	主营业务成本/花生牛奶雪糕	2300780	
销售出库	主营业务成本/巧克力冰淇淋	2653290	
销售出库	库存商品/红豆牛奶雪糕		1925280
票号 日期	数量 840.0000盒 单价 22.9200 合计	8860230	8860230

备注　项目　部门　个人　客户　业务员

记账　审核　出纳　制单 李立

图 4.30　结转销售成本

第5章 固定资产

5.1 固定资产系统初始化

5.1.1 定义固定资产核算规则

1. 建立固定资产账套

【例 5.1】 启用广州明芝乳业有限公司 2014 年固定资产核算账套，核算要求如下：

1）从 2014 年 12 月开始启用固定资产核算系统。

2）固定资产类别编码规则为 2112，固定资产编码方式按“类别编码+序号”自动编码；已注销的卡片 5 年后删除；当（月初已计提月份=可使用月份−1）时，要求将剩余折旧全部提足。

3）用平均年限法按月计提折旧，计算公式：

月折旧率=（1−净残值率）/使用年限，月折旧额=原值×月折旧率

折旧汇总分配周期为 1 个月。

4）卡片序号长度为 2。

5）要求与总账系统进行对账，固定资产对账科目为“1601 固定资产”，累计折旧对账科目为“1602 累计折旧”。

6）对账不平衡的情况下不允许月末结账。

操作步骤

1）以账套主管身份 1001 注册登录系统管理。

2）单击“账套”、“启用”，打开“系统启用”窗口，选中“FA 固定资产”，定义启用日期为 2014 年 12 月 1 日，如图 5.1 所示。

3）以固定资产管理员身份 1003 注册登录用友通系统。首次单击固定资产系统，系统会提示“是否进行初始化”，单击“是”按钮，打开“固定资产初始化向导”对话框，在步骤 1）“约定及说明”中，单击“我同意”按钮。

4）单击“下一步”按钮，进入步骤 2）“启用月份”，选择“2014.12”。

5）单击“下一步”按钮，进入步骤3）“折旧信息”，全部采用系统默认选项，即“本账套计提折旧、折旧方法平均年限法（一）、折旧汇总分配周期为1个月、当（月初已计提月份=可使用月份-1）时将剩余折旧全部提足”。

6）单击“下一步”按钮，进入步骤4）“编码方式”，设置编码长度为“2112”，单击“自动编码”单选按钮，选择编码方式为“类别编号+序号”，设置序号长度为2。

7）单击“下一步”按钮，进入步骤5）“财务接口”，选中“与账务系统进行对账”复选框，在固定资产对账科目文本框输入“1601”，在累计折旧对账科目文本框输入“1602”，取消选中“在对账不平衡情况下允许固定资产月末结账”复选框。

8）单击“下一步”按钮，打开步骤6）“完成”，如图5.2所示，单击“完成”按钮，完成固定资产初始化设置。在接着弹出的两个对话框中分别单击“是”和“确定”按钮，确认固定资产的初始化设置。

图5.1 启用固定资产系统

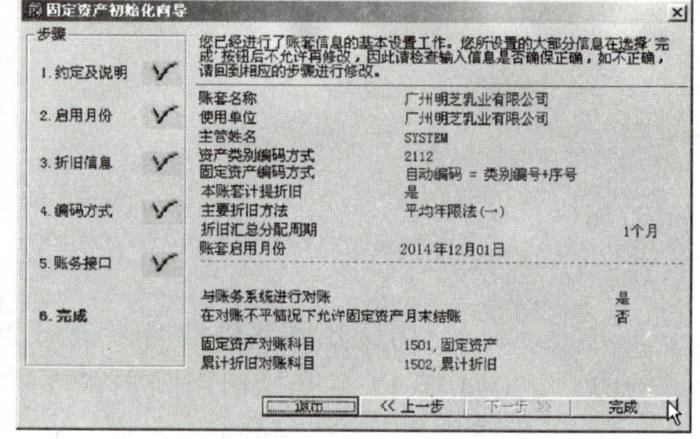

图5.2 固定资产的初始化设置

2. 设置固定资产类别

【例5.2】 根据表5.1资料设置广州明芝乳业有限公司的固定资产类别。

表5.1 固定资产类别明细

编码	类别名称	单位	计提属性	净残值率	折旧方法	卡片式样
01	房屋及建筑物		正常计提	4%	平均年限法	通用
02	机器设备		正常计提	4%	平均年限法	通用
03	运输设备		正常计提	4%	平均年限法	通用
04	其他设备		正常计提	4%	平均年限法	通用

操作步骤

1）以固定资产管理员身份1003注册登录用友通系统。

2）执行“固定资产”、“设置”、“资产类别”命令，打开“类别编码表”窗口。

3）单击“增加”按钮，打开“单张视图”选项卡。

4）输入类别编码“01”、类别名称“房屋及建筑物”、净残值率“4%”，选择计提属性“正常计提”、折旧方法“平均年限法（一）”、单击“保存”按钮，如图5.3所示。

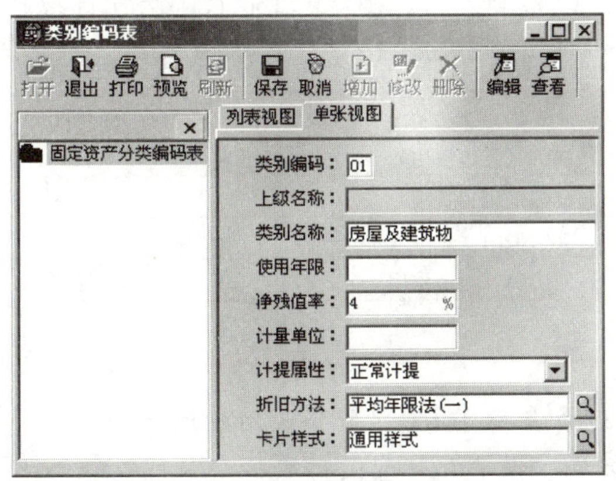

图 5.3　固定资产类别设置

5）重复步骤 3）、4），设置其他资产类别。

3. 定义固定资产转账凭证

如果固定资产系统与总账系统同时使用，则需定义固定资产转账凭证。其目的是为了自动生成固定资产的各种记账凭证，包括固定资产的增加、减少以及固定资产折旧的计提等转账凭证。设置方法是分别设置与固定资产增加、减少及折旧计算等业务相对应的会计科目。

【例 5.3】 根据表 5.2 资料设置广州明芝乳业有限公司的固定资产增减变动科目。

表 5.2　增减方式

增减方式目录	对应入账科目
增加方式：直接购入	1002“银行存款”
减少方式：销售\毁损\报废	1606“固定资产清理”

操作步骤

1）以固定资产管理员身份 1003 注册登录用友通系统。

2）执行“固定资产”、“设置”、“增减方式”命令，打开“增减方式”窗口。

3）单击选中左列表框的“增加方式\直接购入”，再单击“修改”按钮，在“对应入账科目”文本框输入“1002，银行存款”，单击“保存”按钮，如图 5.4 所示。

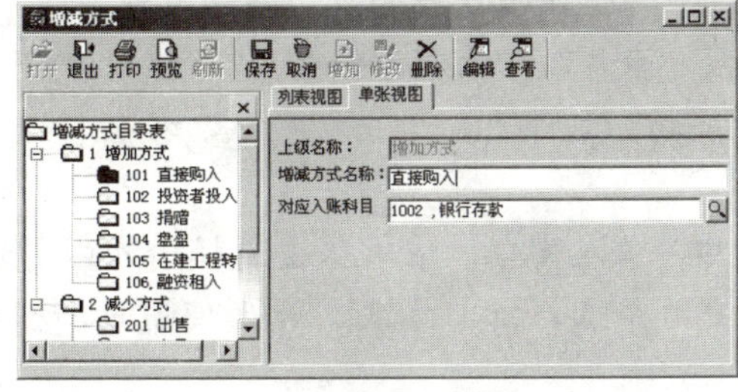

图 5.4　增减方式设置

4）重复步骤 3），设置其他增减方式。

【例 5.4】 根据表 5.3 资料设置广州明芝乳业有限公司计提折旧费用的科目关系。

表 5.3 固定资产折旧费用计提科目对应

部门	对应折旧科目
1. 厂部管理部	6602（管理费用）
2. 购销部	6601（销售费用）
3. 辅助生产车间	50010201（生产成本——辅助生产成本——机修车间）
4. 基本生产车间	510101（制造费用——基本生产车间）

操作步骤

1）以固定资产管理员身份 1003 注册登录用友通系统。

2）执行“固定资产”、“设置”、“部门对应折旧科目”命令，打开“部门编码表”窗口。

3）单击选中左列表框的“1 厂部管理部”，再单击“修改”按钮，在打开的“单张视图”选项卡中单击“折旧科目”右侧的参照按钮，在科目参照列表中选择“6602 管理费用”，单击“保存”按钮，如图 5.5 所示。

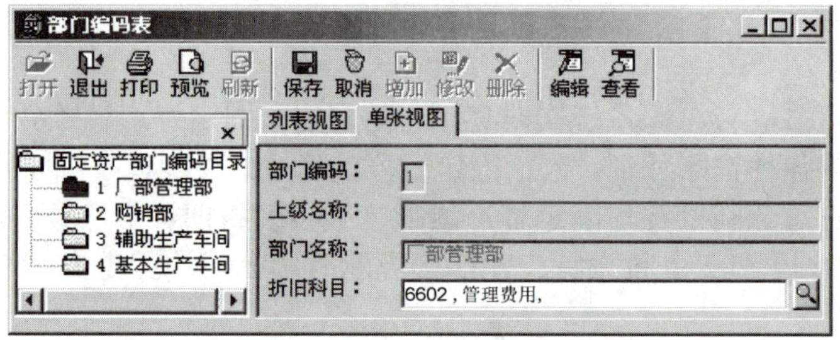

图 5.5 折旧费用科目设置

4）重复步骤 3），设置其他部门对应的折旧科目。

5.1.2 输入固定资产原始卡片

【例 5.5】 根据本书手工资料图 1.106 的资料输入广州明芝乳业有限公司的固定资产原始卡片。

操作步骤

1）以固定资产管理员身份 1003 注册登录用友通系统。

2）执行“固定资产”、“卡片”、“录入原始卡片”命令，打开“类别参照”对话框。

3）打开“房屋及建筑物”文件夹，单击“确认”按钮，进入“固定资产卡片[录入原始卡片]”窗口。

4）在“固定资产卡片”录入窗口，依次双击选择输入固定资产名称、使用部门名称、增加方式、使用状况、使用年限、折旧方法、开始使用日期、原值、累计折旧等信息，如图 5.6 所示。

5）单击“保存”按钮，再单击“确定”按钮。

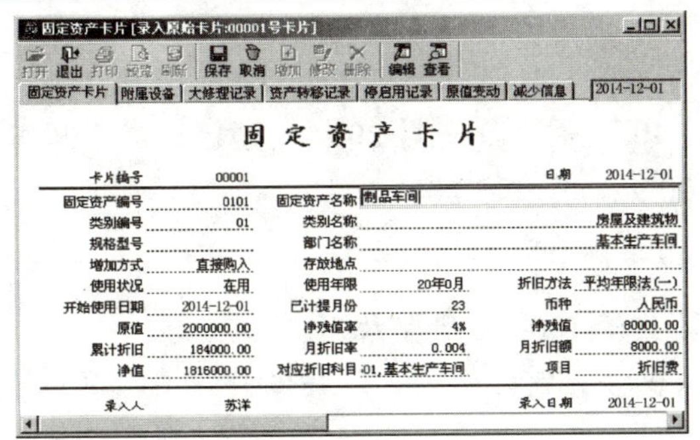

图 5.6 输入原始卡片数据

6）重复步骤 2）～5），输入其他资产类别的固定资产卡片。

5.2 固定资产系统日常处理

固定资产核算系统的日常处理主要是对固定资产的增加、减少进行卡片的建立，对固定资产价值的增加或减少等变动情况进行变动登记。

5.2.1 固定资产增加核算

【例 5.6】 手工资料第 37 笔业务：12 月 19 日，购货车 70 000 元（支票）。预计使用部门购销部，预计使用年限 10 年，净残值率 4%。

操作步骤

1）以固定资产管理员身份 1003 注册登录用友通系统。

2）进入固定资产系统，单击“资产增加”图标，打开“资产类别参照”对话框。

3）打开“运输设备”文件夹，单击“确认”按钮，进入“固定资产卡片[新增资产]”窗口。

4）在“固定资产卡片”录入窗口，依次双击选择输入固定资产名称、使用部门名称、增加方式、使用状况、使用年限、折旧方法、开始使用日期、原值等信息，如图 5.7 所示。

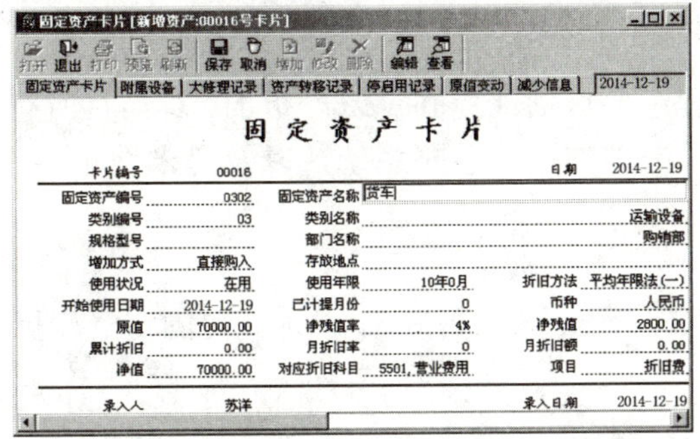

图 5.7 固定资产增加

5）单击“保存”按钮保存退出。

5.2.2 固定资产减少核算

【例 5.7】 手工资料第 40 笔业务：12 月 20 日，销售机修车间其他设备储藏柜一台，原价 5 000 元，已提折旧 2 400 元，作价 3 200 元。

操作步骤

1）以固定资产管理员身份 1003 注册登录用友通系统。

2）在进行固定资产减少登记前，必须先计提本月折旧，具体步骤参看例 5.8。

3）执行“固定资产”、“卡片”、“资产减少”命令，打开“资产减少”对话框。

4）单击“卡片编号”右侧的按钮，在“卡片参照”窗口选择“0402 储藏柜”，然后单击“增加”按钮，再双击“减少方式”所在单元格，弹出“增减方式参照”对话框选择“201 出售”，在“清理收入”文本框输入“3200”，在“清理原因”输入“销售”，如图 5.8 所示。

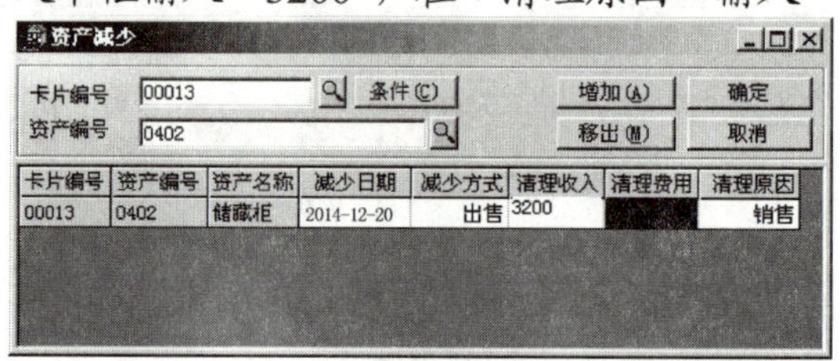

卡片编号	资产编号	资产名称	减少日期	减少方式	清理收入	清理费用	清理原因
00013	0402	储藏柜	2014-12-20	出售	3200		销售

图 5.8 固定资产减少

5）单击“确定”按钮，弹出“所选卡片已经减少成功”提示框，单击“确定”按钮。

5.2.3 固定资产变动核算

固定资产变动主要包括原值变动、部门转移、使用状况变动、使用年限调整、折旧方法调整、净残值（率）调整、工作总量调整、累计折旧调整、资产类别调整以及固定资产停用、封存、启用等。固定资产系统要求对已经变动的资产，要求输入相应的变动单来记录资产调整结果。

5.3 固定资产系统月末处理

固定资产系统月末处理主要包括计提固定资产折旧，对当月所有固定资产的增减变动和计提折旧的业务生成转账凭证并传递给总账系统，以及月末结账工作。

5.3.1 计提固定资产折旧

【例 5.8】 手工资料第 53 笔业务：12 月 31 日，计提固定资产折旧（平均年限法）。

操作步骤

1）以固定资产管理员身份 1003 注册登录用友通系统。

2）进入固定资产系统，单击“计提本月折旧”图标，在弹出的对话框中单击“是”按钮，再单击“是”按钮选择查看折旧清单，如图 5.9 所示。

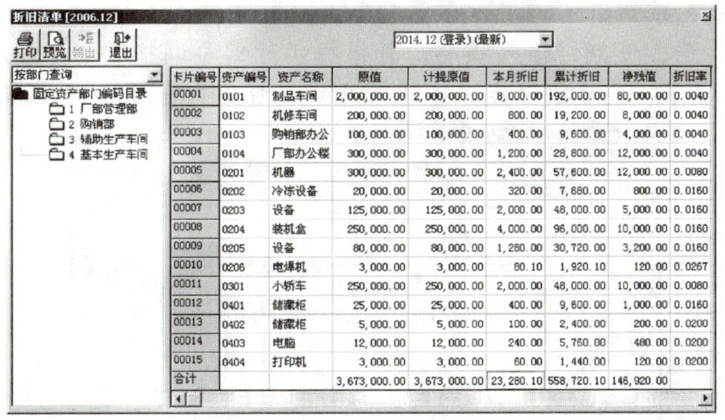

卡片编号	资产编号	资产名称	原值	计提原值	本月折旧	累计折旧	净残值	折旧率
00001	0101	制品车间	2,000,000.00	2,000,000.00	8,000.00	192,000.00	80,000.00	0.0040
00002	0102	机修车间	200,000.00	200,000.00	800.00	19,200.00	8,000.00	0.0040
00003	0103	购销部办公	100,000.00	100,000.00	400.00	9,600.00	4,000.00	0.0040
00004	0104	厂部办公楼	300,000.00	300,000.00	1,200.00	28,800.00	12,000.00	0.0040
00005	0201	机器	300,000.00	300,000.00	2,400.00	57,600.00	12,000.00	0.0080
00006	0202	冷冻设备	20,000.00	20,000.00	320.00	7,680.00	800.00	0.0160
00007	0203	设备	125,000.00	125,000.00	2,000.00	48,000.00	5,000.00	0.0160
00008	0204	装机盒	250,000.00	250,000.00	4,000.00	96,000.00	10,000.00	0.0160
00009	0205	设备	80,000.00	80,000.00	1,280.00	30,720.00	3,200.00	0.0160
00010	0206	电焊机	3,000.00	3,000.00	80.10	1,920.10	120.00	0.0267
00011	0301	小轿车	250,000.00	250,000.00	2,000.00	48,000.00	10,000.00	0.0080
00012	0401	储藏柜	25,000.00	25,000.00	400.00	9,600.00	1,000.00	0.0160
00013	0402	储藏柜	5,000.00	5,000.00	100.00	2,400.00	200.00	0.0200
00014	0403	电脑	12,000.00	12,000.00	240.00	5,760.00	480.00	0.0200
00015	0404	打印机	3,000.00	3,000.00	60.00	1,440.00	120.00	0.0200
合计			3,673,000.00	3,673,000.00	23,280.10	558,720.10	146,920.00	

图 5.9 固定资产折旧清单

3）单击“退出”按钮，打开“折旧分配表”窗口，如图 5.10 所示。

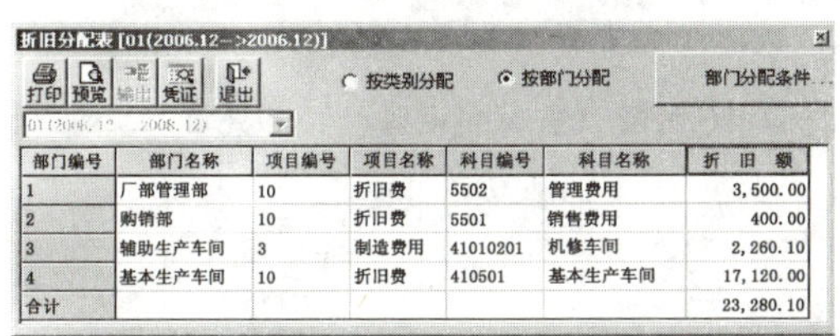

部门编号	部门名称	项目编号	项目名称	科目编号	科目名称	折 旧 额
1	厂部管理部	10	折旧费	5502	管理费用	3,500.00
2	购销部	10	折旧费	5501	销售费用	400.00
3	辅助生产车间	3	制造费用	41010201	机修车间	2,260.10
4	基本生产车间	10	折旧费	410501	基本生产车间	17,120.00
合计						23,280.10

图 5.10 固定资产折旧分配表

4）单击“退出”按钮，弹出“固定资产计提折旧完成”对话框，单击“确定”按钮。

5.3.2 月末生成固定资产转账凭证

月末生成固定资产转账凭证是指对当月所有固定资产的增减变动及计提折旧的业务分别生成转账凭证并传递给总账系统。

【例 5.9】 月末，广州明芝乳业有限公司对固定资产核算系统的业务生成凭证并传递给总账系统。

操作步骤

1）以固定资产管理员身份 1003 注册登录用友通系统。

2）执行“固定资产”、“处理”、“批量制单”命令，打开“批量制单”窗口。

3）在“制单选择”选项卡，双击需要制单的业务行的“制单”栏，出现“Y”标志表示选中。

4）单击“制单设置”选项卡，根据实际情况选择“科目”和“部门核算”，如图 5.11 所示。

	业务日期	业务类型	业务描述	业务号	方向	发生额	科目	部门核算
1	2013.12.19	卡片	新增资产	00016	借	70,000.00	1501 固定资产	
2	2013.12.19	卡片	新增资产	00016	贷	70,000.00	1002 银行存款	

图 5.11 固定资产批量制单

5）单击“制单”按钮，系统进行自动制单。

6）选择凭证类别、日期、输入摘要，并根据实际需要调整凭证，最后单击“保存”按钮，凭证左上角显示“已生成”表示已保存生成的凭证，如图 5.12 所示。

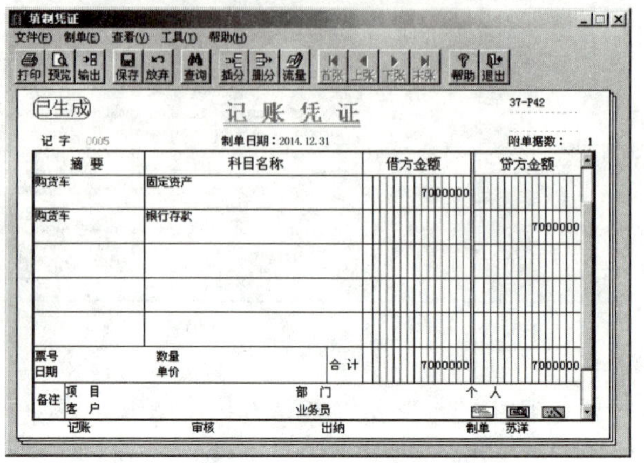

图 5.12　生成固定资产转账凭证

7）重复步骤 2）～6），完成其他业务的制单。

5.3.3　与总账系统进行对账

如果在设置系统业务处理控制参数时，选择了“与账务系统进行对账”功能，则可随时审查两个系统的资产价值平衡情况。但是只有当总账系统将固定资产系统生成的业务凭证审核并记账以后，固定资产系统的对账才会平衡。

【例 5.10】　月末，将固定资产核算系统与总账系统进行对账。

操作步骤

1）以固定资产管理员身份 1003 注册登录用友通系统。

2）执行“固定资产”、“处理”、“对账”命令。

3）系统自动进行对账，结果如图 5.13 所示。

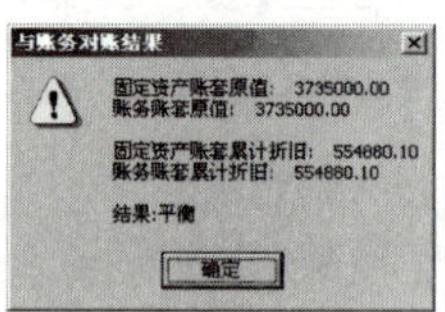

图 5.13　固定资产核算系统与总账系统进行对账

5.3.4　月末结账

在固定资产系统账套的固定资产数值和总账系统中固定资产科目的数值对账平衡后，才能开始月末结账。注意，月末结账前一定要做数据备份，否则数据一旦丢失将造成无法挽回的后果。

第6章 工资

6.1 工资系统初始化

6.1.1 设置工资账套

【例 6.1】 建立广州明芝乳业有限公司 2014 年工资核算账套，核算要求如下：

1）从 2014 年 12 月开始启用工资核算系统。

2）单个工资类别，核算币种为人民币。

3）从工资中为职工代扣个人所得税。

4）采用银行代发工资形式进行工资的发放，工资发放银行指定为中国工商银行，账号定长为 11。

5）工资核算系统人员编码长度为 3 位，不设扣零处理。

操作步骤

1）以账套主管身份 1001 注册登录系统管理。

2）单击“账套”、“启用”，打开“系统启用”窗口，选中“WA 工资管理”，定义启用日期为 2014 年 12 月 1 日，如图 6.1 所示。

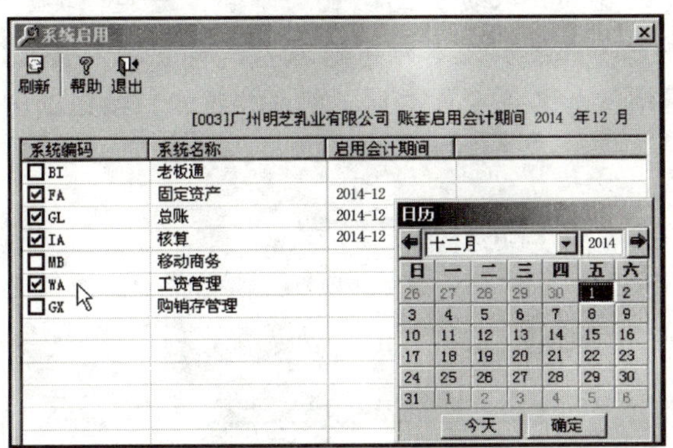

图 6.1 启用工资管理系统

3）以工资管理员身份1003注册登录用友通系统。

4）单击“工资管理”，首次启动工资系统，系统自动进入“建立工资账套”向导，选择本账套所需处理的工资类别个数为“单个”。

5）单击“下一步”按钮，进入“扣税设置”，选中“是否从工资中代扣个人所得税”复选框。

6）单击“下一步”按钮，进入“扣零设置”，不进行扣零处理。

7）单击“下一步”按钮，进入“人员编码”，设置人员编码长度为3位，工资账套的启用日期为“2013-12”。

8）单击“完成”按钮，在弹出的对话框，单击“是”按钮完成工资账套的建立。

9）执行“工资”、“设置”、“银行名称设置”命令，进入“银行名称设置”窗口。

10）单击“增加”按钮，在银行名称文本框中输入“中国工商银行”，其他采用系统默认，回车，单击“返回”按钮即可。

6.1.2　设置基本分类档案

1. 人员类别设置

【例6.2】 根据表6.1的资料设置广州明芝乳业有限公司的人员类别。

表6.1　人员类别

类别编号	类别名称
1	厂部管理人员
2	购销人员
3	辅助生产人员
4	车间管理人员
5	生产工人

操作步骤

1）以工资管理员身份1003注册登录用友通系统。

2）执行“工资”、“设置”、“人员类别设置”命令，进入“类别设置”窗口。

3）单击“增加”按钮，在类别文本框中输入“厂部管理人员”，回车。

4）重复步骤3），继续增加其他人员类别。单击“返回”按钮退出，如图6.2所示。

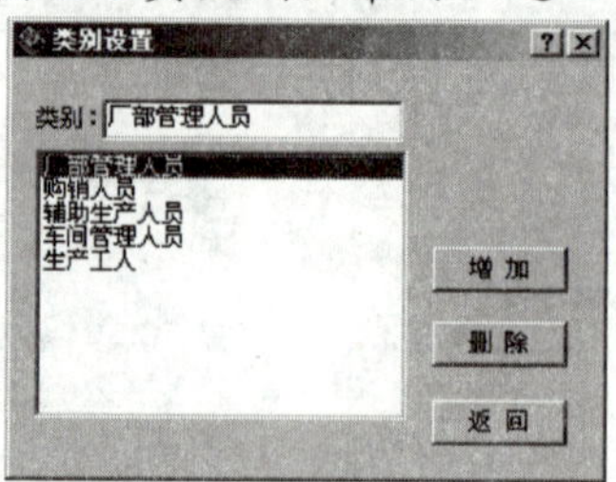

图6.2　人员类别设置

2. 人员档案设置

【例 6.3】 设置广州明芝乳业有限公司的人员档案，为工资核算管理做准备。

由于在系统初始化中已经设置了职员档案，因此这里不需要重新设置，只要将其从基础设置中引入到工资系统中来，并且按要求修改人员类别即可。

操作步骤

1）以工资管理员身份 1003 注册登录用友通系统。

2）执行“工资”、“设置”、“人员档案”命令，进入“人员档案”窗口。

3）单击“批量从职员档案中引入人员”按钮，打开“人员批量增加”对话框，逐个单击选择所有部门使得部门选择栏出现“是”标志，这样在基础设置中设置的全部职员就出现在右边的列表框中，再单击“确定”按钮就把所有职员引入到工资系统中，如图 6.3 所示。

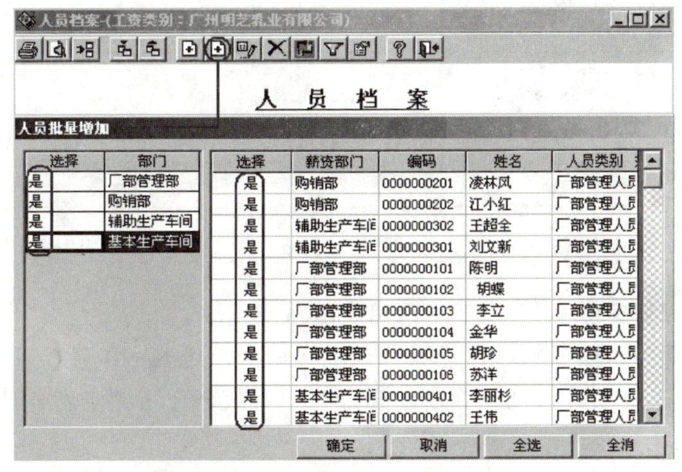

图 6.3 批量从职员档案中引入人员

4）人员档案引进来后系统自动将所有人的“人员类别”都设为定义的第一类“厂部管理人员”，将光标定位在要修改的职员名字上（如“凌林风”），单击“人员信息修改”按钮打开“人员档案”对话框，单击“人员类别”框右边的倒三角按钮，在下拉式列表框中选择正确的人员类别（如“购销人员”），然后单击“确认”按钮确认所做的修改。

5）重复步骤 4）继续修改其他人员的档案信息。

6.1.3 设置工资项目及计算公式

【例 6.4】 根据表 6.2 的资料设置广州明芝乳业有限公司的工资项目。

表 6.2 工资项目明细

项目名称	类型	长度	小数位数	工资增减项
基本工资	数字	8	2	增项
奖 金	数字	8	2	增项
夜班津贴	数字	8	2	增项
休息日加班工资	数字	8	2	增项
法定节日加班工资	数字	8	2	增项
事假扣款	数字	8	2	减项
病假扣款	数字	8	2	减项
应发合计	数字	8	2	增项
代扣养老保险	数字	8	2	减项
代扣失业保险	数字	8	2	减项
代扣医疗保险	数字	8	2	减项
代扣住房公积金	数字	8	2	减项
代扣税	数字	8	2	减项
扣款合计	数字	8	2	减项
实发合计	数字	8	2	增项

操作步骤

1）以工资管理员身份 1003 注册登录用友通系统。

2）执行“工资”、“设置”、“工资项目设置”命令，进入“工资项目设置”窗口，系统预设了部分固定工资项目，包括“应发合计”、“扣款合计”、“实发合计”，这些系统预设的工资固定项目既不允许修改也不允许删除。

3）单击“增加”按钮，再单击“名称参照”下拉列表框，在下拉列表中选择系统提供的常用工资项目如“基本工资”，如果“名称参照”下拉列表框中不存在需要新增的工资项目名称也可以直接在“工资项目名称”栏直接输入。

4）双击“类型”栏所在单元格，弹出倒三角按钮，单击该倒三角按钮，在下拉列表中选择所属的数据类型。

5）双击“长度”栏所在单元格，弹出一对正反三角形的选值按钮，单击该选值按钮，设置长度为“8”；同理双击“小数”栏设置小数位数为“2”。

6）双击“增减项”栏所在单元格，弹出倒三角按钮，单击该倒三角按钮，在下拉列表中选择工资项目的属性，如“增项”。

7）重复步骤 3）～6），继续设置其他工资项目。

8）单击工资项目列表框右侧的向上、向下移动按钮，调整工资项目的列表顺序，单击“确认”按钮保存，结果如图 6.4 所示。

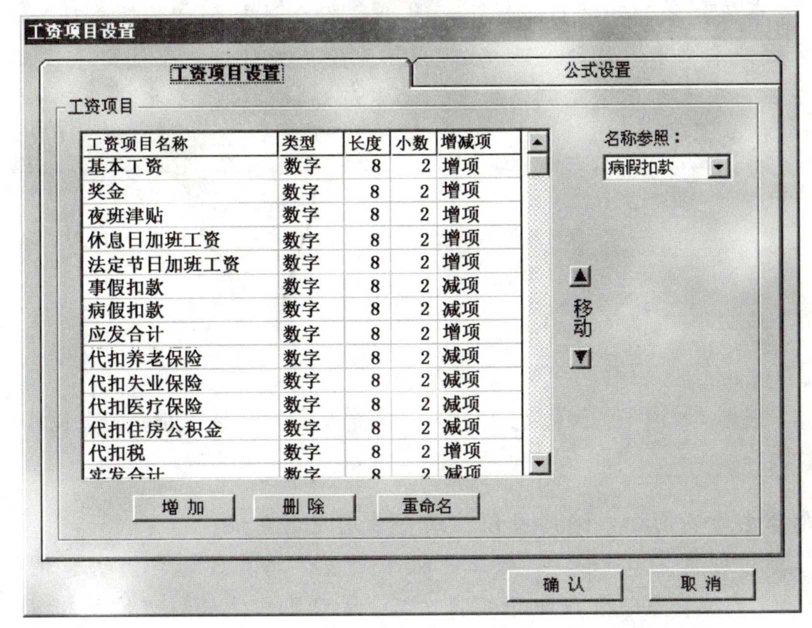

图 6.4 工资项目设置

【例 6.5】 根据表 6.3 的资料设置广州明芝乳业有限公司的工资计算公式。

表 6.3 工资计算公式一览

工资项目	定义公式
应发合计	基本工资+奖金+夜班津贴+休息日加班工资+法定节日加班工资−事假扣款−病假扣款
扣款合计	代扣养老保险+代扣失业保险+代扣医疗保险+代扣住房公积金+代扣税
实发合计	应发合计−扣款合计

操作步骤

1）以工资管理员身份 1003 注册登录用友通系统。

2）执行“工资”、“设置”、“工资项目设置”命令，进入“工资项目设置”窗口，单击“公式设置”选项卡。

3）系统根据工资项目设置的增减项的属性自动设置了工资固定项目的计算公式，如应发合计等于除了实发合计以外的属性为增项的所有工资项目之和，即在本系统中，应发合计 = 基本工资 + 奖金 + 夜班津贴 + 休息日加班工资 + 法定节假日加班工资；扣款合计等于属性为减项的所有工资项目之和，即扣款合计 = 事假扣款 + 病假扣款 + 代扣养老保险 + 代扣失业保险 + 代扣医疗保险 + 代扣住房公积金 + 代扣税；实发合计 = 应发合计 − 扣款合计。由于用友通软件限定这些工资固定项目的计算公式既不允许修改也不允许删除，这样就造成了系统预定义的“应发合计”和“扣款合计”的计算公式与本书及实际工作不符，但又不能修改和删除，这也是用友通软件的一个缺陷。解决的办法是撇开这三个固定项目不用（但也不能删除），而新增加“应付工资、代扣款合计、实付工资”三个工资项目，并按实际需要去定义工资的计算公式。由于本书手工资料图 1.109 的病事假扣款均为 0“病假扣款”和“事假扣款”两项目对固定项目“应发合计”和“扣款合计”的计算结果均不造成影响，因此本书不做特殊处理，依然采用系统提供的这三个固定项目及其计算公式。

4）单击工资项目列表框左侧的向上、向下移动按钮，调整工资项目的列表顺序，单击“确认”按钮保存公式设置。

6.2 工资系统日常处理

6.2.1 工资数据编辑

【例 6.6】 根据本书手工资料图 1.111 的资料输入广州明芝乳业有限公司职工的工资数据。

操作步骤

1）以账套主管（胡珍）1001 身份注册登录用友通系统。

2）对工资管理员 1003 苏洋进行工资权限设置，将其设为广州明芝乳业有限公司工资类别的主管（虽然在系统管理中已经将“工资管理”模块的权限授予苏洋，但在此还需要进行工资权限设置，否则苏洋无权进行工资项目管理，只能由账套主管胡珍操作）。

① 执行“工资”、“设置”、“权限设置”命令，打开“权限设置”对话框。

② 单击“修改”按钮，选中“工资类别主管”复选框，这时所有的部门管理权限和项目管理权限全部都被选中，如图 6.5 所示。

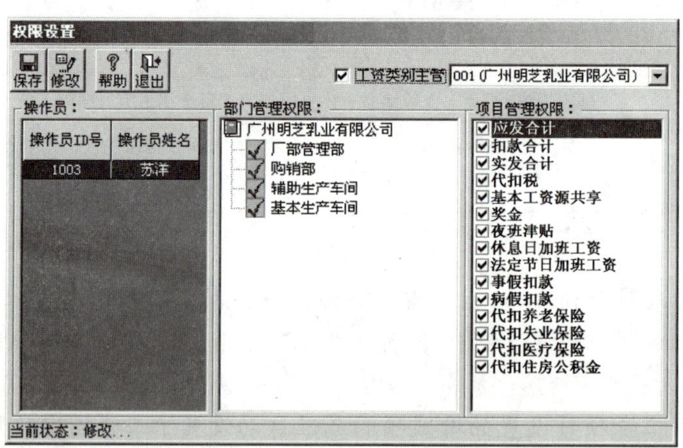

图 6.5 工资权限设置

③ 单击“保存”按钮，“确定”工资权限设置。

④ 单击“退出”按钮返回。

3）以工资管理员身份 1003 注册登录用友通系统。

4）执行“工资”、“业务处理”、“工资变动”命令，进入“工资变动”窗口。

5）单击页编辑按钮，逐个输入各工资项目，如图 6.6 所示。

6）单击“确认”按钮保存输入的数据并自动进入下一人的工资数据录入界面，可以继续录入其他人的工资数据。

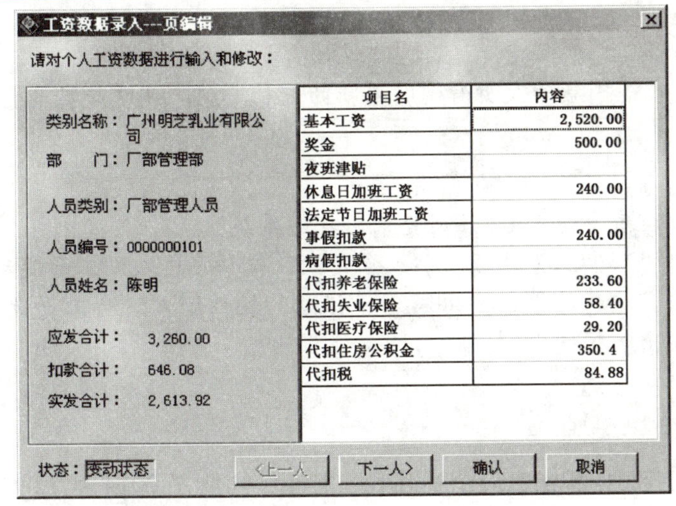

图 6.6　工资数据编辑

6.2.2　个人所得税计算

【例 6.7】 根据本书手工资料图 1.109 的资料计算广州明芝乳业有限公司职工应交的个人所得税。

操作步骤

1）以工资管理员身份 1003 注册登录用友通系统。

2）执行“工资”、“业务处理”、“扣缴所得税”命令，进入“栏目选择”窗口，采用系统默认，单击“确认”按钮，打开“是否重算数据？”提示框，单击“是”按钮系统进行数据重算。

3）进入“个人所得税扣缴申报表”窗口，单击“税率表”按钮，打开“个人所得税申报表——税率表”窗口，在基数文本框中输入“3 500”，单击“确认”按钮，在“是否重新计算个人所得税？”提示框中，单击“是”按钮。

4）返回“个人所得税扣缴申报表”窗口，结果如图 6.7 所示，单击“退出”按钮退出。

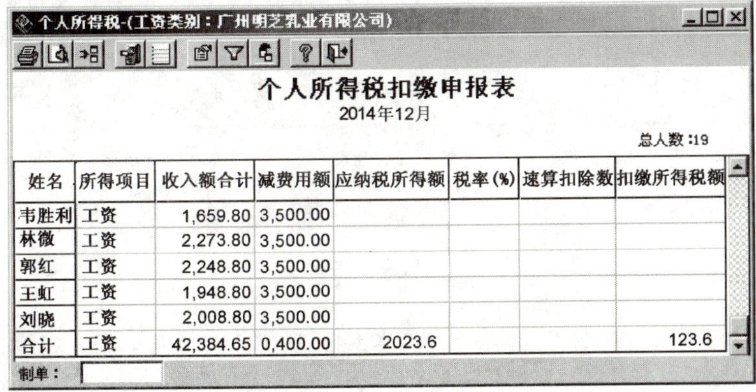

个人所得税-(工资类别：广州明芝乳业有限公司)

个人所得税扣缴申报表

2014年12月

总人数:19

姓名	所得项目	收入额合计	减费用额	应纳税所得额	税率(%)	速算扣除数	扣缴所得税额
韦胜利	工资	1,659.80	3,500.00				
林微	工资	2,273.80	3,500.00				
郭红	工资	2,248.80	3,500.00				
王虹	工资	1,948.80	3,500.00				
刘晓	工资	2,008.80	3,500.00				
合计	工资	42,384.65	0,400.00	2023.6			123.6

制单：

图 6.7　个人所得税计算

6.2.3 工资计算与汇总

【例 6.8】 要求在扣缴个人所得税后重新计算和汇总广州明芝乳业有限公司职工的工资数据。

操作步骤

1）以工资管理员身份 1003 注册登录用友通系统。
2）执行“工资”、“业务处理”、“工资变动”命令，进入“工资变动”窗口。
3）分别单击“重新计算”按钮和“汇总”按钮，进行工资数据计算和汇总。
4）单击“退出”按钮返回。

6.2.4 工资数据的输出

【例 6.9】 要求制作和输出广州明芝乳业有限公司职工 2014 年 12 月的工资条。

操作步骤

1）以工资管理员身份 1003 注册登录用友通系统。
2）执行“工资”、“统计分析”、“账表”、“工资表”命令，进入“工资表”窗口。
3）选择“工资发放条”，单击“查看”按钮。
4）打开“工资发放条”窗口，逐个单击选中要输出的部门，再单击“确认”按钮即可，如图 6.8 所示。

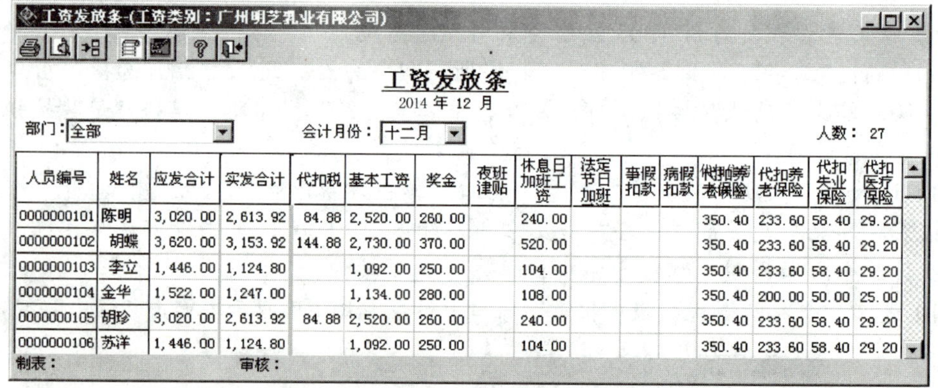

人员编号	姓名	应发合计	实发合计	代扣税	基本工资	奖金	夜班津贴	休息日加班工资	法定节日加班	事假扣款	病假扣款	代扣养老保险	代扣养老保险	代扣失业保险	代扣医疗保险
0000000101	陈明	3,020.00	2,613.92	84.88	2,520.00	260.00		240.00				350.40	233.60	58.40	29.20
0000000102	胡蝶	3,620.00	3,153.92	144.88	2,730.00	370.00		520.00				350.40	233.60	58.40	29.20
0000000103	李立	1,446.00	1,124.80		1,092.00	250.00		104.00				350.40	233.60	58.40	29.20
0000000104	金华	1,522.00	1,247.00		1,134.00	280.00		108.00				350.40	200.00	50.00	25.00
0000000105	胡珍	3,020.00	2,613.92	84.88	2,520.00	260.00		240.00				350.40	233.60	58.40	29.20
0000000106	苏洋	1,446.00	1,124.80		1,092.00	250.00		104.00				350.40	233.60	58.40	29.20

图 6.8 制作和输出工资发放条

6.3 工资系统月末处理

6.3.1 工资费用分配与福利费的计提设置

【例 6.10】 根据表 6.4 定义广州明芝乳业有限公司的工资分配与费用计提的核算设置，以“应发合计”为基数计提职工福利费，计提比例为 14%。

表 6.4 工资分配与费用计提

部门/方向/项目		厂部管理部	购销部	基本生产车间		辅助生产车间
		厂部管理人员	购销人员	车间管理人员	生产工人	辅助生产人员
工资费用 100%	借方	管理费用——工资福利费	销售费用——工资福利费	制造费用——工资福利费	生产成本——基本生产成本——共耗——直接人工	生产成本——辅助生产成本——机修车间——直接人工
	贷方	应付工资				
职工福利费 14%	借方	管理费用——工资福利费	销售费用——工资福利费	制造费用——工资福利费	生产成本——基本生产成本——共耗——直接人工	生产成本——辅助生产成本——机修车间——直接人工
	贷方	职工福利费				

操作步骤

1）以工资管理员身份 1003 注册登录用友通系统。

2）执行“工资”、“业务处理”、“工资分摊”命令，打开“工资分摊”对话框。

3）单击“工资分摊设置”按钮，打开“分摊类型设置”对话框。

4）单击“增加”按钮，打开“分摊计提比例设置”对话框，输入计提类型名称“工资费用”和分摊计提比例“100%”。

5）单击“下一步”按钮，打开“分摊构成设置”对话框，双击“部门名称”所在栏单元格，单击参照按钮打开“部门名称参照对话框，单击选择“厂部管理部”，单击“确定”按钮，双击“人员类别”栏选择“厂部管理人员、项目“应发合计”，参照选择借方科目“6602 管理费用”、贷方科目“221101 应付职工薪酬——工资”。

6）重复步骤 5），继续设置其他部门人员的工资分摊设置，如图 6.9 所示。

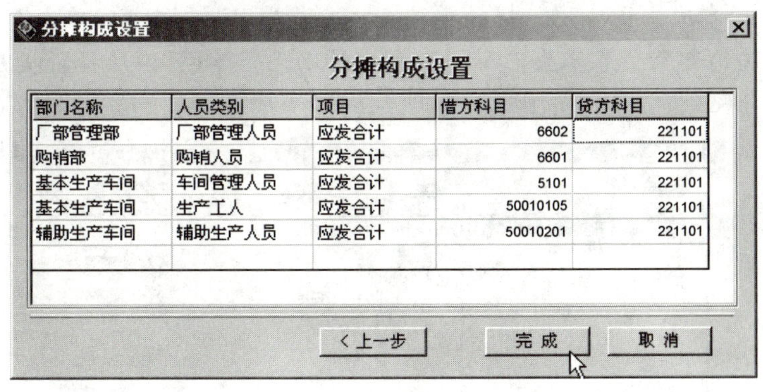

部门名称	人员类别	项目	借方科目	贷方科目
厂部管理部	厂部管理人员	应发合计	6602	221101
购销部	购销人员	应发合计	6601	221101
基本生产车间	车间管理人员	应发合计	5101	221101
基本生产车间	生产工人	应发合计	50010105	221101
辅助生产车间	辅助生产人员	应发合计	50010201	221101

图 6.9 工资费用分摊构成设置

7）单击“完成”按钮，返回“分摊类型设置”对话框。

8）重复步骤 4）～7），继续设置“应付职工薪酬——职工福利”（如图 6.10 所示）的计提基数、计提比例和工资分摊构成，完成后单击“返回”按钮退出。

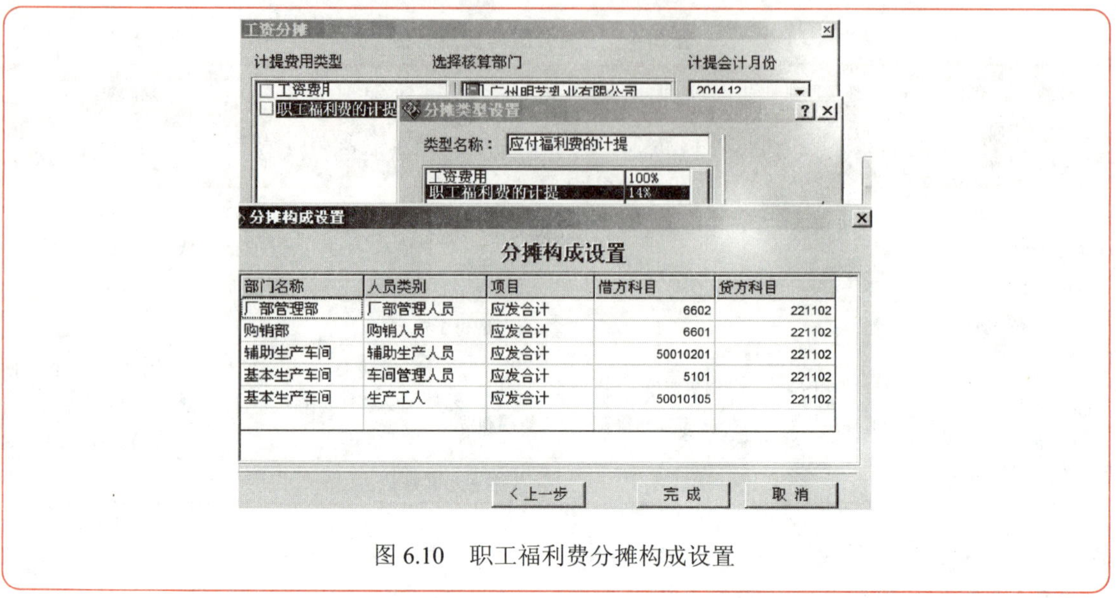

图 6.10　职工福利费分摊构成设置

6.3.2　工资转账

工资转账即根据上述设置进行转账凭证的自动生成。生成后的转账凭证除了可在本系统中进行查询外，也可在总账系统中调入、审核、记账。本功能应与总账系统同时使用。

【例 6.11】 生成广州明芝乳业有限公司 2014 年 12 月所有职工的工资费用自动转账凭证和计提应付福利费的转账凭证。

操作步骤

1）以工资管理员身份 1003 注册登录用友通系统。

2）执行“工资”、“业务处理”、“工资分摊”命令，打开“工资分摊”对话框。

3）单击选择本次工资费用计提的类型如“工资费用”复选框，单击选择核算部门“厂部管理部”、“购销部”、“基本生产车间”和“辅助生产车间”，选择计提月份“2014.12”及计提方式“分配到部门”，并且选中“明细到工资项目”复选框，如图 6.11 所示。

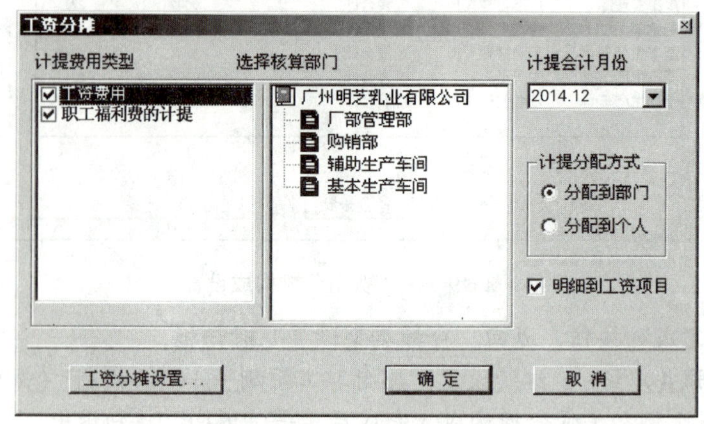

图 6.11　工资分摊参数设置

4）单击“确定”按钮，打开“工资分摊明细——（工资类别）”窗口。

5）从类型下拉列表框中选择不同的分摊类型（如工资费用），系统就显示相应类型的一览表（如工资费用一览表），如图 6.12 所示。

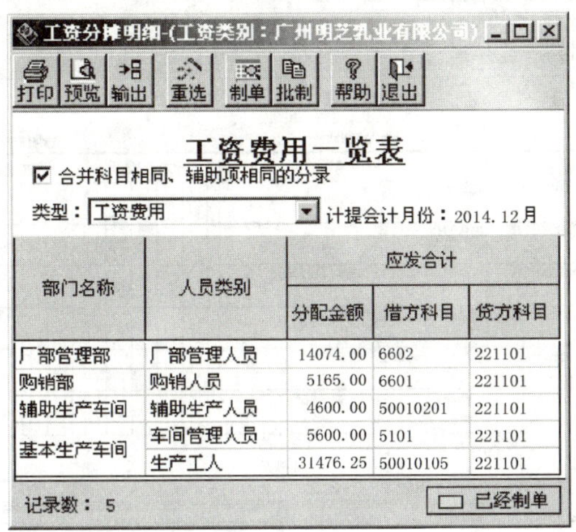

部门名称	人员类别	应发合计		
		分配金额	借方科目	贷方科目
厂部管理部	厂部管理人员	14074.00	6602	221101
购销部	购销人员	5165.00	6601	221101
辅助生产车间	辅助生产人员	4600.00	50010201	221101
基本生产车间	车间管理人员	5600.00	5101	221101
	生产工人	31476.25	50010105	221101

图 6.12 工资费用一览

6）选中“合并科目相同、辅助项相同的分录”复选框，单击“制单”按钮，系统将自动生成当前所选分摊类型（如工资费用）的转账凭证，选择凭证字“记”，输入附单据数，单击“保存”按钮系统提示“项目核算科目的项目不能为空”，单击“确定”按钮。

7）鼠标指向左下角的“项目”栏，这时鼠标变成“笔尖”的形状，双击鼠标左键弹出“辅助项”对话框，单击参照按钮打开“项目参照”对话框，选择“工资福利费”单击“确定”按钮，再单击“确认”按钮。

8）重复步骤 7），继续输入其他有项目核算科目的项目。

9）单击“保存”按钮，凭证左上角显示“已生成”字样，表明系统已自动将该凭证传递到总账系统，如图 6.13 所示。

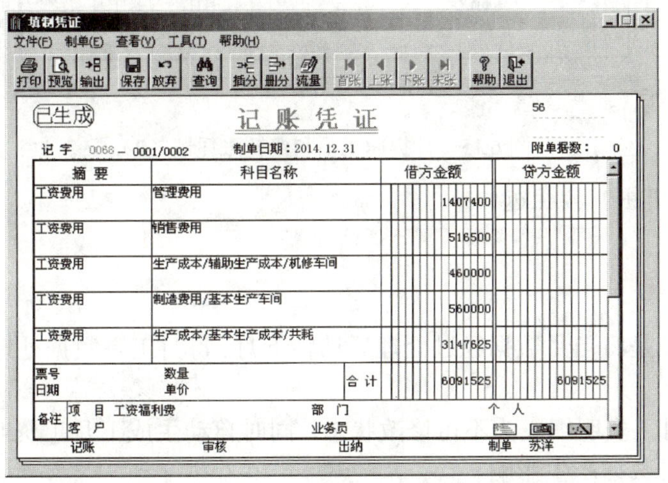

摘要	科目名称	借方金额	贷方金额
工资费用	管理费用	1407400	
工资费用	销售费用	516500	
工资费用	生产成本/辅助生产成本/机修车间	460000	
工资费用	制造费用/基本生产车间	560000	
工资费用	生产成本/基本生产成本/共耗	3147625	
票号 日期	数量 单价 合计	6091525	6091525

图 6.13 工资费用分配转账凭证

10）重复步骤2）～9），继续生成计提职工福利费（如图6.14和图6.15所示）的转账凭证。

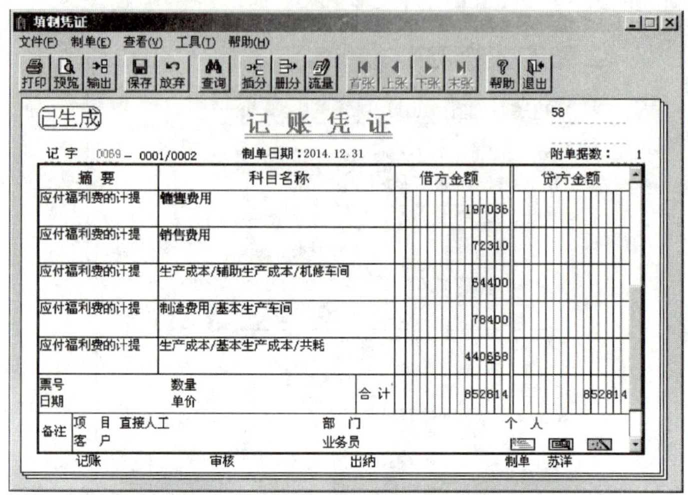

图6.14　计提职工福利费转账凭证（1）

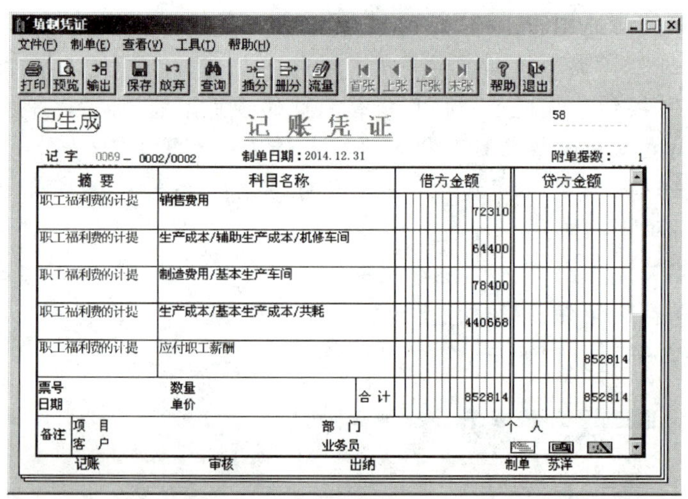

图6.15　计提职工福利费转账凭证（2）

11）单击“退出”按钮返回。

6.3.3　月末结账

月末结账工作是将当月数据经过处理后结转下月。每月工资数据处理完毕后均需进行月末结转。

结账后，本月工资明细表为不可修改状态，同时自动生成下月工资明细账，新增或删除人员将不会对本月数据产生影响。

注意：月末结账前一定要做数据备份，否则数据一旦丢失将造成无法挽回的后果。

第7章 报表

7.1 资产负债表

【例 7.1】 生成并输出广州明芝乳业有限公司 2014 年 12 月的资产负债表。

操作步骤

1）以账套主管身份 1001 注册登录用友通系统。

2）单击“财务报表”，进入“用友通－财务报表系统”。

3）执行“文件”、“新建”，打开“新建”对话框。

4）在“模板分类”列表框单击选择“一般企业（2007 新会计准则）”，在“新会计制度行业模板”框中单击选择“资产负债表”。

5）单击“确定”按钮，系统将自动建立一张资产负债表。

6）单击报表工作区左下角的“格式/数据”按钮，切换到“格式状态”。

7）双击“编制单位:”单元格将光标定位在“:”后面，输入“广州明芝乳业有限公司”。

8）单击选定“编制单位:”及其后面的空白单元格，执行“格式”、“组合单元”命令，打开“组合单元”对话框，单击“整体组合”按钮。

9）执行“数据”、“关键字”、“偏移”命令，打开“定义关键字偏移”对话框，分别在“年”、“月”、“日”栏输入 50、20、－30，单击“确定”按钮。偏移量负数值表示向左移，正数值表示向右移。

10）单击报表工作区左下角的“格式/数据”按钮，切换到“数据状态”。

11）系统提示“是否确定全表重算？”，单击“是”按钮。

12）执行“数据”、“关键字”、“录入”命令，打开“录入关键字”对话框，分别在“年”、“月”、“日”栏输入 2014、12、31，单击“确认”按钮。

13）系统提示“是否重算第 1 页？”，单击“是”按钮，系统自动按照预定义好的公式进行取数。

14）单击工具栏的“保存”按钮，打开“另存为”对话框，选择报表保存的路径，输入报表的文件名“资产负债表”，单击“确定”按钮即可保存此表，结果如图 7.1 所示（由于本书手工资料没有 2014 年 1 月 1 日的数据，因此资产负债表中年初数为空）。

资产负债表

	A	B	C	D	E	F	G	H
1		演示数据		资产负债表				
2								会企01表
3	编制单位：广州明芝乳业有限公司			2014 年 12 月 31 日				单位：元
4	资产	行次	年初数	期末数	负债和所有者权益	行次	年初数	期末数
5					（或股东权益）			
6	流动资产：				流动负债：			
7	货币资金	1		108,430.08	短期借款	68		20,000.00
8	交易性金融资产	2			应付票据	69		924.30
9	应收票据	3		105,838.00	应付账款	70		6,766.70
10	应收股利	4			预收账款	71		
11	应收利息	5			应付工资	72		
12	应收账款	6		54,630.00	应付福利费	73		15,630.54
13	其它应收款	7			应付股利	74		302,770.71
14	预付账款	8			应交税金	75		44,667.77
15	应收补贴款	9			其它应交款	80		668.62
16	存货	10		55,533.52	其它应付款	81		24,119.62
17	待摊费用	11		6,600.00	预提费用	82		1,000.00
18	一年内到期的长期债权投资	21			预计负债	83		
19	其它流动资产	24			一年内到期的长期负债	86		
20	流动资产合计	31		331,031.60	其它流动负债	90		
21	长期投资：							
22	长期股权投资	32		1,000,000.00	流动负债合计	100		416,548.26
23	长期债权投资	34			长期负债：			
24	长期投资合计	38		1,000,000.00	长期借款	101		
25	固定资产：				应付债券	102		
26	固定资产原价	39		3,735,000.00	长期应付款	103		
27	减：累计折价	40		554,880.10	专项应付款	106		
28	固定资产净值	41		3,180,119.90	其他长期负债	108		
29	减：固定资产减值准备	42			长期负债合计	110		
30	固定资产净额	43		3,180,119.90	递延税项：			
31	工程物资	44			递延税款贷项	111		
32	在建工程	45			负债合计	114		416548.26
33	固定资产清理	46						
34	固定资产合计	50		3180119.90	所有者权益（或股东权益			
35	无形资产及其他资产：				实收资本（或股本）	115		3,800,000.00
36	无形资产	51		96,000.00	减：已归还投资	116		
37	长期待摊费用	52			实收资本（或股本）净	117		3800000.00
38	其它长期资产	53			资本公积	118		
39	无形资产及其他资产合计	60		96000.00	盈余公积	119		188,756.10
40					其中：法定公益金	120		
41	递延税项：	演示数据			未分配利润	121		201,847.14
42	递延税款借项	61			所有者权益（或股东权益）合计	122		4,190,603.24
43	资产总计	67		4607151.50	负债和所有者权益（或股东权益）总计	135		4,607,151.50

数据 第1页

图 7.1 资产负债表

7.2 利 润 表

【例 7.2】 生成并输出广州明芝乳业有限公司 2014 年 12 月的利润表。

操作步骤

1）以账套主管身份 1001 注册登录用友通系统。

2）单击“财务报表”，进入“用友通——财务报表系统”。

3）执行“文件”、“新建”，打开“新建”对话框。

4）在“模板分类”列表框单击选择“新会计制度行业”，在“新会计制度行业模板”框中单击选择“利润表”。

5）单击“确定”按钮，系统将自动建立一张利润表，如图 7.2 所示。

report2

利润表

会企02表

编制单位: xxxx 年 xx 月 单位:元

项 目	行数	本月数	本年累计数
一、主营业务收入	1	公式单元	公式单元
减：主营业务成本	4	公式单元	公式单元
营业税金及附加	5	公式单元	公式单元
二、主营业务利润（亏损以"-"号填列）	10	公式单元	公式单元
加：其他业务利润（亏损以"-"号填列）	11	公式单元	公式单元
减：销售费用	14	公式单元	公式单元
管理费用	15	公式单元	公式单元
财务费用	16	公式单元	公式单元
三、营业利润（亏损以"-"号填列）	18	公式单元	公式单元
加：投资收益（损失以"-"号填列）	19	公式单元	公式单元
补贴收入	22	公式单元	公式单元
营业外收入	23	公式单元	公式单元
减：营业外支出	25	公式单元	公式单元
四、利润总额（亏损总额以"-"号填列）	27	公式单元	公式单元
减：所得税费用	28	公式单元	公式单元
五、净利润（净亏损以"-"号填列）	30	公式单元	公式单元

补充资料：

项目：	本年累计数	上年实际数

格式

图 7.2　新建利润表

6）双击"编制单位:"单元格将光标定位在":"后面，输入"广州明芝乳业有限公司"。

7）单击报表工作区左下角的"格式/数据"按钮，切换到"数据状态"。

8）系统提示"是否确定全表重算？"，单击"是"按钮。

9）执行"数据"、"关键字"、"录入"命令，打开"录入关键字"对话框，分别在"年"、"月"栏输入2014、12，单击"确认"按钮。

10）系统提示"是否重算第1页？"，单击"是"按钮，系统自动按照预定义好的公式进行取数。

11）单击工具栏的"保存"按钮，打开"另存为"对话框，选择报表保存的路径，输入报表的文件名"利润表"，单击"确定"按钮即可保存此表，结果如图7.3所示。

利润表

利润表

会企02表

编制单位:广州明芝乳业有限公司 2014 年 12 月 单位:元

项 目	行数	本月数	本年累计数
一、主营业务收入	1	132,750.00	132750.00
减：主营业务成本	4	88,602.30	88602.30
主营业务税金及附加	5	1,728.72	1728.72
二、主营业务利润（亏损以"-"号填列）	10	42418.98	42418.98
加：其他业务利润（亏损以"-"号填列）	11	94,500.00	94500.00
减：营业费用	14	36,798.10	36798.10
管理费用	15	53,921.76	53921.76
财务费用	16	1,680.00	1680.00
三、营业利润（亏损以"-"号填列）	18	44519.12	44519.12
加：投资收益（损失以"-"号填列）	19	109,460.00	109460.00
补贴收入	22		
营业外收入	23	600.00	600.00
减：营业外支出	25	18,280.00	18280.00
四、利润总额（亏损总额以"-"号填列）	27	136299.12	136299.12
减：所得税费用	28	13123.43	20015.17
五、净利润（净亏损以"-"号填列）	30	192666.51	116283.95

数据　第1页

图 7.3　利润表

附录　手工记账账簿资料

账簿启用表

单位名称	（加盖公章）			负责人	职　务	姓　名
账簿名称	账簿第　册			单位负责人		
账簿号码	第　　号	启用日期	年　月　日	单位主管财会工作负责人		
账簿页数	本账簿共计　　页			会计机构负责人、会计主管人员		

贴印花处

经管本账簿人员一览表

记账人员			接管			移交			监交人员		备注
职务	姓名	盖章	年	月	日	年	月	日	职务	姓名	

账簿目录表

账户名称	账号	总页码	账户名称	账号	总页码

账簿目录表

账户名称	账号	总页码	账户名称	账号	总页码

总 账

会计科目名称及编号________________

年		凭证编号	摘要	借方											贷方											借或贷	余额										
月	日			亿	千	百	十	万	千	百	十	元	角	分	亿	千	百	十	万	千	百	十	元	角	分		亿	千	百	十	万	千	百	十	元	角	分

总 账

会计科目名称及编号________________

年		凭证编号	摘要	借方											贷方											借或贷	余额										
月	日			亿	千	百	十	万	千	百	十	元	角	分	亿	千	百	十	万	千	百	十	元	角	分		亿	千	百	十	万	千	百	十	元	角	分

总账

会计科目名称及编号________________

年		凭证编号	摘要	借方											贷方											借或贷	余额										
月	日			亿	千	百	十	万	千	百	十	元	角	分	亿	千	百	十	万	千	百	十	元	角	分		亿	千	百	十	万	千	百	十	元	角	分

总账

会计科目名称及编号________________

年		凭证编号	摘要	借方											贷方											借或贷	余额										
月	日			亿	千	百	十	万	千	百	十	元	角	分	亿	千	百	十	万	千	百	十	元	角	分		亿	千	百	十	万	千	百	十	元	角	分

总　　账

会计科目名称及编号________________

年		凭证编号	摘要	借方											贷方											借或贷	余额										
月	日			亿	千	百	十	万	千	百	十	元	角	分	亿	千	百	十	万	千	百	十	元	角	分		亿	千	百	十	万	千	百	十	元	角	分

总　　账

会计科目名称及编号________________

年		凭证编号	摘要	借方											贷方											借或贷	余额										
月	日			亿	千	百	十	万	千	百	十	元	角	分	亿	千	百	十	万	千	百	十	元	角	分		亿	千	百	十	万	千	百	十	元	角	分

总　账

会计科目名称及编号＿＿＿＿＿＿＿＿＿＿＿＿

年		凭证编号	摘要	借方											贷方											借或贷	余额										
月	日			亿	千	百	十	万	千	百	十	元	角	分	亿	千	百	十	万	千	百	十	元	角	分		亿	千	百	十	万	千	百	十	元	角	分

总　账

会计科目名称及编号＿＿＿＿＿＿＿＿＿＿＿＿

年		凭证编号	摘要	借方											贷方											借或贷	余额										
月	日			亿	千	百	十	万	千	百	十	元	角	分	亿	千	百	十	万	千	百	十	元	角	分		亿	千	百	十	万	千	百	十	元	角	分

总 账

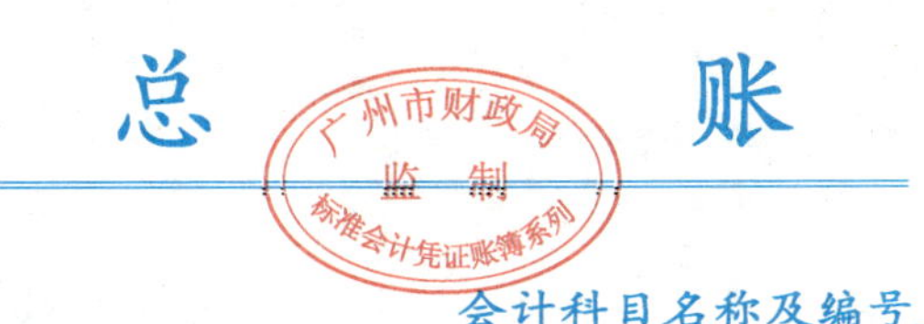

会计科目名称及编号________________

年		凭证编号	摘要	借方											贷方											借或贷	余额										
月	日			亿	千	百	十	万	千	百	十	元	角	分	亿	千	百	十	万	千	百	十	元	角	分		亿	千	百	十	万	千	百	十	元	角	分

总 账

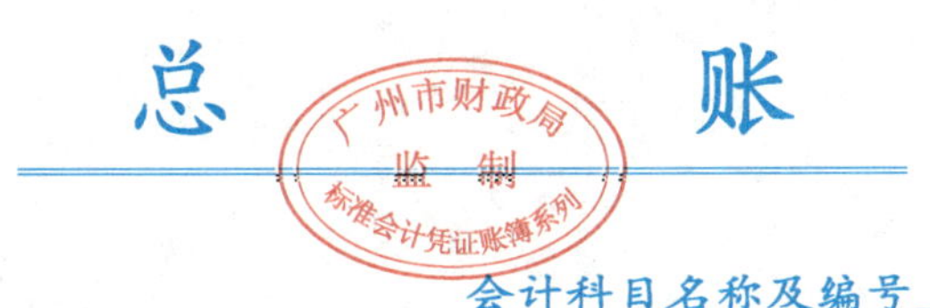

会计科目名称及编号________________

年		凭证编号	摘要	借方											贷方											借或贷	余额										
月	日			亿	千	百	十	万	千	百	十	元	角	分	亿	千	百	十	万	千	百	十	元	角	分		亿	千	百	十	万	千	百	十	元	角	分

总　账

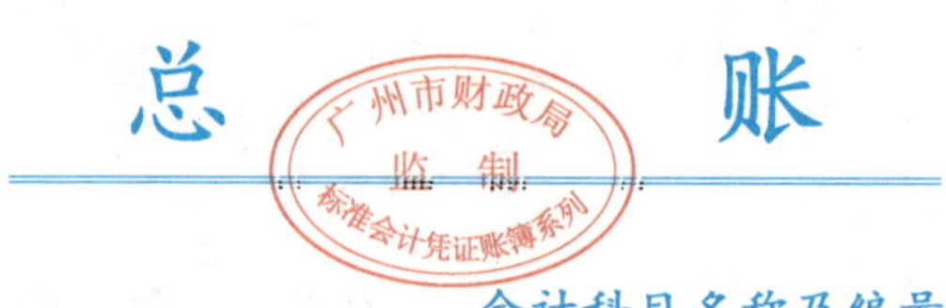

会计科目名称及编号________________

年		凭证编号	摘要	借方											贷方											借或贷	余额										
月	日			亿	千	百	十	万	千	百	十	元	角	分	亿	千	百	十	万	千	百	十	元	角	分		亿	千	百	十	万	千	百	十	元	角	分

总　账

会计科目名称及编号________________

年		凭证编号	摘要	借方											贷方											借或贷	余额										
月	日			亿	千	百	十	万	千	百	十	元	角	分	亿	千	百	十	万	千	百	十	元	角	分		亿	千	百	十	万	千	百	十	元	角	分

会计科目名称及编号________________

年		凭证编号	摘要	借方											贷方											借或贷	余额										
月	日			亿	千	百	十	万	千	百	十	元	角	分	亿	千	百	十	万	千	百	十	元	角	分		亿	千	百	十	万	千	百	十	元	角	分

会计科目名称及编号________________

年		凭证编号	摘要	借方											贷方											借或贷	余额										
月	日			亿	千	百	十	万	千	百	十	元	角	分	亿	千	百	十	万	千	百	十	元	角	分		亿	千	百	十	万	千	百	十	元	角	分

总 账

会计科目名称及编号________________

年		凭证编号	摘要	借方											贷方											借或贷	余额										
月	日			亿	千	百	十	万	千	百	十	元	角	分	亿	千	百	十	万	千	百	十	元	角	分		亿	千	百	十	万	千	百	十	元	角	分

总 账

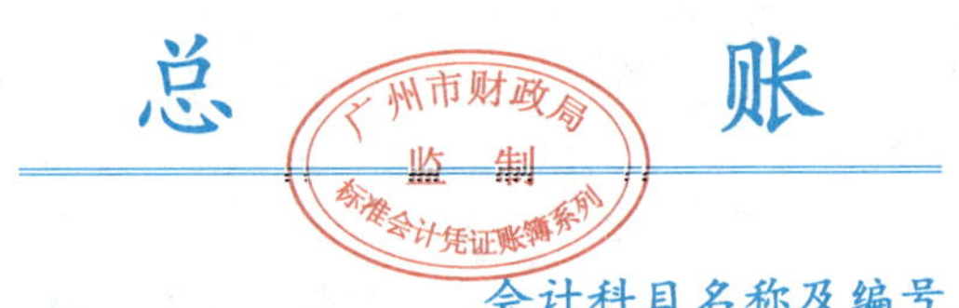

会计科目名称及编号________________

年		凭证编号	摘要	借方											贷方											借或贷	余额										
月	日			亿	千	百	十	万	千	百	十	元	角	分	亿	千	百	十	万	千	百	十	元	角	分		亿	千	百	十	万	千	百	十	元	角	分

会计科目名称及编号________________

年		凭证编号	摘要	借方											贷方											借或贷	余额										
月	日			亿	千	百	十	万	千	百	十	元	角	分	亿	千	百	十	万	千	百	十	元	角	分		亿	千	百	十	万	千	百	十	元	角	分

会计科目名称及编号________________

年		凭证编号	摘要	借方											贷方											借或贷	余额										
月	日			亿	千	百	十	万	千	百	十	元	角	分	亿	千	百	十	万	千	百	十	元	角	分		亿	千	百	十	万	千	百	十	元	角	分

总账

会计科目名称及编号________________

年		凭证编号	摘要	借方											贷方											借或贷	余额										
月	日			亿	千	百	十	万	千	百	十	元	角	分	亿	千	百	十	万	千	百	十	元	角	分		亿	千	百	十	万	千	百	十	元	角	分

总账

会计科目名称及编号________________

年		凭证编号	摘要	借方											贷方											借或贷	余额										
月	日			亿	千	百	十	万	千	百	十	元	角	分	亿	千	百	十	万	千	百	十	元	角	分		亿	千	百	十	万	千	百	十	元	角	分

总　账

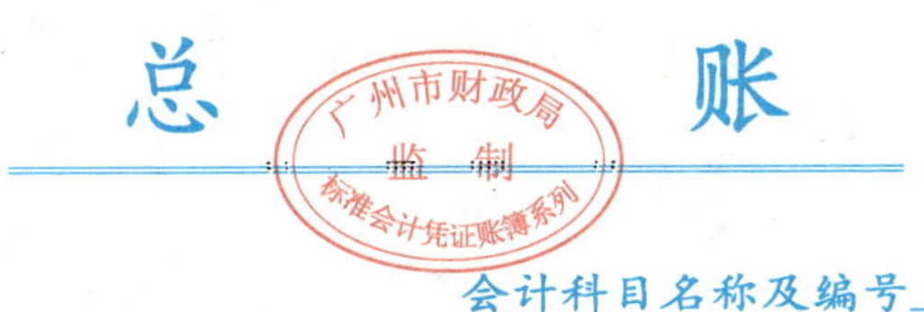

会计科目名称及编号________________

年		凭证编号	摘　要	借　方											贷　方											借或贷	余　额										
月	日			亿	千	百	十	万	千	百	十	元	角	分	亿	千	百	十	万	千	百	十	元	角	分		亿	千	百	十	万	千	百	十	元	角	分

总　账

会计科目名称及编号________________

年		凭证编号	摘　要	借　方											贷　方											借或贷	余　额										
月	日			亿	千	百	十	万	千	百	十	元	角	分	亿	千	百	十	万	千	百	十	元	角	分		亿	千	百	十	万	千	百	十	元	角	分

总　账

会计科目名称及编号________________

年		凭证编号	摘要	借方											贷方											借或贷	余额										
月	日			亿	千	百	十	万	千	百	十	元	角	分	亿	千	百	十	万	千	百	十	元	角	分		亿	千	百	十	万	千	百	十	元	角	分

总　账

会计科目名称及编号________________

年		凭证编号	摘要	借方											贷方											借或贷	余额										
月	日			亿	千	百	十	万	千	百	十	元	角	分	亿	千	百	十	万	千	百	十	元	角	分		亿	千	百	十	万	千	百	十	元	角	分

分 类 账

账 号	总页码
页 次	

账户名称：____________________ ____________ ____________

年		凭证编号	摘 要	借 方											✓	贷 方											✓	借或贷	余 额											核对
月	日			亿	千	百	十	万	千	百	十	元	角	分		亿	千	百	十	万	千	百	十	元	角	分			亿	千	百	十	万	千	百	十	元	角	分	

分 类 账

广州市财政局
监 制
标准会计凭证账簿系列

账 号	总页码
页 次	

账户名称：____________________ ____________ ____________

年		凭证编号	摘 要	借 方											✓	贷 方											✓	借或贷	余 额											核对
月	日			亿	千	百	十	万	千	百	十	元	角	分		亿	千	百	十	万	千	百	十	元	角	分			亿	千	百	十	万	千	百	十	元	角	分	

分类账

账号	总页码
页次	

账户名称：____________________　____________　____________

年		凭证编号	摘要	借方											✓	贷方											✓	借或贷	余额											核对
月	日			亿	千	百	十	万	千	百	十	元	角	分		亿	千	百	十	万	千	百	十	元	角	分			亿	千	百	十	万	千	百	十	元	角	分	

分类账

账号	总页码
页次	

账户名称：____________________　____________　____________

年		凭证编号	摘要	借方											✓	贷方											✓	借或贷	余额											核对
月	日			亿	千	百	十	万	千	百	十	元	角	分		亿	千	百	十	万	千	百	十	元	角	分			亿	千	百	十	万	千	百	十	元	角	分	

分类账

账号	总页码
页次	

账户名称：

年		凭证编号	摘要	借方											✓	贷方											✓	借或贷	余额											核对
月	日			亿	千	百	十	万	千	百	十	元	角	分		亿	千	百	十	万	千	百	十	元	角	分			亿	千	百	十	万	千	百	十	元	角	分	

分类账

账号	总页码
页次	

账户名称：

年		凭证编号	摘要	借方											✓	贷方											✓	借或贷	余额											核对
月	日			亿	千	百	十	万	千	百	十	元	角	分		亿	千	百	十	万	千	百	十	元	角	分			亿	千	百	十	万	千	百	十	元	角	分	

分类账

账号	总页码
页次	

账户名称：______________ ____________ ____________

年		凭证编号	摘要	借方											✓	贷方											✓	借或贷	余额											核对
月	日			亿	千	百	十	万	千	百	十	元	角	分		亿	千	百	十	万	千	百	十	元	角	分			亿	千	百	十	万	千	百	十	元	角	分	

分类账

账号	总页码
页次	

账户名称：______________ ____________ ____________

年		凭证编号	摘要	借方											✓	贷方											✓	借或贷	余额											核对
月	日			亿	千	百	十	万	千	百	十	元	角	分		亿	千	百	十	万	千	百	十	元	角	分			亿	千	百	十	万	千	百	十	元	角	分	

分类账

账号	总页码
页次	

账户名称：____________________　____________　____________

年		凭证编号	摘要	借方											✓	贷方											✓	借或贷	余额											核对
月	日			亿	千	百	十	万	千	百	十	元	角	分		亿	千	百	十	万	千	百	十	元	角	分			亿	千	百	十	万	千	百	十	元	角	分	

分类账

账号	总页码
页次	

账户名称：____________________　____________　____________

年		凭证编号	摘要	借方											✓	贷方											✓	借或贷	余额											核对
月	日			亿	千	百	十	万	千	百	十	元	角	分		亿	千	百	十	万	千	百	十	元	角	分			亿	千	百	十	万	千	百	十	元	角	分	

分类账

账号	总页码
页次	

账户名称：＿＿＿＿＿＿＿＿＿＿ ＿＿＿＿＿＿＿＿ ＿＿＿＿＿＿＿＿

年		凭证编号	摘要	借方											✓	贷方											✓	借或贷	余额											核对
月	日			亿	千	百	十	万	千	百	十	元	角	分		亿	千	百	十	万	千	百	十	元	角	分			亿	千	百	十	万	千	百	十	元	角	分	

分类账

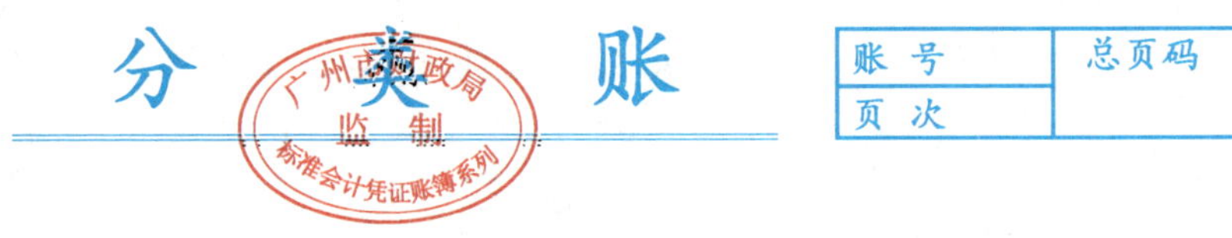

账号	总页码
页次	

账户名称：＿＿＿＿＿＿＿＿＿＿ ＿＿＿＿＿＿＿＿ ＿＿＿＿＿＿＿＿

年		凭证编号	摘要	借方											✓	贷方											✓	借或贷	余额											核对
月	日			亿	千	百	十	万	千	百	十	元	角	分		亿	千	百	十	万	千	百	十	元	角	分			亿	千	百	十	万	千	百	十	元	角	分	

分类账

账 号	总页码
页 次	

账户名称：____________________ ____________ ____________

年		凭证编号	摘 要	借方											✓	贷方											✓	借或贷	余额											核对
月	日			亿	千	百	十	万	千	百	十	元	角	分		亿	千	百	十	万	千	百	十	元	角	分			亿	千	百	十	万	千	百	十	元	角	分	

分类账

广州市财政局
监 制
标准会计凭证账簿系列

账 号	总页码
页 次	

账户名称：____________________ ____________ ____________

年		凭证编号	摘 要	借方											✓	贷方											✓	借或贷	余额											核对
月	日			亿	千	百	十	万	千	百	十	元	角	分		亿	千	百	十	万	千	百	十	元	角	分			亿	千	百	十	万	千	百	十	元	角	分	

分 类 账

账号	总页码
页次	

账户名称:______________________ ______________ ______________

年		凭证编号	摘要	借方											✓	贷方											✓	借或贷	余额											核对
月	日			亿	千	百	十	万	千	百	十	元	角	分		亿	千	百	十	万	千	百	十	元	角	分			亿	千	百	十	万	千	百	十	元	角	分	

分 类 账

账号	总页码
页次	

账户名称:______________________ ______________ ______________

年		凭证编号	摘要	借方											✓	贷方											✓	借或贷	余额											核对
月	日			亿	千	百	十	万	千	百	十	元	角	分		亿	千	百	十	万	千	百	十	元	角	分			亿	千	百	十	万	千	百	十	元	角	分	

分类账

账号	总页码
页次	

账户名称：____________________ ____________ ____________

年		凭证编号	摘要	借方											✓	贷方											✓	借或贷	余额											核对
月	日			亿	千	百	十	万	千	百	十	元	角	分		亿	千	百	十	万	千	百	十	元	角	分			亿	千	百	十	万	千	百	十	元	角	分	

分类账

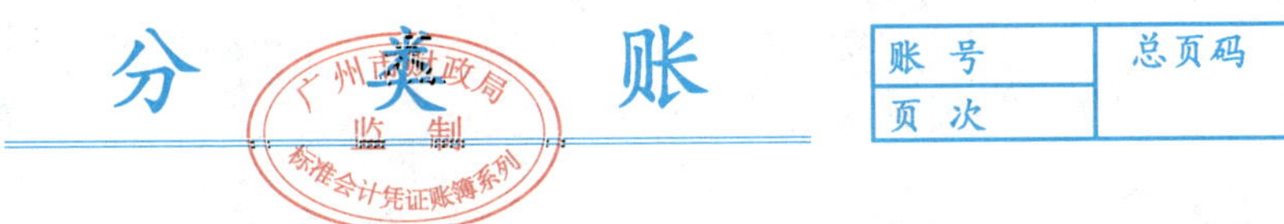

账号	总页码
页次	

账户名称：____________________ ____________ ____________

年		凭证编号	摘要	借方											✓	贷方											✓	借或贷	余额											核对
月	日			亿	千	百	十	万	千	百	十	元	角	分		亿	千	百	十	万	千	百	十	元	角	分			亿	千	百	十	万	千	百	十	元	角	分	

分类账

账号	总页码
页次	

账户名称：____________________ ____________ ____________

年		凭证编号	摘要	借方											✓	贷方											✓	借或贷	余额											核对
月	日			亿	千	百	十	万	千	百	十	元	角	分		亿	千	百	十	万	千	百	十	元	角	分			亿	千	百	十	万	千	百	十	元	角	分	

分类账

广州市财政局
监制
标准会计凭证账簿系列

账号	总页码
页次	

账户名称：____________________ ____________ ____________

年		凭证编号	摘要	借方											✓	贷方											✓	借或贷	余额											核对
月	日			亿	千	百	十	万	千	百	十	元	角	分		亿	千	百	十	万	千	百	十	元	角	分			亿	千	百	十	万	千	百	十	元	角	分	

分类账

账号	总页码
页次	

账户名称：____________________ ____________ ____________

年		凭证编号	摘要	借方											✓	贷方											✓	借或贷	余额											核对
月	日			亿	千	百	十	万	千	百	十	元	角	分		亿	千	百	十	万	千	百	十	元	角	分			亿	千	百	十	万	千	百	十	元	角	分	

分类账

广州市财政局
监制
标准会计凭证账簿系列

账号	总页码
页次	

账户名称：____________________ ____________ ____________

年		凭证编号	摘要	借方											✓	贷方											✓	借或贷	余额											核对
月	日			亿	千	百	十	万	千	百	十	元	角	分		亿	千	百	十	万	千	百	十	元	角	分			亿	千	百	十	万	千	百	十	元	角	分	

分类账

账号	总页码
页次	

账户名称：

年		凭证编号	摘要	借方											✓	贷方											✓	借或贷	余额											核对
月	日			亿	千	百	十	万	千	百	十	元	角	分		亿	千	百	十	万	千	百	十	元	角	分			亿	千	百	十	万	千	百	十	元	角	分	

分类账

账号	总页码
页次	

账户名称：

年		凭证编号	摘要	借方											✓	贷方											✓	借或贷	余额											核对
月	日			亿	千	百	十	万	千	百	十	元	角	分		亿	千	百	十	万	千	百	十	元	角	分			亿	千	百	十	万	千	百	十	元	角	分	

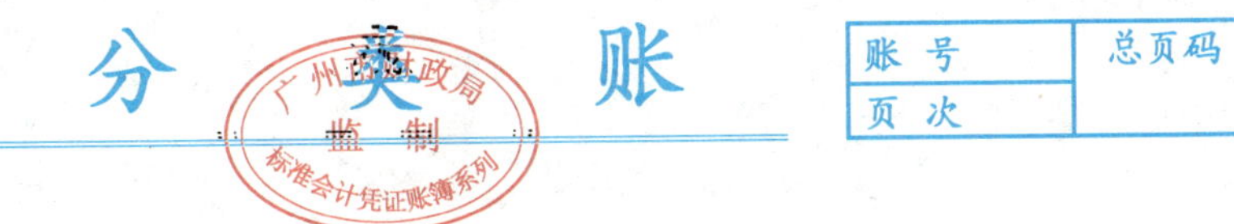

账号	总页码
页次	

账户名称：____________________ ____________ ____________

年		凭证编号	摘要	借方											✓	贷方											✓	借或贷	余额											核对
月	日			亿	千	百	十	万	千	百	十	元	角	分		亿	千	百	十	万	千	百	十	元	角	分			亿	千	百	十	万	千	百	十	元	角	分	

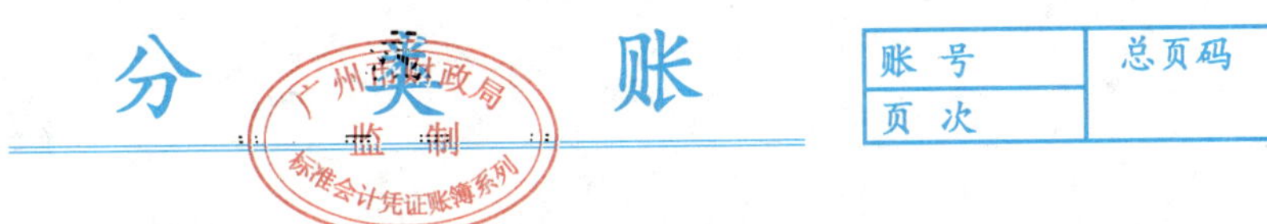

账号	总页码
页次	

账户名称：____________________ ____________ ____________

年		凭证编号	摘要	借方											✓	贷方											✓	借或贷	余额											核对
月	日			亿	千	百	十	万	千	百	十	元	角	分		亿	千	百	十	万	千	百	十	元	角	分			亿	千	百	十	万	千	百	十	元	角	分	

分类账

账号	总页码
页次	

账户名称：________________ ____________ ____________

年		凭证编号	摘要	借方											✓	贷方											✓	借或贷	余额											核对
月	日			亿	千	百	十	万	千	百	十	元	角	分		亿	千	百	十	万	千	百	十	元	角	分			亿	千	百	十	万	千	百	十	元	角	分	

分类账

账号	总页码
页次	

账户名称：________________ ____________ ____________

年		凭证编号	摘要	借方											✓	贷方											✓	借或贷	余额											核对
月	日			亿	千	百	十	万	千	百	十	元	角	分		亿	千	百	十	万	千	百	十	元	角	分			亿	千	百	十	万	千	百	十	元	角	分	

分类账

账号	总页码
页次	

账户名称：＿＿＿＿＿＿＿＿ ＿＿＿＿＿＿ ＿＿＿＿＿＿

年		凭证编号	摘要	借方											✓	贷方											✓	借或贷	余额											核对
月	日			亿	千	百	十	万	千	百	十	元	角	分		亿	千	百	十	万	千	百	十	元	角	分			亿	千	百	十	万	千	百	十	元	角	分	

分类账

广州市财政局
监制
标准会计凭证账簿系列

账号	总页码
页次	

账户名称：＿＿＿＿＿＿＿＿ ＿＿＿＿＿＿ ＿＿＿＿＿＿

年		凭证编号	摘要	借方											✓	贷方											✓	借或贷	余额											核对
月	日			亿	千	百	十	万	千	百	十	元	角	分		亿	千	百	十	万	千	百	十	元	角	分			亿	千	百	十	万	千	百	十	元	角	分	

分类账

账号	总页码
页次	

账户名称：________________ __________ __________

年		凭证编号	摘要	借方											✓	贷方											✓	借或贷	余额											核对
月	日			亿	千	百	十	万	千	百	十	元	角	分		亿	千	百	十	万	千	百	十	元	角	分			亿	千	百	十	万	千	百	十	元	角	分	

分类账

账号	总页码
页次	

账户名称：________________ __________ __________

年		凭证编号	摘要	借方											✓	贷方											✓	借或贷	余额											核对
月	日			亿	千	百	十	万	千	百	十	元	角	分		亿	千	百	十	万	千	百	十	元	角	分			亿	千	百	十	万	千	百	十	元	角	分	

分类账

账号	总页码
页次	

账户名称：______________________ ______________ ______________

年		凭证编号	摘要	借方											✓	贷方											✓	借或贷	余额											核对
月	日			亿	千	百	十	万	千	百	十	元	角	分		亿	千	百	十	万	千	百	十	元	角	分			亿	千	百	十	万	千	百	十	元	角	分	

分类账

账号	总页码
页次	

账户名称：______________________ ______________ ______________

年		凭证编号	摘要	借方											✓	贷方											✓	借或贷	余额											核对
月	日			亿	千	百	十	万	千	百	十	元	角	分		亿	千	百	十	万	千	百	十	元	角	分			亿	千	百	十	万	千	百	十	元	角	分	

分 类 账

账号	总页码
页次	

账户名称：____________________ ____________ ____________

年		凭证编号	摘要	借方											✓	贷方											✓	借或贷	余额											核对
月	日			亿	千	百	十	万	千	百	十	元	角	分		亿	千	百	十	万	千	百	十	元	角	分			亿	千	百	十	万	千	百	十	元	角	分	

分 类 账

账号	总页码
页次	

账户名称：____________________ ____________ ____________

年		凭证编号	摘要	借方											✓	贷方											✓	借或贷	余额											核对
月	日			亿	千	百	十	万	千	百	十	元	角	分		亿	千	百	十	万	千	百	十	元	角	分			亿	千	百	十	万	千	百	十	元	角	分	

分类账

账号	总页码
页次	

账户名称：____________________ ____________ ____________

年		凭证编号	摘要	借方											✓	贷方											✓	借或贷	余额											核对
月	日			亿	千	百	十	万	千	百	十	元	角	分		亿	千	百	十	万	千	百	十	元	角	分			亿	千	百	十	万	千	百	十	元	角	分	

分类账

账号	总页码
页次	

账户名称：____________________ ____________ ____________

年		凭证编号	摘要	借方											✓	贷方											✓	借或贷	余额											核对
月	日			亿	千	百	十	万	千	百	十	元	角	分		亿	千	百	十	万	千	百	十	元	角	分			亿	千	百	十	万	千	百	十	元	角	分	

分类账

账号	总页码
页次	

账户名称：

年		凭证编号	摘要	借方											✓	贷方											✓	借或贷	余额											核对
月	日			亿	千	百	十	万	千	百	十	元	角	分		亿	千	百	十	万	千	百	十	元	角	分			亿	千	百	十	万	千	百	十	元	角	分	

分类账

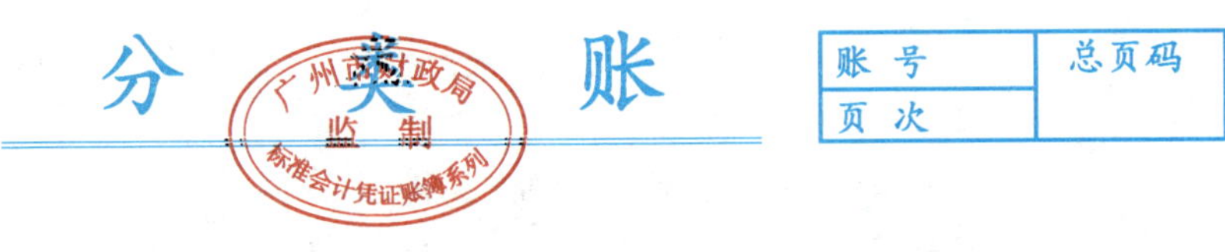

账号	总页码
页次	

账户名称：

年		凭证编号	摘要	借方											✓	贷方											✓	借或贷	余额											核对
月	日			亿	千	百	十	万	千	百	十	元	角	分		亿	千	百	十	万	千	百	十	元	角	分			亿	千	百	十	万	千	百	十	元	角	分	

分类账

账号	总页码
页次	

账户名称：________________ ____________ ____________

年		凭证编号	摘要	借方											✓	贷方											✓	借或贷	余额											核对
月	日			亿	千	百	十	万	千	百	十	元	角	分		亿	千	百	十	万	千	百	十	元	角	分			亿	千	百	十	万	千	百	十	元	角	分	

分类账

广州市财政局
监制
标准会计凭证账簿系列

账号	总页码
页次	

账户名称：________________ ____________ ____________

年		凭证编号	摘要	借方											✓	贷方											✓	借或贷	余额											核对
月	日			亿	千	百	十	万	千	百	十	元	角	分		亿	千	百	十	万	千	百	十	元	角	分			亿	千	百	十	万	千	百	十	元	角	分	

分类账

账号	总页码
页次	

账户名称：________________ ____________ ____________

年		凭证编号	摘要	借方											✓	贷方											✓	借或贷	余额											核对
月	日			亿	千	百	十	万	千	百	十	元	角	分		亿	千	百	十	万	千	百	十	元	角	分			亿	千	百	十	万	千	百	十	元	角	分	

分类账

广州市财政局
监制
标准会计凭证账簿系列

账号	总页码
页次	

账户名称：________________ ____________ ____________

年		凭证编号	摘要	借方											✓	贷方											✓	借或贷	余额											核对
月	日			亿	千	百	十	万	千	百	十	元	角	分		亿	千	百	十	万	千	百	十	元	角	分			亿	千	百	十	万	千	百	十	元	角	分	

分 类 账

账号	总页码
页次	

账户名称：________________ ____________ ____________

年		凭证编号	摘要	借方											✓	贷方											✓	借或贷	余额											核对
月	日			亿	千	百	十	万	千	百	十	元	角	分		亿	千	百	十	万	千	百	十	元	角	分			亿	千	百	十	万	千	百	十	元	角	分	

分 类 账

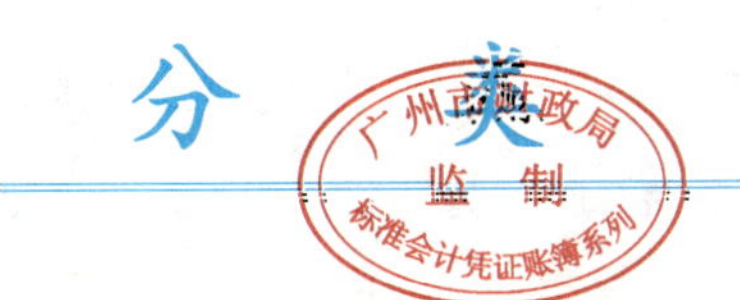

账号	总页码
页次	

账户名称：________________ ____________ ____________

年		凭证编号	摘要	借方											✓	贷方											✓	借或贷	余额											核对
月	日			亿	千	百	十	万	千	百	十	元	角	分		亿	千	百	十	万	千	百	十	元	角	分			亿	千	百	十	万	千	百	十	元	角	分	

分   账

账号	总页码
页次	

账户名称：________________ ____________ ____________

年		凭证编号	摘要	借方											✓	贷方											✓	借或贷	余额											核对
月	日			亿	千	百	十	万	千	百	十	元	角	分		亿	千	百	十	万	千	百	十	元	角	分			亿	千	百	十	万	千	百	十	元	角	分	

分类账

账号	总页码
页次	

账户名称：________________ ____________ ____________

年		凭证编号	摘要	借方											✓	贷方											✓	借或贷	余额											核对
月	日			亿	千	百	十	万	千	百	十	元	角	分		亿	千	百	十	万	千	百	十	元	角	分			亿	千	百	十	万	千	百	十	元	角	分	

账号	总页码
页次	

账户名称：

年		凭证编号	摘要	借方											✓	贷方											✓	借或贷	余额											核对
月	日			亿	千	百	十	万	千	百	十	元	角	分		亿	千	百	十	万	千	百	十	元	角	分			亿	千	百	十	万	千	百	十	元	角	分	

分类账

广州市财政局 监制 标准会计凭证账簿系列

账号	总页码
页次	

账户名称：

年		凭证编号	摘要	借方											✓	贷方											✓	借或贷	余额											核对
月	日			亿	千	百	十	万	千	百	十	元	角	分		亿	千	百	十	万	千	百	十	元	角	分			亿	千	百	十	万	千	百	十	元	角	分	

分类账

账号	总页码
页次	

账户名称：____________________ ____________ ____________

年		凭证编号	摘要	借方											✓	贷方											✓	借或贷	余额											核对
月	日			亿	千	百	十	万	千	百	十	元	角	分		亿	千	百	十	万	千	百	十	元	角	分			亿	千	百	十	万	千	百	十	元	角	分	

分类账

账号	总页码
页次	

账户名称：____________________ ____________ ____________

年		凭证编号	摘要	借方											✓	贷方											✓	借或贷	余额											核对
月	日			亿	千	百	十	万	千	百	十	元	角	分		亿	千	百	十	万	千	百	十	元	角	分			亿	千	百	十	万	千	百	十	元	角	分	

分类账

账号	总页码
页次	

账户名称：____________ ____________ ____________

年		凭证编号	摘要	借方											✓	贷方											✓	借或贷	余额											核对
月	日			亿	千	百	十	万	千	百	十	元	角	分		亿	千	百	十	万	千	百	十	元	角	分			亿	千	百	十	万	千	百	十	元	角	分	

分类账

广州市财政局
监制
标准会计凭证账簿系列

账号	总页码
页次	

账户名称：____________ ____________ ____________

年		凭证编号	摘要	借方											✓	贷方											✓	借或贷	余额											核对
月	日			亿	千	百	十	万	千	百	十	元	角	分		亿	千	百	十	万	千	百	十	元	角	分			亿	千	百	十	万	千	百	十	元	角	分	

分类账

账号	总页码
页次	

账户名称：____________________ ____________ ____________

年		凭证编号	摘要	借方											✓	贷方											✓	借或贷	余额											核对
月	日			亿	千	百	十	万	千	百	十	元	角	分		亿	千	百	十	万	千	百	十	元	角	分			亿	千	百	十	万	千	百	十	元	角	分	

分类账

账号	总页码
页次	

账户名称：____________________ ____________ ____________

年		凭证编号	摘要	借方											✓	贷方											✓	借或贷	余额											核对
月	日			亿	千	百	十	万	千	百	十	元	角	分		亿	千	百	十	万	千	百	十	元	角	分			亿	千	百	十	万	千	百	十	元	角	分	

分类账

账号	总页码
页次	

账户名称：______________ ______________ ______________

年		凭证编号	摘要	借方											✓	贷方											✓	借或贷	余额											核对
月	日			亿	千	百	十	万	千	百	十	元	角	分		亿	千	百	十	万	千	百	十	元	角	分			亿	千	百	十	万	千	百	十	元	角	分	

分类账

账号	总页码
页次	

账户名称：______________ ______________ ______________

年		凭证编号	摘要	借方											✓	贷方											✓	借或贷	余额											核对
月	日			亿	千	百	十	万	千	百	十	元	角	分		亿	千	百	十	万	千	百	十	元	角	分			亿	千	百	十	万	千	百	十	元	角	分	

分类账

账号	总页码
页次	

账户名称：

年		凭证编号	摘要	借方											✓	贷方											✓	借或贷	余额											核对
月	日			亿	千	百	十	万	千	百	十	元	角	分		亿	千	百	十	万	千	百	十	元	角	分			亿	千	百	十	万	千	百	十	元	角	分	

分类账

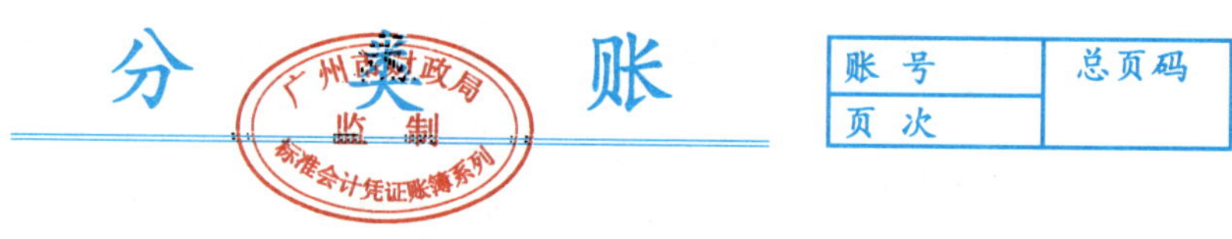

账号	总页码
页次	

账户名称：

年		凭证编号	摘要	借方											✓	贷方											✓	借或贷	余额											核对
月	日			亿	千	百	十	万	千	百	十	元	角	分		亿	千	百	十	万	千	百	十	元	角	分			亿	千	百	十	万	千	百	十	元	角	分	

分 类 账

账号	总页码
页次	

账户名称：________________ ____________ ____________

年		凭证编号	摘要	借方											✓	贷方											✓	借或贷	余额											核对
月	日			亿	千	百	十	万	千	百	十	元	角	分		亿	千	百	十	万	千	百	十	元	角	分			亿	千	百	十	万	千	百	十	元	角	分	

分 类 账

广州市财政局
监制
标准会计凭证账簿系列

账号	总页码
页次	

账户名称：________________ ____________ ____________

年		凭证编号	摘要	借方											✓	贷方											✓	借或贷	余额											核对
月	日			亿	千	百	十	万	千	百	十	元	角	分		亿	千	百	十	万	千	百	十	元	角	分			亿	千	百	十	万	千	百	十	元	角	分	

分类账

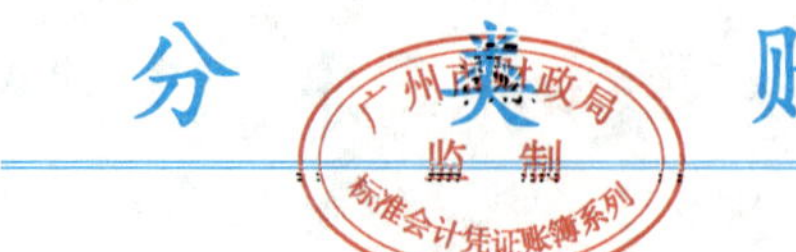

账号	总页码
页次	

账户名称：____________________ ____________ ____________

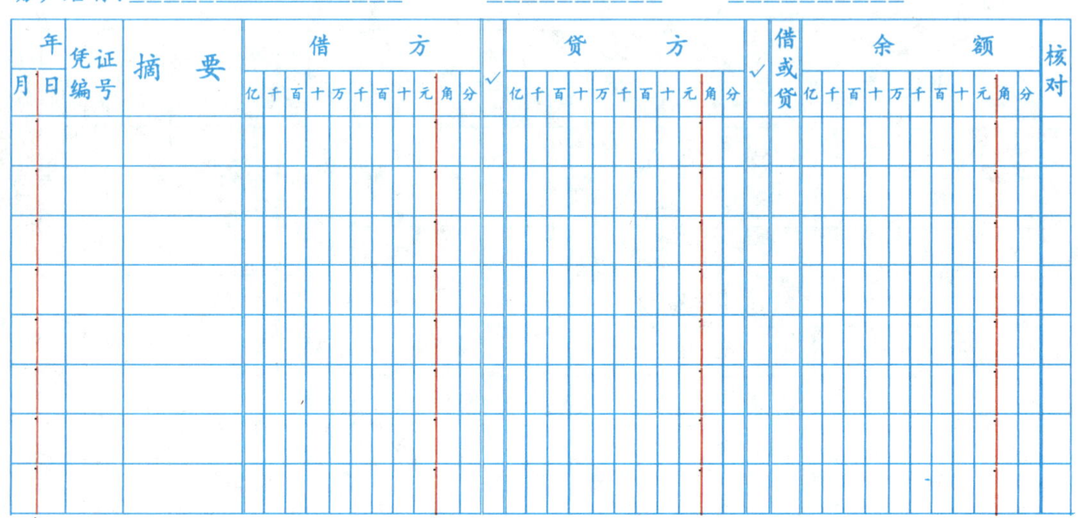

年		凭证编号	摘要	借方											✓	贷方											✓	借或贷	余额											核对
月	日			亿	千	百	十	万	千	百	十	元	角	分		亿	千	百	十	万	千	百	十	元	角	分			亿	千	百	十	万	千	百	十	元	角	分	

分类账

账号	总页码
页次	

账户名称：____________________ ____________ ____________

年		凭证编号	摘要	借方											✓	贷方											✓	借或贷	余额											核对
月	日			亿	千	百	十	万	千	百	十	元	角	分		亿	千	百	十	万	千	百	十	元	角	分			亿	千	百	十	万	千	百	十	元	角	分	

分类账

账号	总页码
页次	

账户名称：____________________ ____________ ____________

年		凭证编号	摘要	借方											✓	贷方											✓	借或贷	余额											核对
月	日			亿	千	百	十	万	千	百	十	元	角	分		亿	千	百	十	万	千	百	十	元	角	分			亿	千	百	十	万	千	百	十	元	角	分	

分类账

账号	总页码
页次	

账户名称：____________________ ____________ ____________

年		凭证编号	摘要	借方											✓	贷方											✓	借或贷	余额											核对
月	日			亿	千	百	十	万	千	百	十	元	角	分		亿	千	百	十	万	千	百	十	元	角	分			亿	千	百	十	万	千	百	十	元	角	分	

出纳日记账

第　　页

年		凭证编号	摘要	对方科目	票号	借方									贷方									借方余额								
月	日					百	十	万	千	百	十	元	角	分	百	十	万	千	百	十	元	角	分	百	十	万	千	百	十	元	角	分

出纳日记账

第　　页

年		凭证编号	摘要	对方科目	票号	借方									贷方									借方余额								
月	日					百	十	万	千	百	十	元	角	分	百	十	万	千	百	十	元	角	分	百	十	万	千	百	十	元	角	分

出纳日记账

第　　页

年		凭证编号	摘要	对方科目	票号	借方									贷方									借方余额								
月	日					百	十	万	千	百	十	元	角	分	百	十	万	千	百	十	元	角	分	百	十	万	千	百	十	元	角	分

出纳日记账

第　　页

年		凭证编号	摘要	对方科目	票号	借方									贷方									借方余额								
月	日					百	十	万	千	百	十	元	角	分	百	十	万	千	百	十	元	角	分	百	十	万	千	百	十	元	角	分

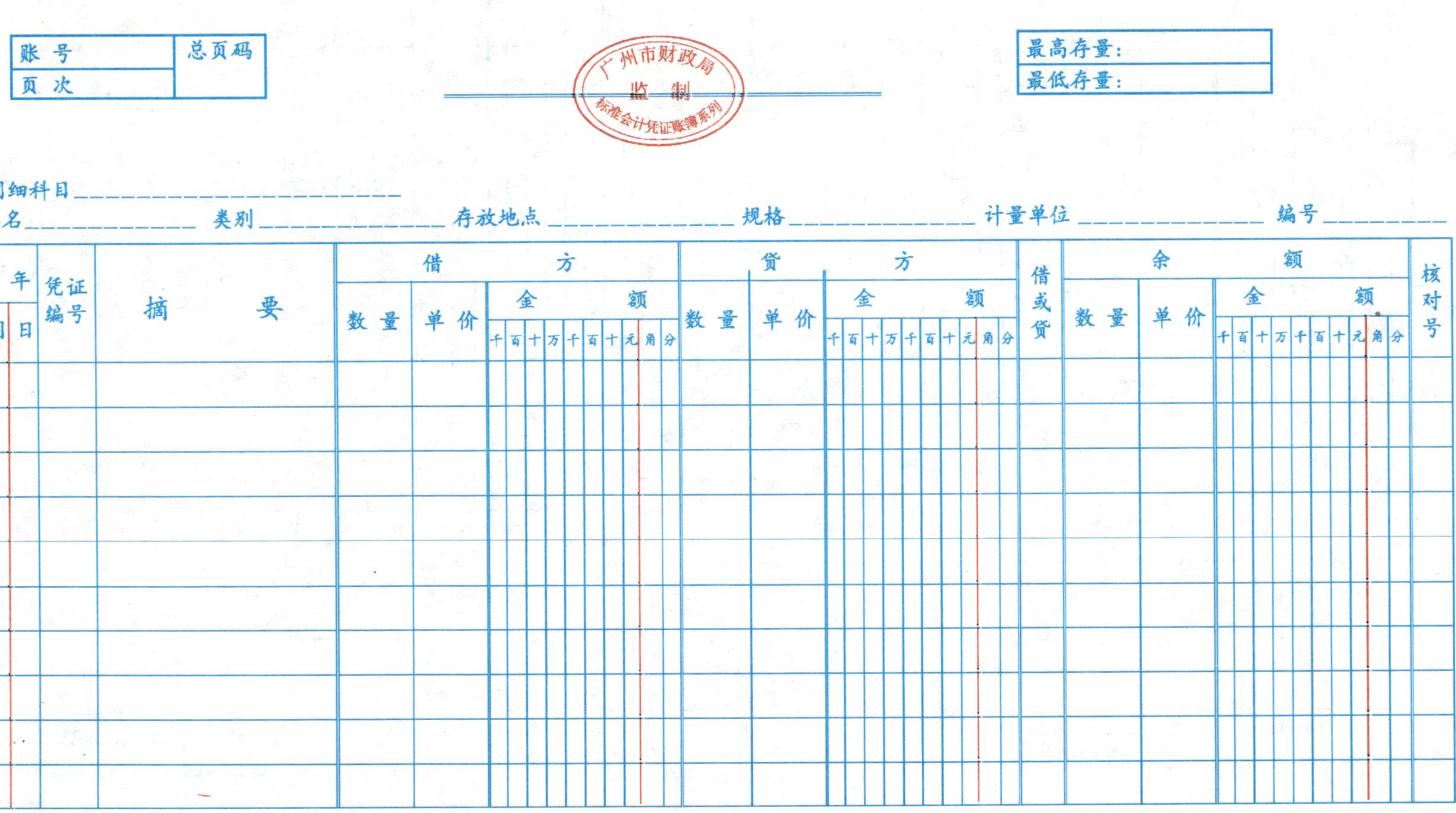

账号		总页码
页次		

最高存量：
最低存量：

明细科目______________

品名__________ 类别__________ 存放地点__________ 规格__________ 计量单位__________ 编号__________

年		凭证编号	摘要	借方												贷方												借或贷	余额												核对号
				数量	单价	金额										数量	单价	金额											数量	单价	金额										
月	日					千	百	十	万	千	百	十	元	角	分			千	百	十	万	千	百	十	元	角	分				千	百	十	万	千	百	十	元	角	分	

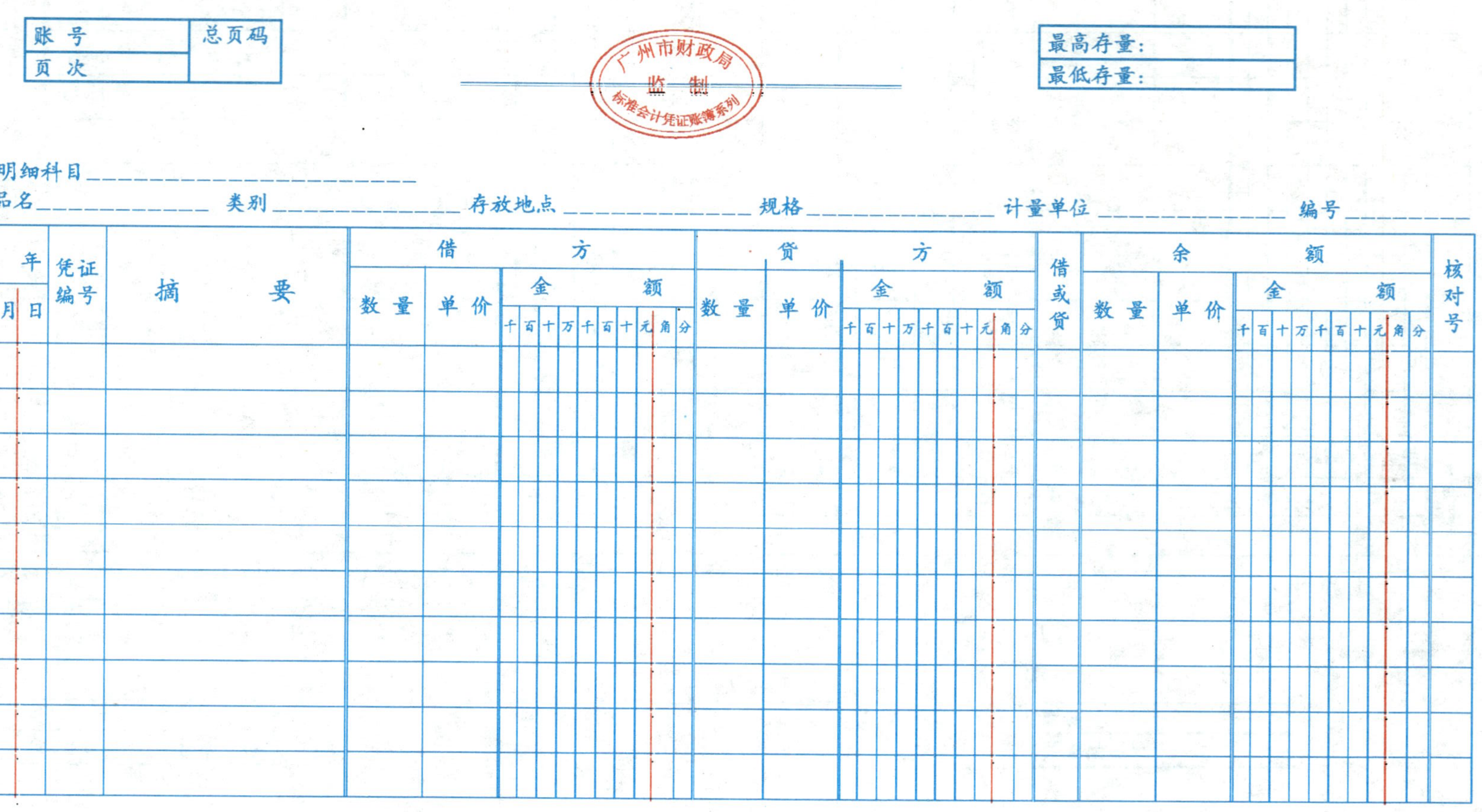

账号		总页码
页次		

广州市财政局 监制 标准会计凭证账簿系列

最高存量：
最低存量：

明细科目________________

品名__________ 类别__________ 存放地点__________ 规格__________ 计量单位__________ 编号__________

年		凭证编号	摘要	借方												贷方												借或贷	余额												核对号
月	日			数量	单价	金额										数量	单价	金额											数量	单价	金额										
						千	百	十	万	千	百	十	元	角	分			千	百	十	万	千	百	十	元	角	分				千	百	十	万	千	百	十	元	角	分	

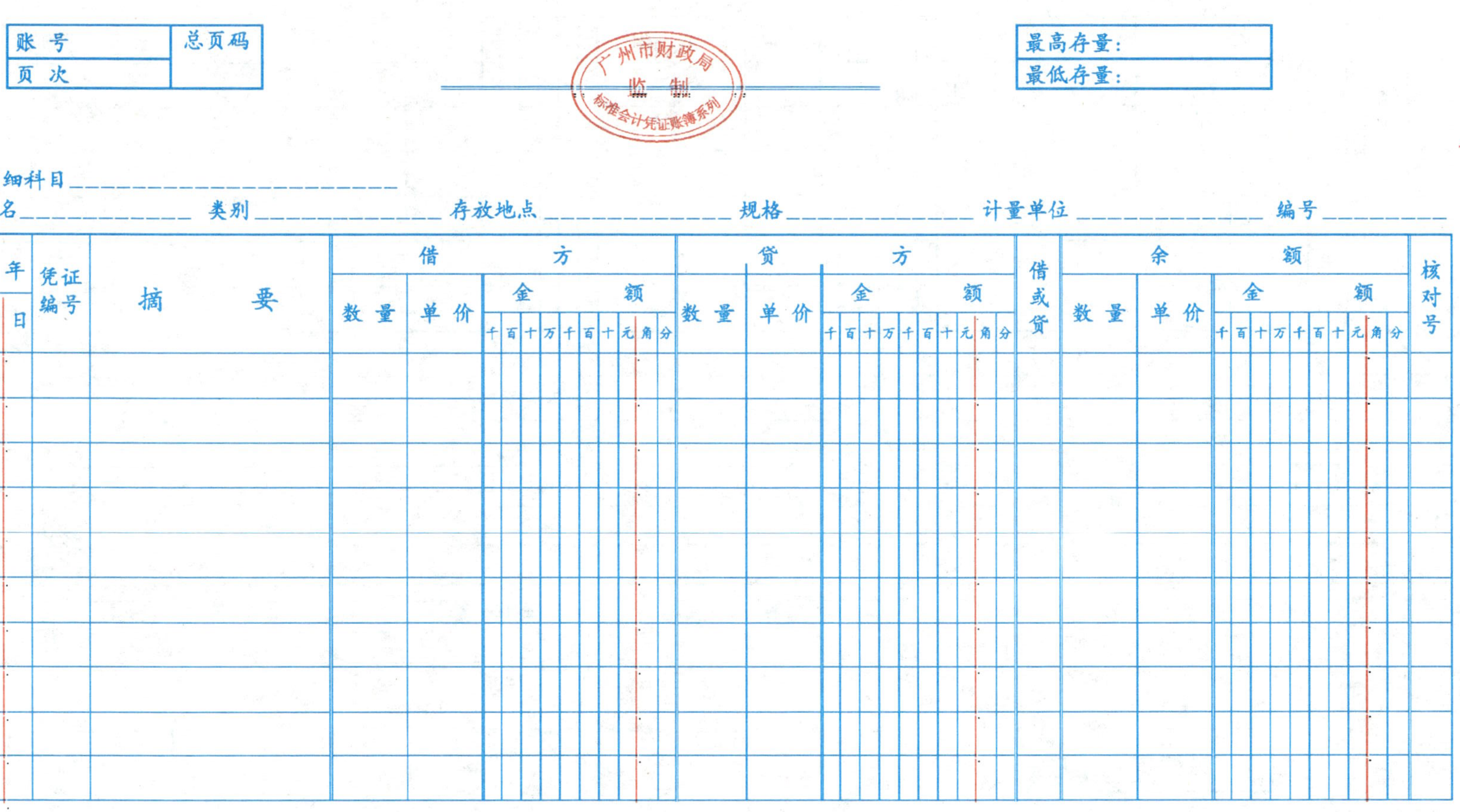

账号		总页码
页次		

广州市财政局 监制 标准会计凭证账簿系列

最高存量：
最低存量：

明细科目________________

品名________ 类别________ 存放地点________ 规格________ 计量单位________ 编号________

年		凭证编号	摘要	借方												贷方												借或贷	余额												核对号
月	日			数量	单价	金额										数量	单价	金额											数量	单价	金额										
						千	百	十	万	千	百	十	元	角	分			千	百	十	万	千	百	十	元	角	分				千	百	十	万	千	百	十	元	角	分	

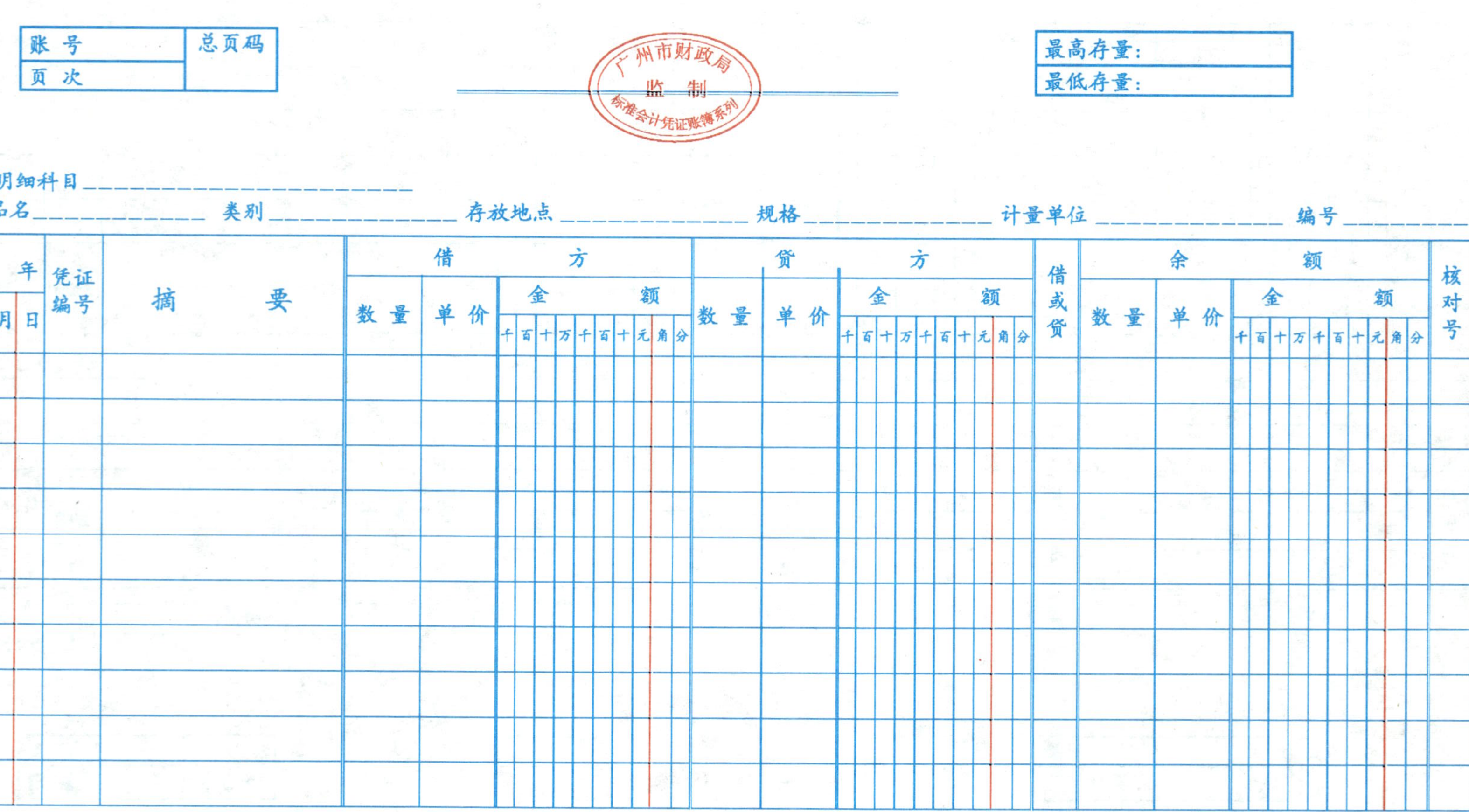

账号		总页码
页次		

最高存量：
最低存量：

明细科目＿＿＿＿＿＿＿＿

品名＿＿＿＿ 类别＿＿＿＿ 存放地点＿＿＿＿ 规格＿＿＿＿ 计量单位＿＿＿＿ 编号＿＿＿＿

年		凭证编号	摘要	借方												贷方												借或贷	余额												核对号
月	日			数量	单价	金额										数量	单价	金额											数量	单价	金额										
						千	百	十	万	千	百	十	元	角	分			千	百	十	万	千	百	十	元	角	分				千	百	十	万	千	百	十	元	角	分	

账号		总页码
页次		

最高存量：
最低存量：

明细科目________________________

品名____________ 类别_____________ 存放地点_____________ 规格_____________ 计量单位_____________ 编号_________

年		凭证编号	摘要	借方												贷方												借或贷	余额												核对号
月	日			数量	单价	金额										数量	单价	金额											数量	单价	金额										
						千	百	十	万	千	百	十	元	角	分			千	百	十	万	千	百	十	元	角	分				千	百	十	万	千	百	十	元	角	分	

账号		总页码
页次		

广州市财政局 监制 标准会计凭证账簿系列

最高存量：	
最低存量：	

明细科目＿＿＿＿＿＿＿＿＿＿

品名＿＿＿＿＿＿ 类别＿＿＿＿＿＿ 存放地点＿＿＿＿＿＿ 规格＿＿＿＿＿＿ 计量单位＿＿＿＿＿＿ 编号＿＿＿＿＿＿

年		凭证编号	摘要	借方												贷方												借或贷	余额												核对号
月	日			数量	单价	金额										数量	单价	金额											数量	单价	金额										
						千	百	十	万	千	百	十	元	角	分			千	百	十	万	千	百	十	元	角	分				千	百	十	万	千	百	十	元	角	分	

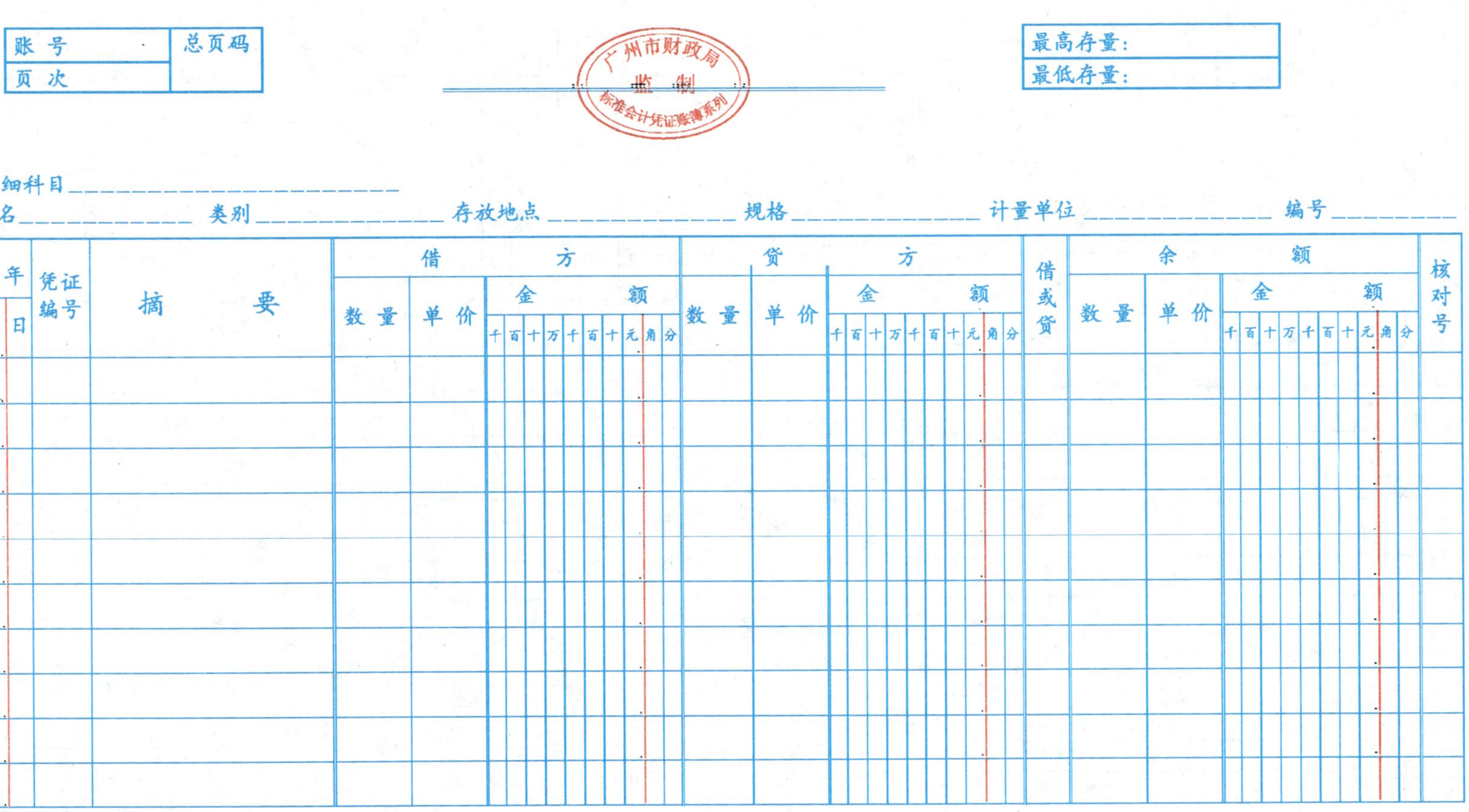

账号		总页码
页次		

最高存量：
最低存量：

明细科目______________

品名______ 类别______ 存放地点______ 规格______ 计量单位______ 编号______

年		凭证编号	摘要	借方												贷方												借或贷	余额												核对号
月	日			数量	单价	金额										数量	单价	金额											数量	单价	金额										
						千	百	十	万	千	百	十	元	角	分			千	百	十	万	千	百	十	元	角	分				千	百	十	万	千	百	十	元	角	分	

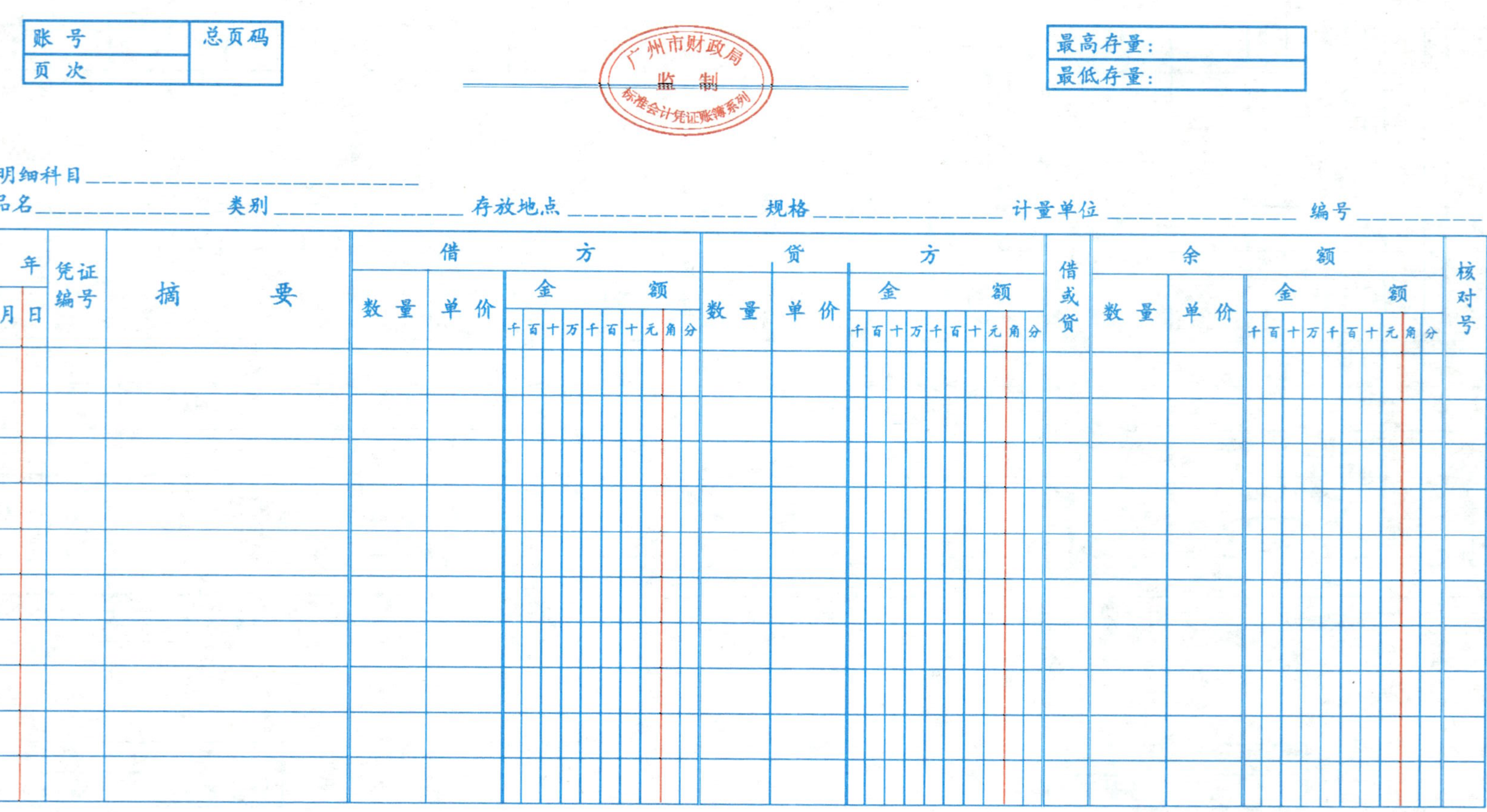

账号		总页码
页次		

最高存量：
最低存量：

明细科目______________

品名__________ 类别__________ 存放地点__________ 规格__________ 计量单位__________ 编号__________

年		凭证编号	摘要	借方												贷方												借或贷	余额												核对号
月	日			数量	单价	金额										数量	单价	金额											数量	单价	金额										
						千	百	十	万	千	百	十	元	角	分			千	百	十	万	千	百	十	元	角	分				千	百	十	万	千	百	十	元	角	分	

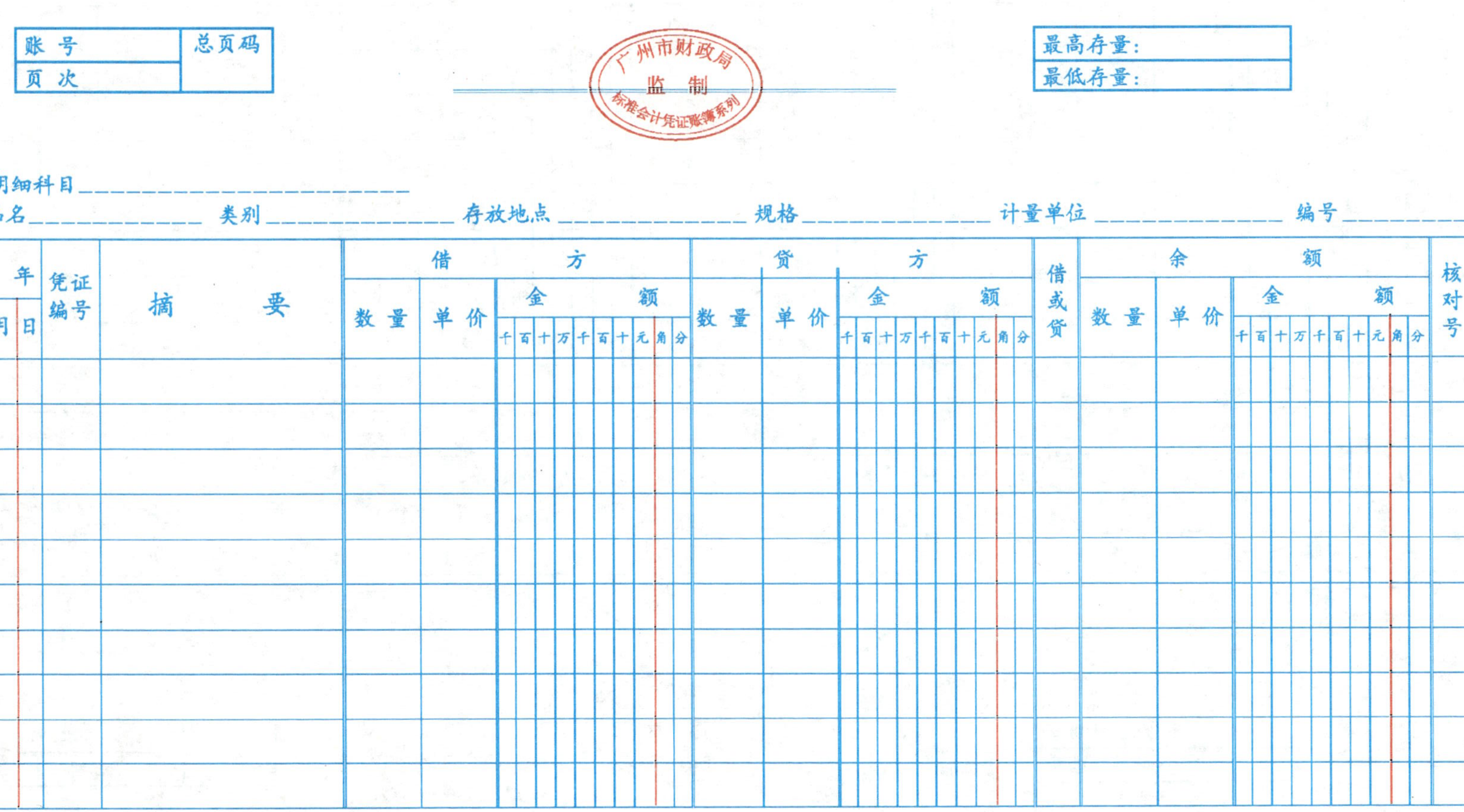

账号		总页码
页次		

广州市财政局 监制 标准会计凭证账簿系列

最高存量：
最低存量：

明细科目＿＿＿＿＿＿＿＿＿＿＿＿

品名＿＿＿＿＿＿ 类别＿＿＿＿＿＿ 存放地点＿＿＿＿＿＿ 规格＿＿＿＿＿＿ 计量单位＿＿＿＿＿＿ 编号＿＿＿＿＿

年		凭证编号	摘要	借方												贷方												借或贷	余额												核对号
月	日			数量	单价	金额										数量	单价	金额											数量	单价	金额										
						千	百	十	万	千	百	十	元	角	分			千	百	十	万	千	百	十	元	角	分				千	百	十	万	千	百	十	元	角	分	

账号		总页码
页次		

广州市财政局 监制 标准会计凭证账簿系列

最高存量：
最低存量：

明细科目________________

品名__________ 类别__________ 存放地点__________ 规格__________ 计量单位__________ 编号__________

年		凭证编号	摘要	借方												贷方												借或贷	余额												核对号
月	日			数量	单价	金额										数量	单价	金额											数量	单价	金额										
						千	百	十	万	千	百	十	元	角	分			千	百	十	万	千	百	十	元	角	分				千	百	十	万	千	百	十	元	角	分	

账 号	总页码
页 次	

广州市财政局 监制 标准会计凭证账簿系列

最高存量：
最低存量：

明细科目______________________________

品名______________ 类别________________ 存放地点________________ 规格________________ 计量单位________________ 编号__________

年		凭证编号	摘要	借方												贷方												借或贷	余额												核对号
月	日			数量	单价	金额										数量	单价	金额											数量	单价	金额										
						千	百	十	万	千	百	十	元	角	分			千	百	十	万	千	百	十	元	角	分				千	百	十	万	千	百	十	元	角	分	

账号		总页码
页次		

最高存量：
最低存量：

明细科目____________________________

品名______________ 类别________________ 存放地点________________ 规格________________ 计量单位________________ 编号__________

年		凭证编号	摘要	借方												贷方												借或贷	余额												核对号
月	日			数量	单价	金额										数量	单价	金额											数量	单价	金额										
						千	百	十	万	千	百	十	元	角	分			千	百	十	万	千	百	十	元	角	分				千	百	十	万	千	百	十	元	角	分	

账号		总页码
页次		

广州市财政局 监制 标准会计凭证账簿系列

最高存量：
最低存量：

明细科目____________

品名________ 类别________ 存放地点________ 规格________ 计量单位________ 编号________

年		凭证编号	摘要	借方												贷方												借或贷	余额												核对号
月	日			数量	单价	金额										数量	单价	金额											数量	单价	金额										
						千	百	十	万	千	百	十	元	角	分			千	百	十	万	千	百	十	元	角	分				千	百	十	万	千	百	十	元	角	分	

账号	总页码
页次	

最高存量：
最低存量：

明细科目______________________

品名____________ 类别____________ 存放地点____________ 规格____________ 计量单位____________ 编号__________

年		凭证编号	摘要	借方												贷方												借或贷	余额												核对号
月	日			数量	单价	金额										数量	单价	金额											数量	单价	金额										
						千	百	十	万	千	百	十	元	角	分			千	百	十	万	千	百	十	元	角	分				千	百	十	万	千	百	十	元	角	分	

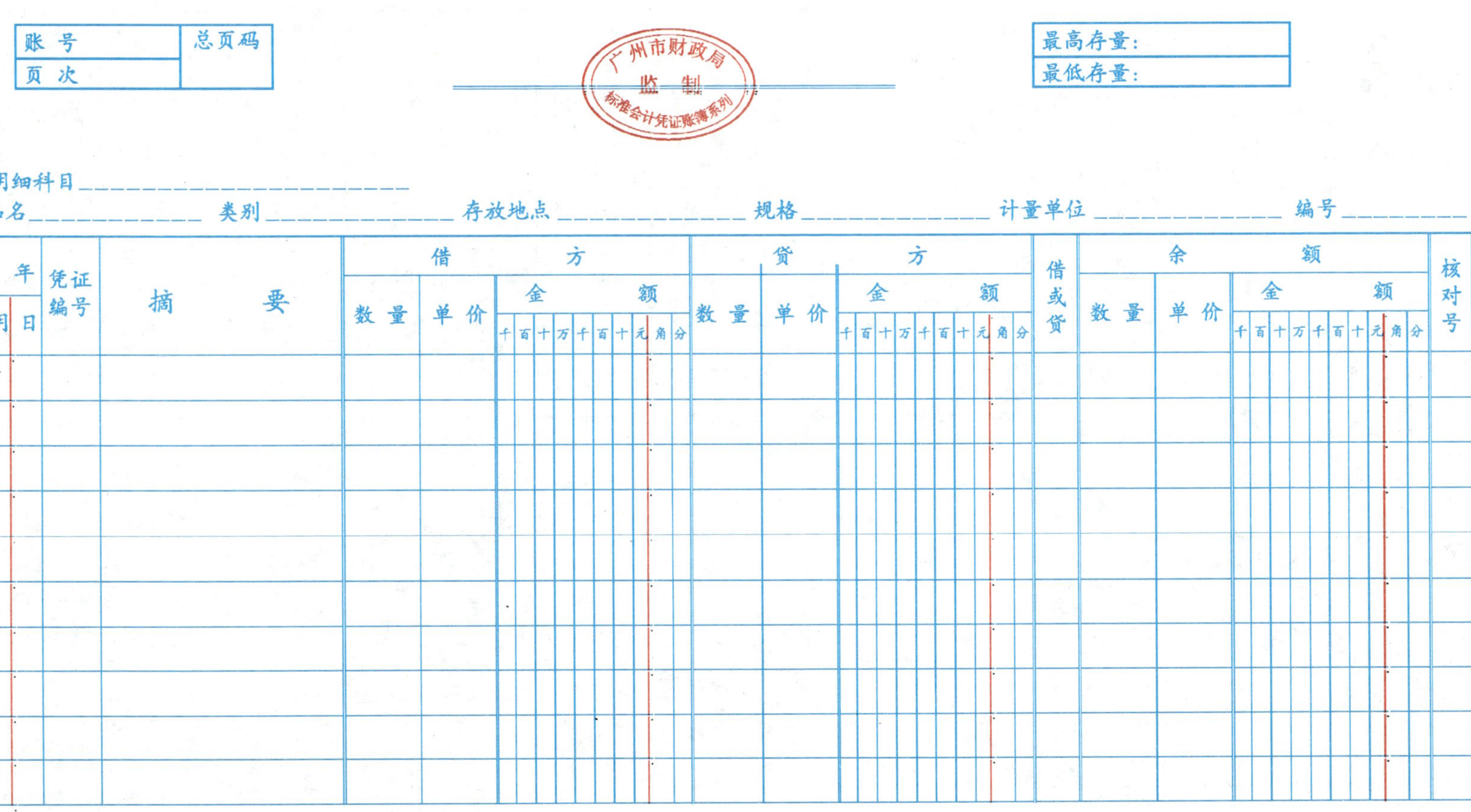

账号		总页码
页次		

最高存量：
最低存量：

明细科目________________________

品名____________ 类别_____________ 存放地点_____________ 规格_____________ 计量单位_____________ 编号__________

年		凭证编号	摘要	借方												贷方												借或贷	余额												核对号
				数量	单价	金额										数量	单价	金额											数量	单价	金额										
月	日					千	百	十	万	千	百	十	元	角	分			千	百	十	万	千	百	十	元	角	分				千	百	十	万	千	百	十	元	角	分	

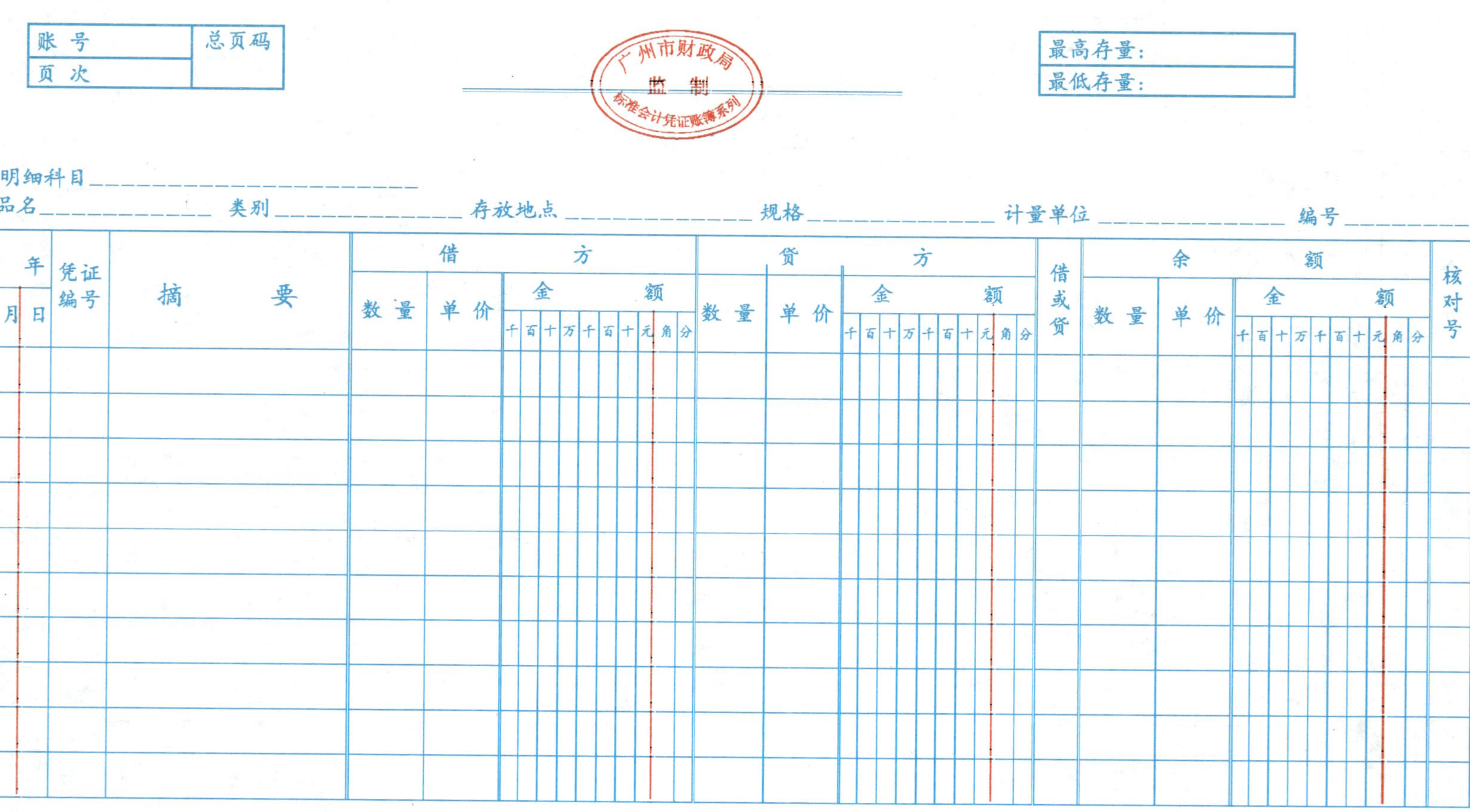

账号	总页码
页次	

最高存量：
最低存量：

明细科目＿＿＿＿＿＿＿＿

品名＿＿＿＿ 类别＿＿＿＿ 存放地点＿＿＿＿ 规格＿＿＿＿ 计量单位＿＿＿＿ 编号＿＿＿＿

年		凭证编号	摘要	借方												贷方												借或贷	余额												核对号
				数量	单价	金额										数量	单价	金额											数量	单价	金额										
月	日					千	百	十	万	千	百	十	元	角	分			千	百	十	万	千	百	十	元	角	分				千	百	十	万	千	百	十	元	角	分	

费用明细账

年		凭证号数	摘要	合计								借方金额																																													
月	日			十	万	千	百	十	元	角	分	十	万	千	百	十	元	角	分	十	万	千	百	十	元	角	分	十	万	千	百	十	元	角	分	十	万	千	百	十	元	角	分	十	万	千	百	十	元	角	分	十	万	千	百	十	元	角	分

费用明细账

年		凭证号数	摘要	合计								借方金额																																													
月	日			十	万	千	百	十	元	角	分	十	万	千	百	十	元	角	分	十	万	千	百	十	元	角	分	十	万	千	百	十	元	角	分	十	万	千	百	十	元	角	分	十	万	千	百	十	元	角	分	十	万	千	百	十	元	角	分

费用明细账

<table>
<tr><th colspan="2" rowspan="2">年</th><th rowspan="3">凭证号数</th><th rowspan="3">摘要</th><th colspan="8" rowspan="2">合计</th><th colspan="48">借方金额</th></tr>
<tr><th colspan="8"></th><th colspan="8"></th><th colspan="8"></th><th colspan="8"></th><th colspan="8"></th><th colspan="8"></th></tr>
<tr><th>月</th><th>日</th><th>十</th><th>万</th><th>千</th><th>百</th><th>十</th><th>元</th><th>角</th><th>分</th><th>十</th><th>万</th><th>千</th><th>百</th><th>十</th><th>元</th><th>角</th><th>分</th><th>十</th><th>万</th><th>千</th><th>百</th><th>十</th><th>元</th><th>角</th><th>分</th><th>十</th><th>万</th><th>千</th><th>百</th><th>十</th><th>元</th><th>角</th><th>分</th><th>十</th><th>万</th><th>千</th><th>百</th><th>十</th><th>元</th><th>角</th><th>分</th><th>十</th><th>万</th><th>千</th><th>百</th><th>十</th><th>元</th><th>角</th><th>分</th><th>十</th><th>万</th><th>千</th><th>百</th><th>十</th><th>元</th><th>角</th><th>分</th></tr>
</table>

费 用 明 细 账

年		凭证号数	摘　要	合　计	借　方　金　额					
月	日			十 万 千 百 十 元 角 分	十 万 千 百 十 元 角 分	十 万 千 百 十 元 角 分	十 万 千 百 十 元 角 分	十 万 千 百 十 元 角 分	十 万 千 百 十 元 角 分	十 万 千 百 十 元 角 分

在途物资明细账

明细科目：　　　　　　　　　　　　第　　页

年		凭证号数	发票账单号数	供应单位或采购员姓名	摘要	借方				年		凭证号数	发票账单号数	摘要	贷方		
月	日					买价	运杂费	其他	合计	月	日				实际成本	其他	合计
						百十万千百十元角分	百十万千百十元角分	百十万千百十元角分	百十万千百十元角分						百十万千百十元角分	百十万千百十元角分	百十万千百十元角分

在途物资明细账

明细科目：　　　　　　　　　　　　　　　　　　　　第　　页

年		凭证号数	发票账单号数	供应单位或采购员姓名	摘要	借方				年		凭证号数	发票账单号数	摘要	贷方		
月	日					买价（百十万千百十元角分）	运杂费（百十万千百十元角分）	其他（百十万千百十元角分）	合计（百十万千百十元角分）	月	日				实际成本（百十万千百十元角分）	其他（百十万千百十元角分）	合计（百十万千百十元角分）

在途物资明细账

明细科目：　　　　　　　　　　　　　　　　第　　页

年		凭证号数	发票账单号数	供应单位或采购员姓名	摘要	借方				年		凭证号数	发票账单号数	摘要	贷方		
月	日					买价	运杂费	其他	合计	月	日				实际成本	其他	合计
						百十万千百十元角分	百十万千百十元角分	百十万千百十元角分	百十万千百十元角分						百十万千百十元角分	百十万千百十元角分	百十万千百十元角分

在途物资明细账

明细科目：

第　　页

年		凭证号数	发票账单号数	供应单位或采购员姓名	摘要	借方				年		凭证号数	发票账单号数	摘要	贷方		
月	日					买价	运杂费	其他	合计	月	日				实际成本	其他	合计

应交税金——应交增值税明细表

年		凭证号数	摘要	借方					贷方					借或贷	金额
				合计	进项税项	已交税金		转出未交增值税	合计	销项税额	进项税额转出	出口退税	转出多交增值税		
月	日			百十万千百十元角分	百十万千百十元角分	百十万千百十元角分	百十万千百十元角分	百十万千百十元角分	百十万千百十元角分	百十万千百十元角分	百十万千百十元角分	百十万千百十元角分	百十万千百十元角分		百十万千百十元角分

科目汇总表

年　　月　　日至　　日

会计科目	本期发生额		记账凭证起讫号数
	借方	贷方	
合计			

科 目 汇 总 表

年 月 日至 日

会 计 科 目	本 期 发 生 额		记账凭证起讫号数
	借 方	贷 方	
合 计			

科目汇总表

年　　月　　日至　　日

会计科目	本期发生额		记账凭证起讫号数
	借方	贷方	
合计			

科 目 汇 总 表

年 月 日至 日

会 计 科 目	本 期 发 生 额		记账凭证起讫号数
	借 方	贷 方	
合 计			

科 目 汇 总 表

年　　月　　日至　　日

会计科目	本期发生额		记账凭证起讫号数
	借方	贷方	
合计			

科 目 汇 总 表

年 月 日至 日

会计科目	本期发生额		记账凭证起讫号数
	借方	贷方	
合计			

试 算 平 衡 表

年　　月　　日

会计科目	期初余额		本期发生额		期末余额	
	借方	贷方	借方	贷方	借方	贷方
合计						

试 算 平 衡 表

年 月 日

会计科目	期初余额		本期发生额		期末余额	
	借方	贷方	借方	贷方	借方	贷方
合计						

试　算　平　衡　表

年　月　日

会计科目	期初余额		本期发生额		期末余额	
	借方	贷方	借方	贷方	借方	贷方
合计						

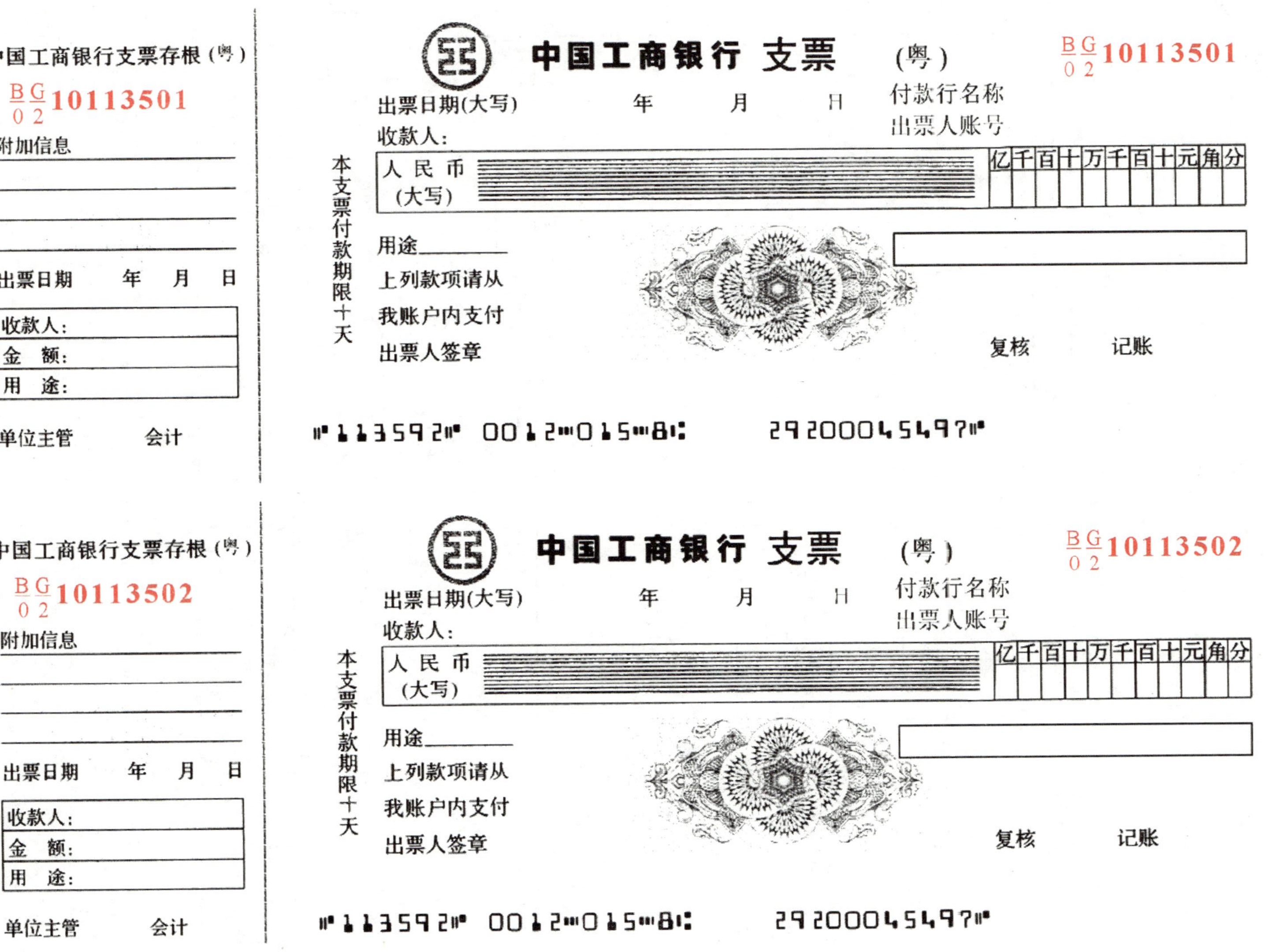

中国工商银行支票存根（粤）

BG 02 10113501

附加信息

出票日期　　年　月　日

收款人：

金　额：

用　途：

单位主管　　会计

中国工商银行 支票　（粤）　BG 02 10113501

出票日期(大写)　　年　　月　　日　　付款行名称

收款人：　　出票人账号

本支票付款期限十天

人民币（大写）	亿	千	百	十	万	千	百	十	元	角	分

用途________

上列款项请从

我账户内支付

出票人签章　　复核　　记账

⑈113592⑈ 0012⑆015⑆81⑆ 2920004549?⑈

中国工商银行支票存根（粤）

BG 02 10113502

附加信息

出票日期　　年　月　日

收款人：

金　额：

用　途：

单位主管　　会计

中国工商银行 支票　（粤）　BG 02 10113502

出票日期(大写)　　年　　月　　日　　付款行名称

收款人：　　出票人账号

本支票付款期限十天

人民币（大写）	亿	千	百	十	万	千	百	十	元	角	分

用途________

上列款项请从

我账户内支付

出票人签章　　复核　　记账

⑈113592⑈ 0012⑆015⑆81⑆ 2920004549?⑈

<table>
<tr><td colspan="2">附加信息：</td><td>被背书人</td></tr>
<tr><td>身份证件名称：</td><td>发证机关：</td><td rowspan="2">背书人签章
年 月 日</td></tr>
<tr><td colspan="2">号码</td></tr>
</table>

（贴粘单处）

<table>
<tr><td colspan="2">附加信息：</td><td>被背书人</td></tr>
<tr><td>身份证件名称：</td><td>发证机关：</td><td rowspan="2">背书人签章
年 月 日</td></tr>
<tr><td colspan="2">号码</td></tr>
</table>

（贴粘单处）

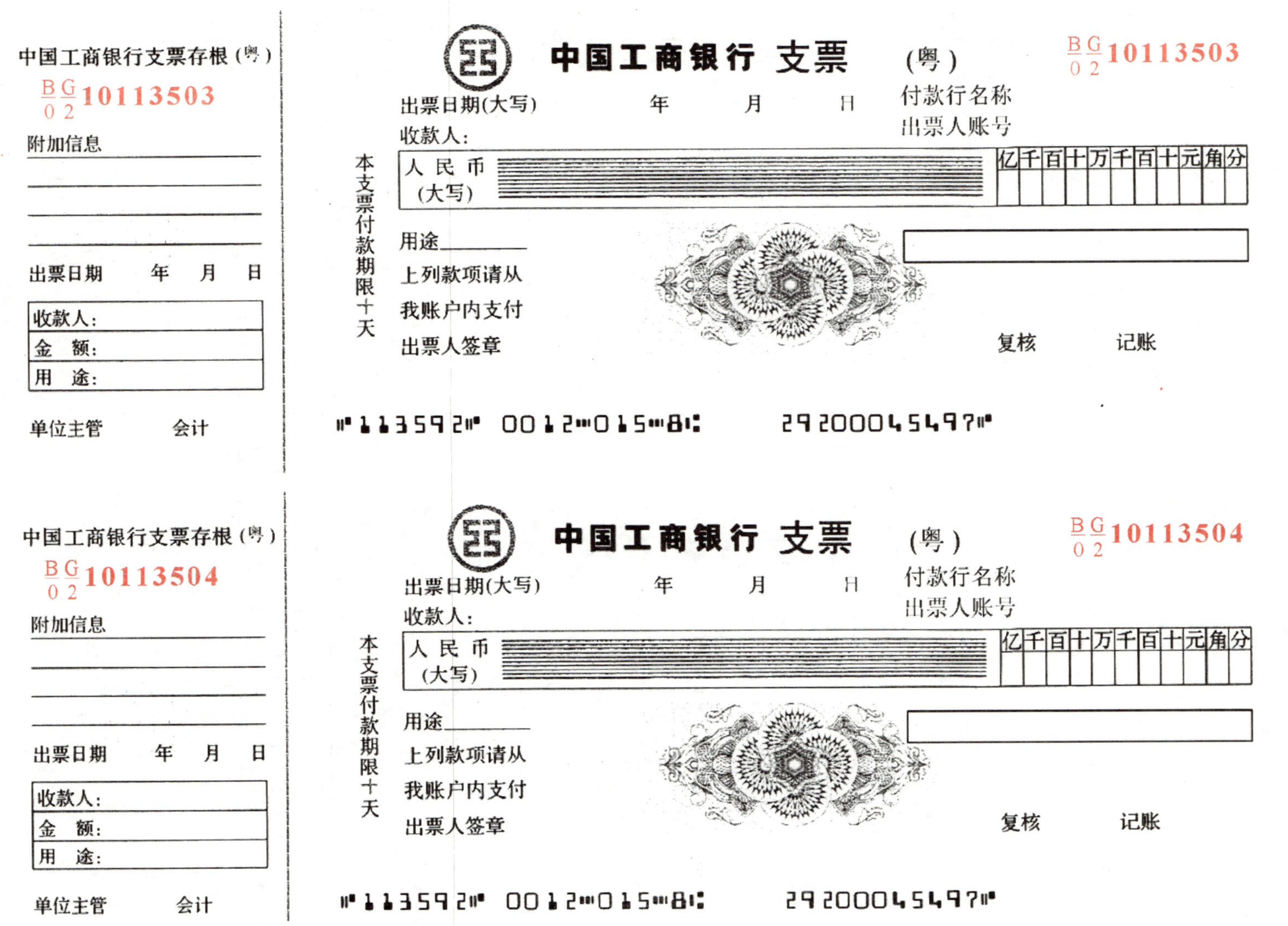

中国工商银行支票存根（粤）

BG 02 10113503

附加信息

出票日期　年　月　日

收款人：

金　额：

用　途：

单位主管　会计

中国工商银行 支票 （粤）　BG 02 10113503

出票日期(大写)　年　月　日　付款行名称

收款人：　出票人账号

本支票付款期限十天

人民币（大写）	亿	千	百	十	万	千	百	十	元	角	分

用途

上列款项请从

我账户内支付

出票人签章　复核　记账

⑈113592⑈ 0012⑆015⑆8⑆ 2920004549 7⑈

中国工商银行支票存根（粤）

BG 02 10113504

附加信息

出票日期　年　月　日

收款人：

金　额：

用　途：

单位主管　会计

中国工商银行 支票 （粤）　BG 02 10113504

出票日期(大写)　年　月　日　付款行名称

收款人：　出票人账号

本支票付款期限十天

人民币（大写）	亿	千	百	十	万	千	百	十	元	角	分

用途

上列款项请从

我账户内支付

出票人签章　复核　记账

⑈113592⑈ 0012⑆015⑆8⑆ 2920004549 7⑈

附加信息：	被背书人
身份证件名称：　　　　发证机关：	
号码	背书人签章 年　月　日

（贴粘单处）

附加信息：	被背书人
身份证件名称：　　　　发证机关：	
号码	背书人签章 年　月　日

（贴粘单处）

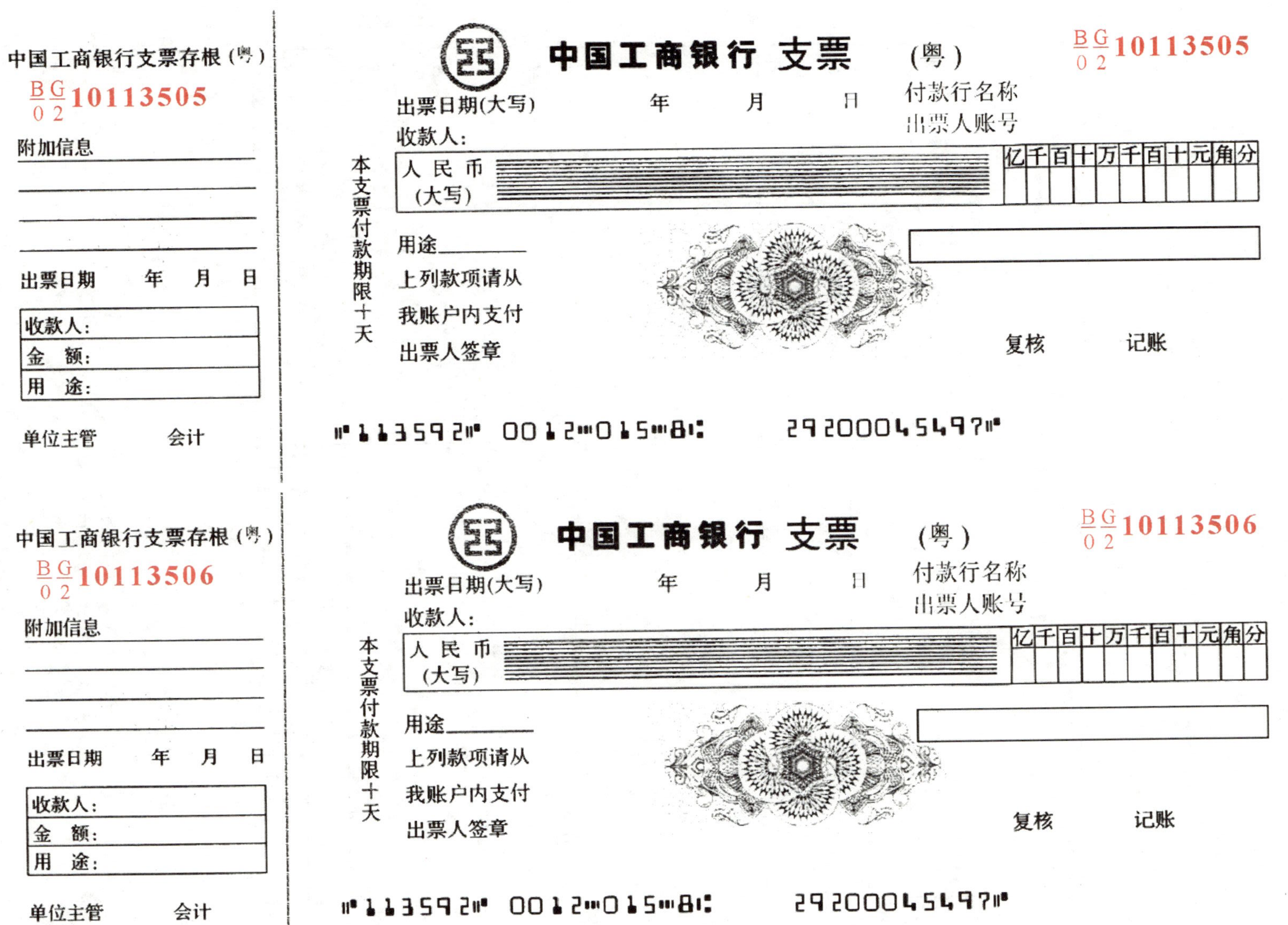

中国工商银行支票存根（粤）

BG/02 10113505

附加信息

出票日期　　年　　月　　日

收款人：
金　额：
用　途：

单位主管　　　会计

中国工商银行 支票　（粤）

BG/02 10113505

出票日期(大写)　　年　　月　　日　　付款行名称

收款人：　　出票人账号

本支票付款期限十天

人民币（大写）	亿	千	百	十	万	千	百	十	元	角	分

用途

上列款项请从

我账户内支付

出票人签章　　复核　　记账

⑈113592⑈ 0012⑆0158⑆ 292000454972⑈

中国工商银行支票存根（粤）

BG/02 10113506

附加信息

出票日期　　年　　月　　日

收款人：
金　额：
用　途：

单位主管　　　会计

中国工商银行 支票　（粤）

BG/02 10113506

出票日期(大写)　　年　　月　　日　　付款行名称

收款人：　　出票人账号

本支票付款期限十天

人民币（大写）	亿	千	百	十	万	千	百	十	元	角	分

用途

上列款项请从

我账户内支付

出票人签章　　复核　　记账

⑈113592⑈ 0012⑆0158⑆ 292000454972⑈

附加信息：	被背书人
身份证件名称：　　发证机关：	
号码	背书人签章 年　月　日

（贴粘单处）

附加信息：	被背书人
身份证件名称：　　发证机关：	
号码	背书人签章 年　月　日

（贴粘单处）

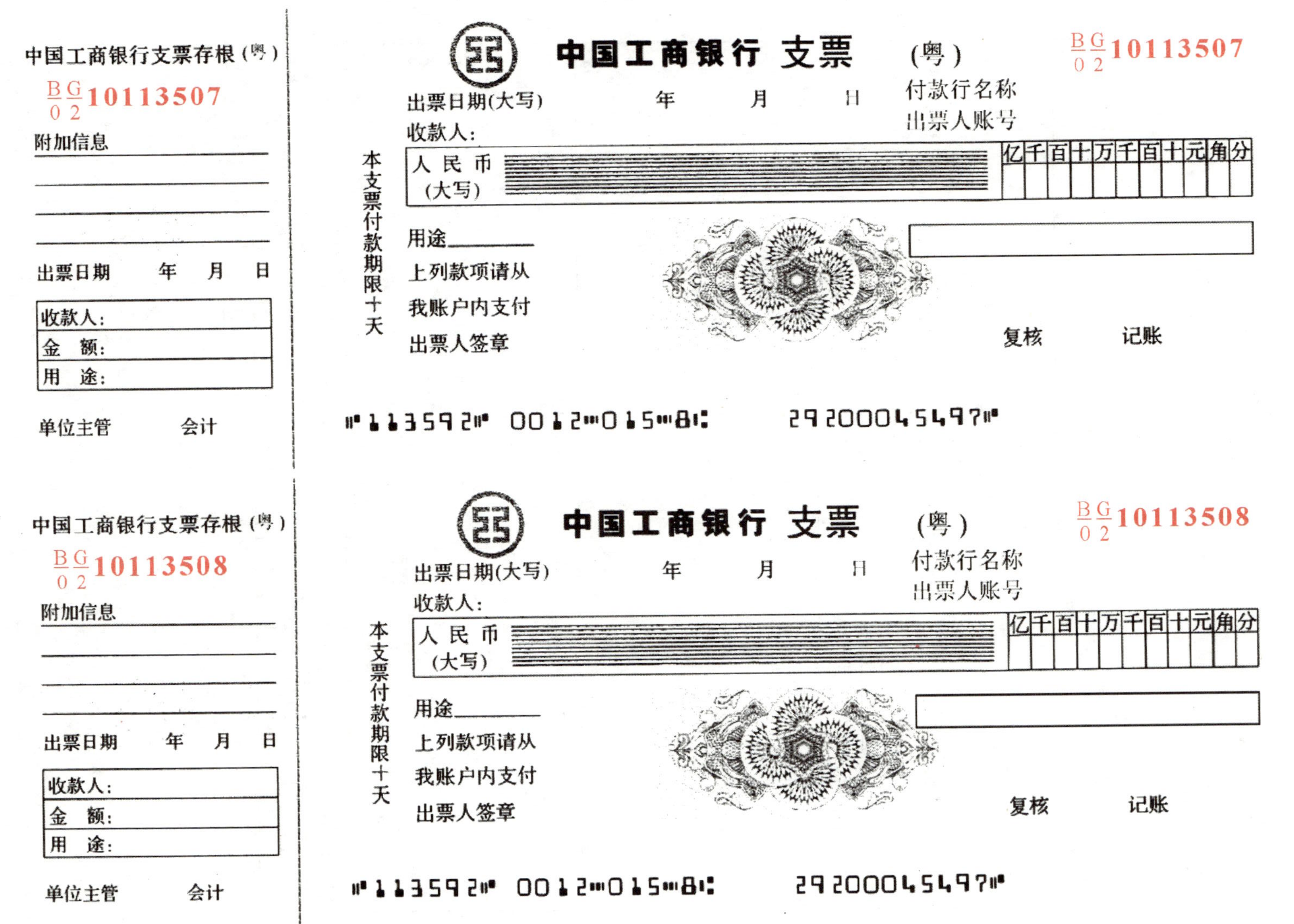

中国工商银行支票存根（粤）

BG 02 10113507

附加信息

出票日期　　年　　月　　日

收款人：
金　额：
用　途：

单位主管　　会计

中国工商银行 支票　（粤）　BG 02 10113507

出票日期(大写)　　年　　月　　日　　付款行名称

收款人：　　出票人账号

本支票付款期限十天

人民币(大写)	亿	千	百	十	万	千	百	十	元	角	分

用途______

上列款项请从

我账户内支付

出票人签章　　复核　　记账

113592 0012 015 81 29200045497

中国工商银行支票存根（粤）

BG 02 10113508

附加信息

出票日期　　年　　月　　日

收款人：
金　额：
用　途：

单位主管　　会计

中国工商银行 支票　（粤）　BG 02 10113508

出票日期(大写)　　年　　月　　日　　付款行名称

收款人：　　出票人账号

本支票付款期限十天

人民币(大写)	亿	千	百	十	万	千	百	十	元	角	分

用途______

上列款项请从

我账户内支付

出票人签章　　复核　　记账

113592 0012 015 81 29200045497

附加信息：	被背书人
身份证件名称：　　　　　　　　发证机关：	
号码	背书人签章 年　月　日

（贴粘单处）

附加信息：	被背书人
身份证件名称：　　　　　　　　发证机关：	
号码	背书人签章 年　月　日

（贴粘单处）

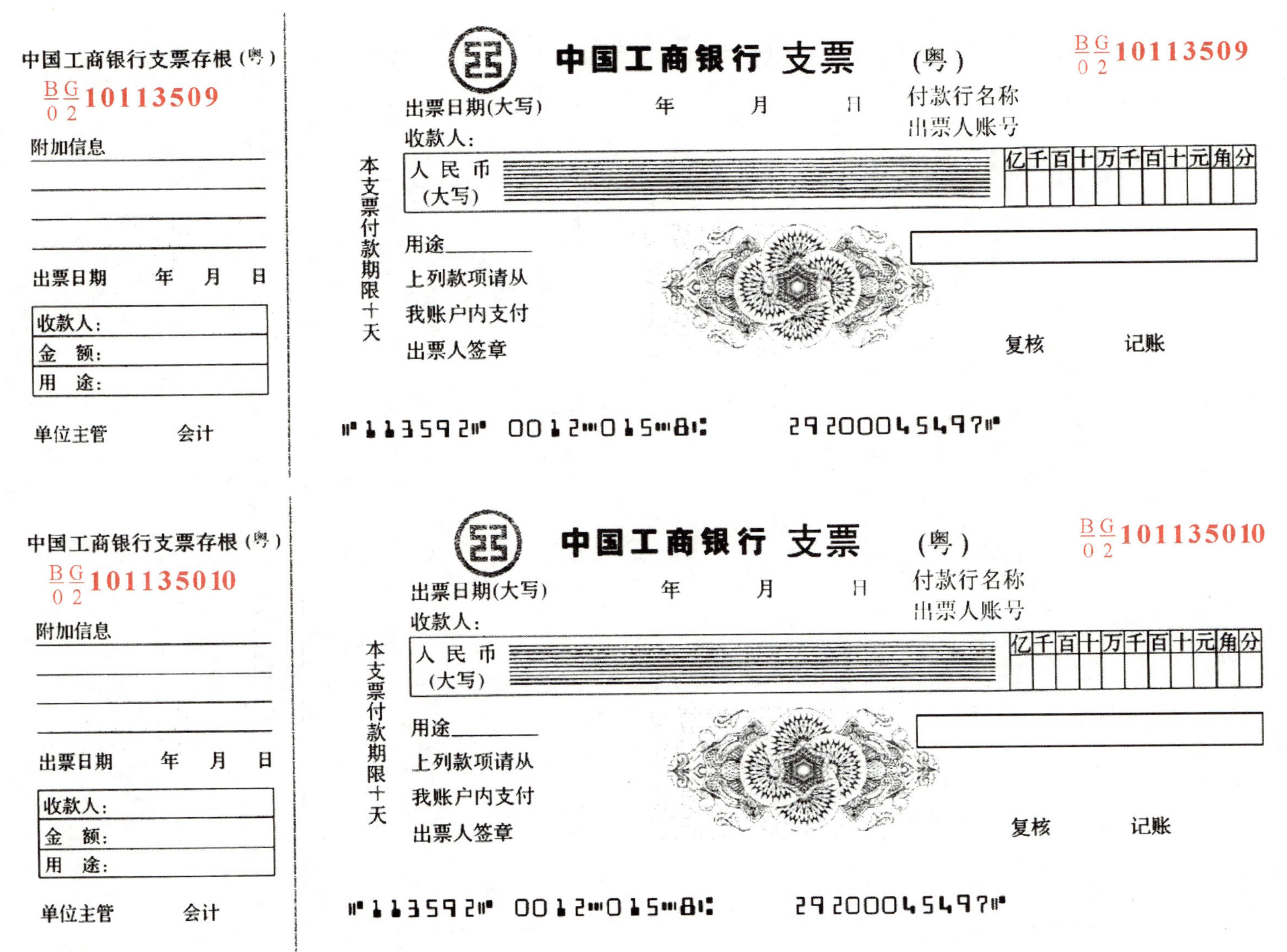

中国工商银行支票存根（粤）

$\frac{BG}{02}$ 10113509

附加信息

出票日期　　年　月　日

收款人：
金　额：
用　途：

单位主管　　　会计

中国工商银行 支票　（粤）　$\frac{BG}{02}$ 10113509

出票日期(大写)　　年　　月　　日　　付款行名称

收款人：　　出票人账号

本支票付款期限十天

人民币（大写）	亿	千	百	十	万	千	百	十	元	角	分

用途＿＿＿＿

上列款项请从

我账户内支付

出票人签章　　　复核　　　记账

113592　0012 015 81　29200045497

中国工商银行支票存根（粤）

$\frac{BG}{02}$ 101135010

附加信息

出票日期　　年　月　日

收款人：
金　额：
用　途：

单位主管　　　会计

中国工商银行 支票　（粤）　$\frac{BG}{02}$ 101135010

出票日期(大写)　　年　　月　　日　　付款行名称

收款人：　　出票人账号

本支票付款期限十天

人民币（大写）	亿	千	百	十	万	千	百	十	元	角	分

用途＿＿＿＿

上列款项请从

我账户内支付

出票人签章　　　复核　　　记账

113592　0012 015 81　29200045497

附加信息：

身份证件名称： 发证机关：

号码

被背书人

背书人签章

年 月 日

（贴粘单处）

附加信息：

身份证件名称： 发证机关：

号码

被背书人

背书人签章

年 月 日

（贴粘单处）

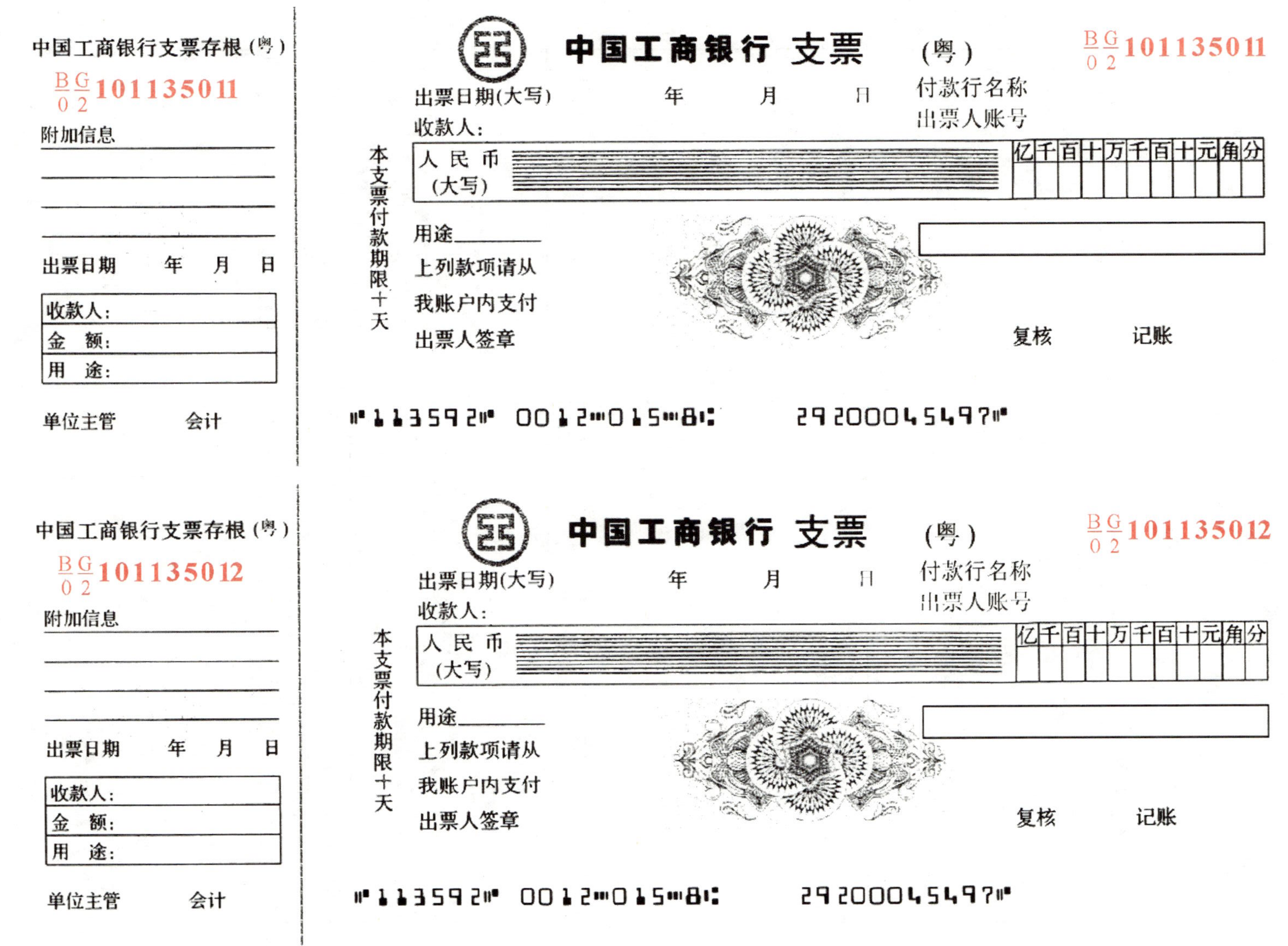

中国工商银行支票存根（粤）

BG/02 101135011

附加信息

出票日期　年　月　日

收款人：
金　额：
用　途：

单位主管　会计

中国工商银行　支票　（粤）　BG/02 101135011

出票日期(大写)　年　月　日　付款行名称

收款人：　出票人账号

本支票付款期限十天

人民币（大写）	亿	千	百	十	万	千	百	十	元	角	分

用途

上列款项请从

我账户内支付

出票人签章　复核　记账

⑈113592⑈ 0012⑆015⑆8⑆ 2920004549?⑈

中国工商银行支票存根（粤）

BG/02 101135012

附加信息

出票日期　年　月　日

收款人：
金　额：
用　途：

单位主管　会计

中国工商银行　支票　（粤）　BG/02 101135012

出票日期(大写)　年　月　日　付款行名称

收款人：　出票人账号

本支票付款期限十天

人民币（大写）	亿	千	百	十	万	千	百	十	元	角	分

用途

上列款项请从

我账户内支付

出票人签章　复核　记账

⑈113592⑈ 0012⑆015⑆8⑆ 2920004549?⑈

<table>
<tr><td colspan="18">附加信息：</td><td>被背书人</td></tr>
<tr><td colspan="18"></td><td rowspan="3">背书人签章
年　月　日</td></tr>
<tr><td colspan="18">身份证件名称：　　　　　　　　发证机关：</td></tr>
<tr><td>号码</td><td></td><td></td><td></td><td></td><td></td><td></td><td></td><td></td><td></td><td></td><td></td><td></td><td></td><td></td><td></td><td></td><td></td></tr>
</table>

（贴粘单处）

<table>
<tr><td colspan="18">附加信息：</td><td>被背书人</td></tr>
<tr><td colspan="18"></td><td rowspan="3">背书人签章
年　月　日</td></tr>
<tr><td colspan="18">身份证件名称：　　　　　　　　发证机关：</td></tr>
<tr><td>号码</td><td></td><td></td><td></td><td></td><td></td><td></td><td></td><td></td><td></td><td></td><td></td><td></td><td></td><td></td><td></td><td></td><td></td></tr>
</table>

（贴粘单处）

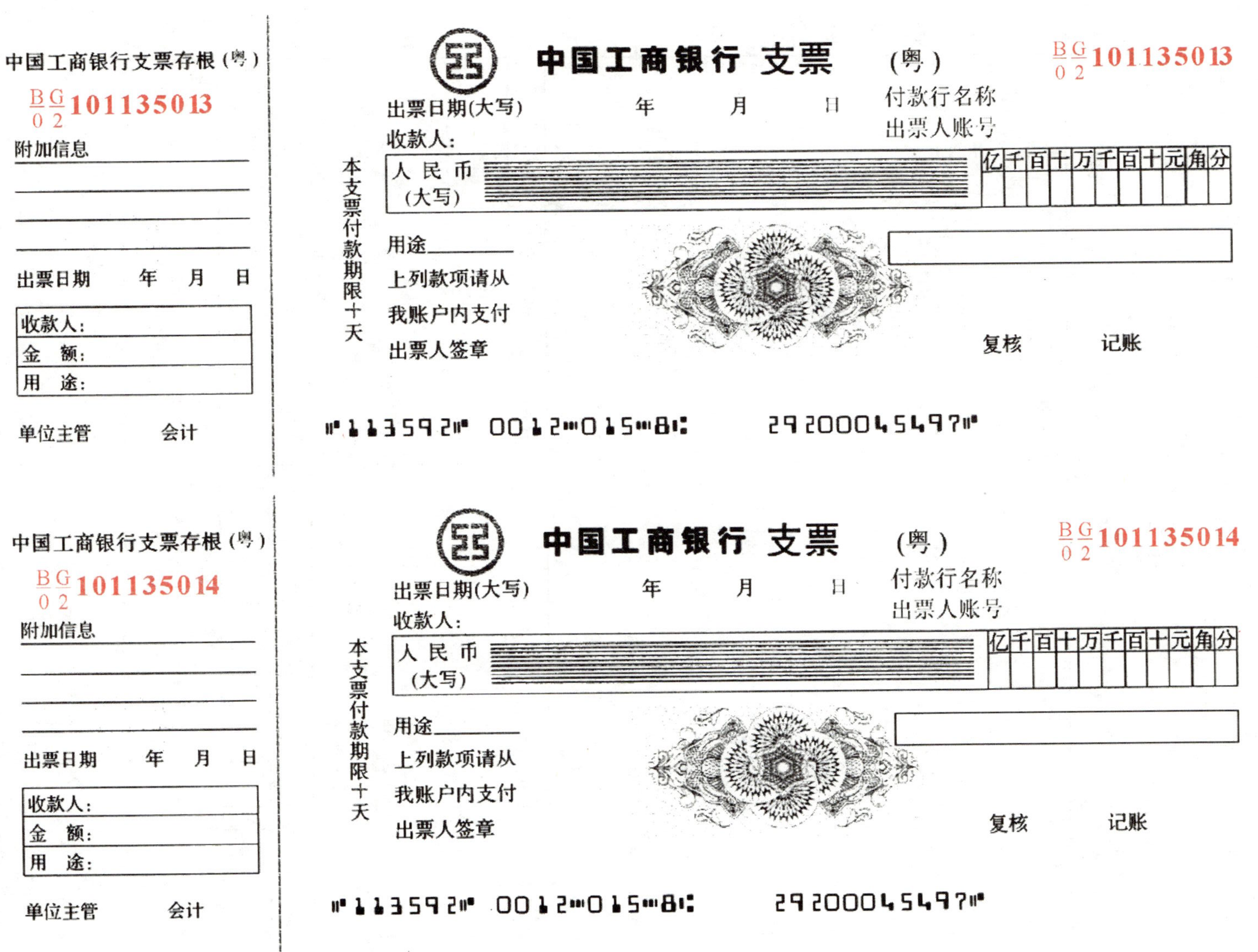

中国工商银行支票存根（粤）

BG/02 101135013

附加信息

出票日期　　年　月　日

收款人：

金　额：

用　途：

单位主管　　会计

中国工商银行 支票　（粤）　BG/02 101135013

出票日期(大写)　　年　　月　　日　付款行名称

收款人：　出票人账号

本支票付款期限十天

人民币（大写）	亿	千	百	十	万	千	百	十	元	角	分

用途

上列款项请从

我账户内支付

出票人签章　　复核　　记账

113592 0012 015 8 292000454977

中国工商银行支票存根（粤）

BG/02 101135014

附加信息

出票日期　　年　月　日

收款人：

金　额：

用　途：

单位主管　　会计

中国工商银行 支票　（粤）　BG/02 101135014

出票日期(大写)　　年　　月　　日　付款行名称

收款人：　出票人账号

本支票付款期限十天

人民币（大写）	亿	千	百	十	万	千	百	十	元	角	分

用途

上列款项请从

我账户内支付

出票人签章　　复核　　记账

113592 0012 015 8 292000454977

附加信息：	被背书人
身份证件名称：　　　　发证机关：	
号码	背书人签章 年　月　日

（贴粘单处）

附加信息：	被背书人
身份证件名称：　　　　发证机关：	
号码	背书人签章 年　月　日

（贴粘单处）

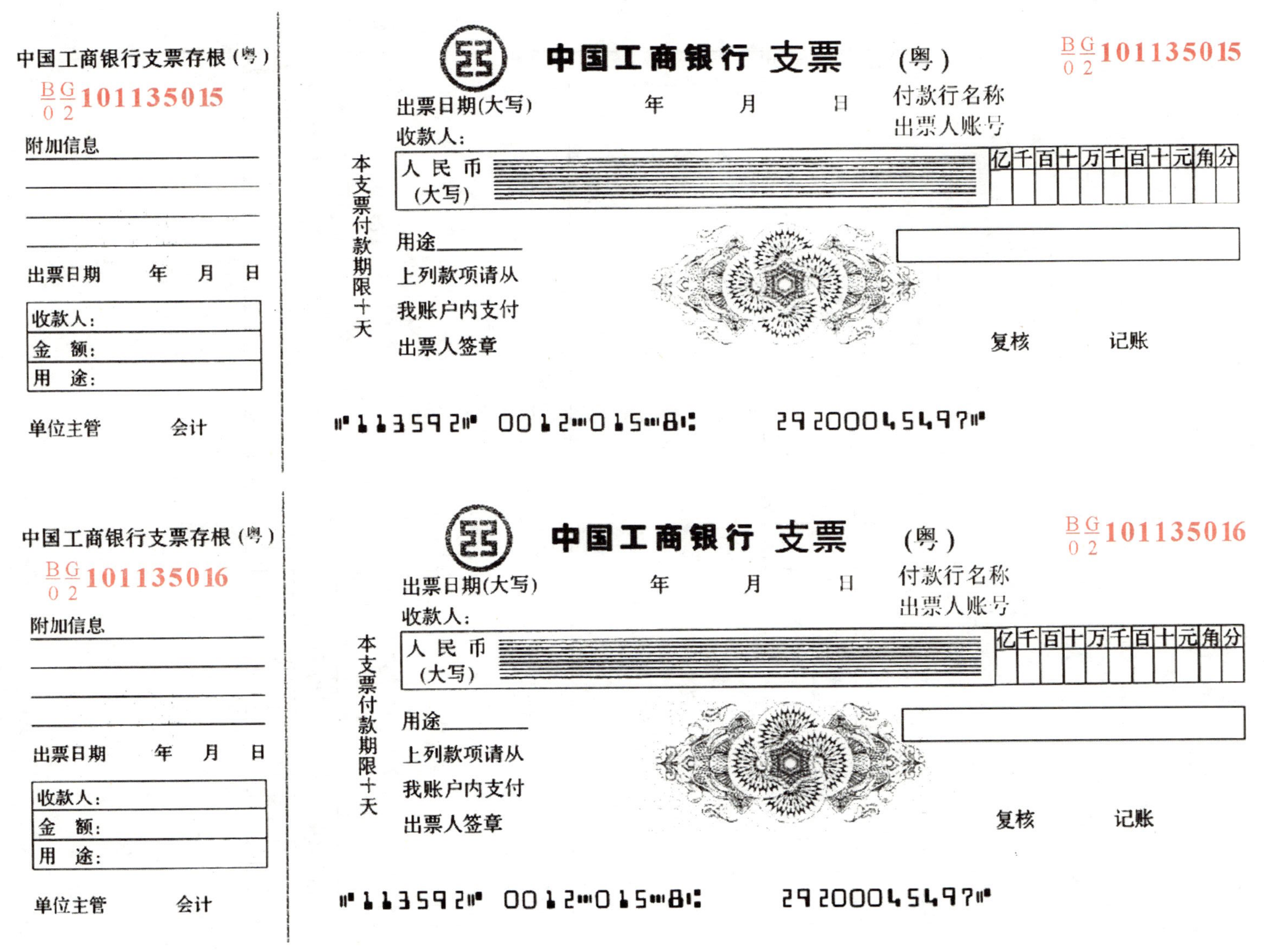

中国工商银行支票存根（粤）

$\frac{BG}{02}$ 101135015

附加信息

出票日期　年　月　日

收款人：
金　额：
用　途：

单位主管　会计

中国工商银行 支票 （粤）　$\frac{BG}{02}$ 101135015

出票日期(大写)　年　月　日　付款行名称

收款人：　出票人账号

本支票付款期限十天

人民币（大写）	亿	千	百	十	万	千	百	十	元	角	分

用途

上列款项请从

我账户内支付

出票人签章　复核　记账

⑈113592⑈ 0012⑆015⑆8⑆　29200045497⑈

中国工商银行支票存根（粤）

$\frac{BG}{02}$ 101135016

附加信息

出票日期　年　月　日

收款人：
金　额：
用　途：

单位主管　会计

中国工商银行 支票 （粤）　$\frac{BG}{02}$ 101135016

出票日期(大写)　年　月　日　付款行名称

收款人：　出票人账号

本支票付款期限十天

人民币（大写）	亿	千	百	十	万	千	百	十	元	角	分

用途

上列款项请从

我账户内支付

出票人签章　复核　记账

⑈113592⑈ 0012⑆015⑆8⑆　29200045497⑈

附加信息：

被背书人

身份证件名称：　　　　　　　发证机关：

号码

背书人签章

年　月　日

（贴粘单处）

附加信息：

被背书人

身份证件名称：　　　　　　　发证机关：

号码

背书人签章

年　月　日

（贴粘单处）

增值税纳税申报表（适用于增值税一般纳税人）

根据《中华人民共和国增值税暂行条例》第二十二条和第二十三条的规定制定本表。纳税人不论有无销售额，均应按主管税务机关核定的纳税期限按期填报本表，并于次月一日起十五日内，向当地税务机关申报。

税款所属时间：自　　年　　月　　日至　　年　　月　　日

填表日期：　　年　　月　　日　　　　金额单位：元至角分

纳税人识别号					所属行业：
纳税人名称	（公章）	法定代表人姓名		注册地址	营业地址
开户银行及帐号		企业登记注册类型		电话号码	

	项　目	栏次	一般货物及劳务		即征即退货物及劳务	
			本月数	本年累计	本月数	本年累计
销售额	（一）按适用税率征税货物及劳务销售额	1				
	其中：应税货物销售额	2				
	应税劳务销售额	3				
	纳税检查调整的销售额	4				
	（二）按简易征收办法征税货物销售额	5				
	其中：纳税检查调整的销售额	6				
	（三）免、抵、退办法出口货物销售额	7			——	——
	（四）免税货物及劳务销售额	8			——	——
	其中：免税货物销售额	9			——	——
	免税劳务销售额	10			——	——
税款计算	销项税额	11				
	进项税额	12				
	上期留抵税额	13		——		——
	进项税额转出	14				
	免抵退货物应退税额	15			——	——
	按适用税率计算的纳税检查应补缴税额	16			——	——
	应抵扣税额合计	17=12+13-14-15+16		——		——
	实际抵扣税额	18（如 17<11，则为 17，否则为 11）				
	应纳税额	19=11-18				
	期末留抵税额	20=17-18		——		——
	简易征收办法计算的应纳税额	21				
	按简易征收办法计算的纳税检查应补缴税额	22			——	——
	应纳税额减征额	23				
	应纳税额合计	24=19+21-23				
税款缴纳	期初未缴税额（多缴为负数）	25				
	实收出口开具专用缴款书退税额	26			——	——
	本期已缴税额	27=28+29+30+31				
	①分次预缴税额	28		——		——
	②出口开具专用缴款书预缴税额	29		——	——	——
	③本期缴纳上期应纳税额	30				
	④本期缴纳欠缴税额	31				
	期末未缴税额（多缴为负数）	32=24+25+26-27				
	其中：欠缴税额（≥0）	33=25+26-27		——		——
	本期应补(退)税额	34=24-28-29		——		——
	即征即退实际退税额	35	——	——		
	期初未缴查补税额	36			——	——
	本期入库查补税额	37			——	——
	期末未缴查补税额	38=16+22+36-37			——	——

授权声明	如果你已委托代理人申报，请填写下列资料： 为代理一切税务事宜，现授权 （地址） 为本纳税人的代理申报人，任何与本申报表有关的往来文件，都可寄予此人。 授权人签字：	申报人声明	此纳税申报表是根据《中华人民共和国增值税暂行条例》的规定填报的，我相信它是真实的、可靠的、完整的。 声明人签字：

以下由税务机关填写：

收到日期：　　接收人：　　主管税务机关盖章：

增值税纳税申报表附列资料（表一）

（本期销售情况明细）

税款所属时间：　年　　月

纳税人名称：（公章）　　　　填表日期：　　年　　月　　日　　　　金额单位：元至角分

一、按适用税率征收增值税货物及劳务的销售额和销项税额明细													
项目	栏次	应税货物						应税劳务			小计		
		17%税率			13%税率								
		份数	销售额	销项税额	份数	销售额	销项税额	份数	销售额	销项税额	份数	销售额	销项税额
防伪税控系统开具的增值税专用发票	1												
非防伪税控系统开具的增值税专用发票	2	——	——	——	——	——	——	——	——	——	——	——	——
开具普通发票	3												
未开具发票	4	——			——			——			——		
小计	5=1+2+3+4	——			——			——			——		
纳税检查调整	6	——			——			——			——		
合计	7=5+6	——			——			——			——		

二、简易征收办法征收增值税货物的销售额和应纳税额明细										
项目	栏次	6%征收率			4%征收率			小计		
		份数	销售额	应纳税额	份数	销售额	应纳税额	份数	销售额	应纳税额
防伪税控系统开具的增值税专用发票	8									
非防伪税控系统开具的增值税专用发票	9	——	——	——	——	——	——	——	——	——
开具普通发票	10									
未开具发票	11	——			——			——		
小计	12=8+9+10+11	——			——			——		
纳税检查调整	13	——			——			——		
合计	14=12+13	——			——			——		

三、免征增值税货物及劳务销售额明细										
项目	栏次	免税货物			免税劳务			小计		
		份数	销售额	税额	份数	销售额	税额	份数	销售额	税额
防伪税控系统开具的增值税专用发票	15				——	——	——			
开具普通发票	16			——			——			——
未开具发票	17	——		——	——		——	——		——
合计	18=15+16+17	——			——		——	——		

增值税纳税申报表附列资料（表二）

（本期进项税额明细）

税款所属时间：　　年　　月

纳税人名称：（公章）　　　　　　　　　　　　　　　填表日期：　　年　　月　　日　金额单位：元至角分

一、申报抵扣的进项税额				
项目	栏次	份数	金额	税额
（一）认证相符的防伪税控增值税专用发票	1			
其中：本期认证相符且本期申报抵扣	2			
前期认证相符且本期申报抵扣	3			
（二）非防伪税控增值税专用发票及其他扣税凭证	4			
其中：海关进口增值税专用缴款书	5			
农产品收购发票或者销售发票	6			
废旧物资发票	7			
运输费用结算单据	8			
6%征收率	9	——	——	——
4%征收率	10	——	——	——
（三）外贸企业进项税额抵扣证明	11	——	——	
当期申报抵扣进项税额合计	12			

二、进项税额转出额		
项目	栏次	税额
本期进项税转出额	13	
其中：免税货物用	14	
非应税项目用、集体福利、个人消费	15	
非正常损失	16	
按简易征收办法征税货物用	17	
免抵退税办法出口货物不得抵扣进项税额	18	
纳税检查调减进项税额	19	
未经认证已抵扣的进项税额	20	
红字专用发票通知单注明的进项税额	21	

三、待抵扣进项税额				
项目	栏次	份数	金额	税额
（一）认证相符的防伪税控增值税专用发票	22	——	——	——
期初已认证相符但未申报抵扣	23			
本期认证相符且本期未申报抵扣	24			
期末已认证相符但未申报抵扣	25			
其中：按照税法规定不允许抵扣	26			
（二）非防伪税控增值税专用发票及其他扣税凭证	27			
其中：海关进口增值税专用缴款书	28			
农产品收购发票或者销售发票	29			
废旧物资发票	30			
运输费用结算单据	31			
6%征收率	32	——	——	——
4%征收率	33	——	——	——
	34			

四、其他				
项目	栏次	份数	金额	税额
本期认证相符的全部防伪税控增值税专用发票	35			
期初已征税款挂帐额	36	——	——	
期初已征税款余额	37	——	——	
代扣代缴税额	38	——	——	

注：第1栏=第2栏+第3栏=第23栏+第35栏-第25栏；第2栏=第35栏-第24栏；第3栏=第23栏+第24栏-第25栏；第4栏等于第5栏至第10栏之和；第12栏=第1栏+第4栏+第11栏；第13栏等于第14栏至第21栏之和；第27栏等于第28栏至第34栏之和。

中华人民共和国
企业所得税月(季)度预缴纳税申报表(A 类)

税款所属期间：　　年　　月　　日至　　年　　月　　日

纳税人识别号 ：□□□□□□□□□□□□□□□□□□

纳税人名称：　　　　　　　　　　　　　　　　金额单位：　人民币元（列至角分）

行次	项目		本期金额	累计金额
1	**一、按照实际利润额预缴**			
2	营业收入			
3	营业成本			
4	利润总额			
5	加：特定业务计算的应纳税所得额			
6	减：不征税收入			
7	免税收入			
8	弥补以前年度亏损			
9	实际利润额（4 行+5 行-6 行-7 行-8 行）			
10	税率(25%)			
11	应纳所得税额			
12	减：减免所得税额			
13	减：实际已预缴所得税额		—	
14	减：特定业务预缴（征）所得税额			
15	应补（退）所得税额（11 行-12 行-13 行-14 行）		—	
16	减：以前年度多缴在本期抵缴所得税额			
17	本期实际应补（退）所得税额		—	
18	**二、按照上一纳税年度应纳税所得额平均额预缴**			
19	上一纳税年度应纳税所得额		—	
20	本月（季）应纳税所得额（19 行×1/4 或 1/12）			
21	税率(25%)			
22	本月（季）应纳所得税额（20 行×21 行）			
23	**三、按照税务机关确定的其他方法预缴**			
24	本月（季）确定预缴的所得税额			
25	**总分机构纳税人**			
26	总机构	总机构应分摊所得税额（15 行或 22 行或 24 行×总机构应分摊预缴比例）		
27		财政集中分配所得税额		
28		分支机构应分摊所得税额(15 行或 22 行或 24 行×分支机构应分摊比例）		
29		其中：总机构独立生产经营部门应分摊所得税额		
30		总机构已撤销分支机构应分摊所得税额		
31	分支机构	分配比例		
32		分配所得税额		

谨声明：此纳税申报表是根据《中华人民共和国企业所得税法》、《中华人民共和国企业所得税法实施条例》和国家有关税收规定填报的，是真实的、可靠的、完整的。

法定代表人（签字）：　　　　　　　　年　月　日

纳税人公章： 会计主管： 填表日期：　　年　月　日	代理申报中介机构公章： 经办人： 经办人执业证件号码： 代理申报日期：　　年　月　日	主管税务机关受理专用章： 受理人： 受理日期：　年　月　日

国家税务总局监制

申报扣税凭证封面

税款所属时期：　　　　　　　　　　　　　　　　　　　　本月扣税单证总册数：

纳税人名称：（盖章）　　　　　　　　　　　　　　　　　本册编号：

本册扣税凭证份数合计：　　　　　　　　　　　　　　　　金额单位：元至角分

项　　目	17%税率	13%税率	6%征收率	4%征收率	收购农产品含税金额	运输发票含税金额	收购废旧物资含税金额	小　计
不含税金额								
税　　额								
份　　数								

资 产 负 债 表

会企 01 表

编制单位：　　　　　　　　　　　　____年____月____日　　　　　　　　　　单位：元

资　　产	期末余额	年初余额	负债和所有者权益（或股东权益）	期末余额	年初余额
流动资产：			流动负债：		
货币资金			短期借款		
交易性金融资产			交易性金融负债		
应收票据			应付票据		
应收账款			应付账款		
预付款项			应付款项		
应收利息			应付职工薪酬		
应收股利			应交税费		
其他应收款			应付利息		
存货			应付股利		
一年内到期的非流动资产			其他应付款		
其他流动资产			一年内到期的非流动负债		
流动资产合计			其他流动负债		
非流动资产：			流动负债合计		
可供出售金融资产			非流动负债：		
持有至到期投资			长期借款		
长期应收款			应付债券		
长期股权投资			长期应付款		
投资性房地产			专项应付款		
固定资产			预计负债		
在建工程			递延所得税负债		
工程物资			其他非流动负债		
固定资产清理			非流动负债合计		
生产性生物资产			负债合计		
油气资产			所有者权益（或股东权益）：		
无形资产			实收资本（或股本）		
开发支出			资本公积		
商誉			减：库存股		
长期待摊费用			盈余公积		
递延所得税资产			未分配利润		
其他非流动资产			所有者权益（或股档权益）合计		
非流动资产合计					
资产总计			负债和所有者权益（或股东权益）总计		

利 润 表

会企 02 表

编制单位：　　　　　　　　　　　　　　　　＿＿＿年＿＿＿月　　　　　　　　　　　　　　　　单位：元

项　　目	本期金额	上期金额
一、营业收入		
减：营业成本		
营业税金及附加		
销售费用		
管理费用		
财务费用		
资产减值损失		
加：公允价值变动收益（损失以“－”号填列）		
投资收益（损失以“－”号填列）		
其中：对联营企业和合营企业的投资收益		
二、营业利润（亏损以“－”号填列）		
加：营业外收入		
减：营业外支出		
其中：非流动资产处置损失		
三、利润总额（亏损总额以“－”号填列）		
减：所得税费用		
四、净利润（净亏损以“－”号填列）		
五、每股收益：		
（一）基本每股收益		
（二）稀释每股收益		

应交增值税明细表

会企 01 表附表 1

编制单位：　　　　　　　　　　　　____年____月　　　　　　　　　　单位：元

项目	行次	本月数	本年累计数
一、应交增值税：			
1．年初未抵扣数（以“－”号填列）	1	×	
2．销项税额	2		
出口退税	3		
进项税额转出	4		
转出多交增值税	5		
	6		
	7		
3．进项税额	8		
已交税金	9		
减免税款	10		
出口抵减内销产品应纳税额	11		
转出未交增值税	12		
	13		
	14		
4．期末未抵扣数（以“－”号填列）	15	×	
二、未交增值税：			
1．年初未交数（多交数以“－”号填列）	16	×	
2．本期转入数（多交数以“－”号填列）	17		
3．本期已交数	18		
4．期末未交数（多交数以“－”号填列）	22	×